STARK

Gymnasium

Sport

Bewegungslehre
Sportpsychologie

Wolfram Peters

STARK

Autor: Wolfram Peters ist ausgebildeter Lehrer für Mathematik und Sport und arbeitet heute hauptberuflich als Schulleiter eines Gymnasiums. Er ist verheiratet und hat zwei erwachsene Kinder.

Die Erfahrungen, die er in seinem langen Sportlerleben gesammelt hat und noch immer sammelt, sei es im Schulsport als Lehrer in Leistungskursen oder Neigungsfächern, sei es als Trainer im Verein sowie im Kraft- und Fitnessbereich, sei es als aktiver Sportler, früher besonders im Basketball, danach einige Jahre im Triathlon, heute eher im Fitness- und Ausdauerbereich mit Schwerpunkt auf dem Radfahren, sind auch in die beiden Abitur-Trainingsbände eingeflossen, die im STARK Verlag erschienen sind.

Wolfram Peters sagt selbst: „In Bewegung bleiben und Sport treiben sind zentrale Elemente einer vernünftigen Lebensführung, wobei man zentrale Säulen wie „Leistung" und „Gesundheit" oder auch „Anspannen" und „Entspannen" sehr geschickt individuell mischen muss. Insofern ist Sport natürlich nicht alles, aber ohne Sport ist alles nichts."

Bildnachweis
Umschlag: Mike Powell/Getty Images
Abb. 28: Pollmann (2002): Materialien zur Vorlesung „Einführung in die Bewegungswissenschaft".
Abt. Sportwissenschaft, Universität Bielefeld
Abb. 94 (Rubinsche Vase): Wikimedia Commons (lizenziert unter der GNU Free Documentation License, Version 1.2)

© 2025 STARK Verlag GmbH, St.-Martin-Straße 82, 81541 München, info@stark-verlag.de
www.stark-verlag.de
1. Auflage 2008

Inhalt

Fortsetzung siehe nächste Seite

Autor: Wolfram Peters

Vorwort

Liebe Schülerin, lieber Schüler,

die Reihe Abitur-Training hilft Ihnen, sich gezielt auf Klausuren und das Abitur vorzubereiten.

Dieser Band bietet Ihnen eine **umfassende Darstellung und Erklärung** der wichtigsten Aspekte der **Bewegungslehre** und der damit verknüpften **Sportpsychologie**. Die ersten beiden Kapitel, die die physikalischen Grundlagen der Biomechanik sowie die morphologisch-phänografischen Beobachtungsmethoden der täglichen Praxis behandeln, widmen sich dem Außenaspekt von Bewegungen. Die weiteren Kapitel befassen sich mit dem Innenaspekt. Ausgehend von den biologisch-medizinischen Grundlagen wird zum zentralen Begriff der „Koordination" übergeleitet, deren Betrachtungen in das Kapitel „Lernen" münden. Das letzte Kapitel ist dem Bereich der psychologischen Handlungssteuerung vorbehalten.

- Die leicht verständlichen und gut nachvollziehbaren Ausführungen werden durch zahlreiche **Abbildungen** (Grafiken, Darstellungen von Bewegungsabläufen, Tabellen) verdeutlicht und ergänzt.

- Zur besseren Orientierung sind die **wichtigsten Begriffe** sowie **Definitionen** und grundlegende Ausführungen blau **hervorgehoben**.

- Am Ende eines jeden Unterkapitels wird Ihnen eine knappe **Zusammenfassung** des jeweiligen Stoffes geboten.

- Zu jeder thematischen Einheit sind **Aufgaben** hinzugefügt (darunter zahlreiche Transferaufgaben), mit deren Hilfe Sie Ihren Wissensstand überprüfen können. Zu jeder Aufgabe finden Sie am Ende des Buches eine ausführlich ausformulierte **Lösung**.

Dieser Band zur Bewegungslehre ergänzt das in derselben Reihe erschienene Buch zur Trainingslehre (Best.-Nr. 94982).

Viel Erfolg bei der Unterrichts- und Prüfungsvorbereitung!

Wolfram Peters

Sport-Biomechanik

Die Sport-Biomechanik ist Teil der Klassischen Mechanik, deren Begriffe, Methoden und Gesetzmäßigkeiten sie sich bedient.

> Die Sport-Biomechanik beschäftigt sich mit der **Beschreibung** und **Erklärung** sportlicher Bewegungen. Eine (sportliche) Bewegung wird dabei als eine Ortsveränderung von Körpern bei fortschreitender Zeit definiert.

Teilbereiche

Wie die Mechanik wird auch die Sport-Biomechanik in die beiden großen Teilbereiche **Kinematik** und **Dynamik** unterteilt. Während die Kinematik die Ortsveränderungen von Körpern beschreibt, versucht die Dynamik diese zu erklären. Sie befasst sich daher mit den zugrunde liegenden Kräften. Die Dynamik kann ihrerseits wieder in zwei Teilbereiche aufgegliedert werden, die Statik und die Kinetik. Die Statik beschäftigt sich mit Kräften im Gleichgewicht. Das bedeutet, dass sich die Kräfte, die auf einen Körper einwirken, gegenseitig aufheben, sodass der Körper entweder im Zustand der Ruhe bleibt oder sich geradlinig gleichförmig weiterbewegt. Aus diesem Grund sind hier keine Beschleunigungen messbar. Die Kinetik beschäftigt sich hingegen mit Kräften im Ungleichgewicht. Hier sind Beschleunigungen messbar.

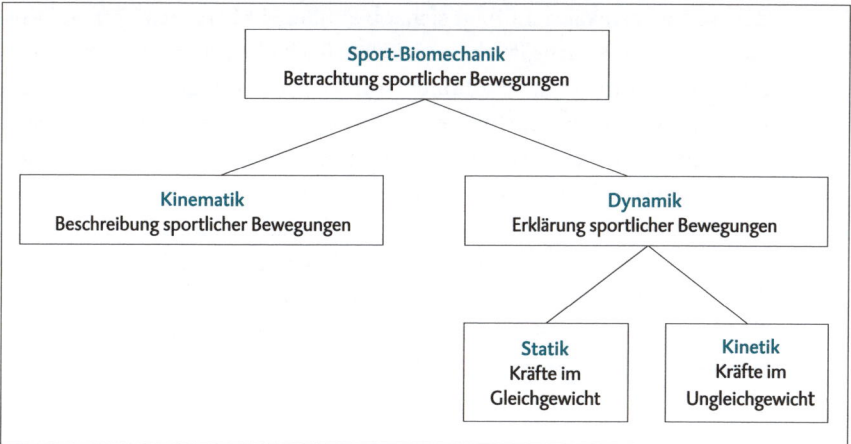

Abb. 1: Teilbereiche der Sport-Biomechanik

Untersuchungsziele

Weshalb aber möchte man sportliche Bewegungen beschreiben und erklären können? Ballreich nennt mehrere Ziele (ohne dabei Anspruch auf Vollständigkeit zu erheben) und versucht sie den drei Bereichen Leistung, Eignung und Vorbeugung zuzuordnen. Dadurch ergibt sich seine Einteilung der Sport-Biomechanik in Leistungs-Biomechanik, Anthropometrische Biomechanik und Präventive Biomechanik.

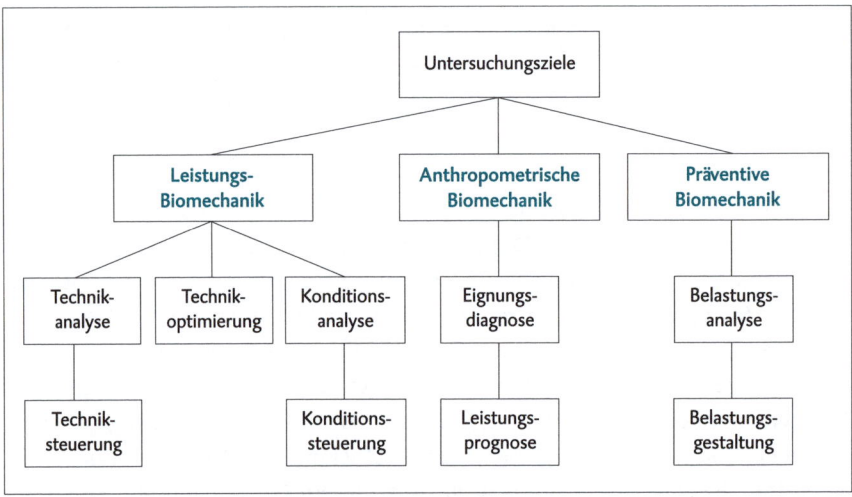

Abb. 2: Untersuchungsziele der Sport-Biomechanik

Beispiele

– **Leistungsbiomechanik:** Ein Sprinter überlegt, wie er seine 100-m-Zeit verbessern kann. Er fragt sich, ob er über ein betontes Krafttraining die Schrittlänge vergrößern oder lieber über ein betontes Techniktraining die Schrittfrequenz erhöhen soll. Ein Biomechaniker würde versuchen, diese Frage mithilfe eines Modells zu beantworten, das nach Beobachtung vieler Sprinter einen optimalen Zusammenhang zwischen Schrittlänge, Schrittfrequenz und zu erwartender Sprintzeit herstellt. Mit diesem Modell würden die Schrittfrequenz und die Schrittlänge des fragenden Sprinters verglichen. Am Ende des Vergleichs stände eine Empfehlung an den Sprinter, seine Technik umzustellen und/oder das Training anders zu gestalten. Unter Umständen könnten die Startphase, die Beschleunigungsphase oder die späteren Phasen des Sprints getrennt untersucht und mit dem Modell verglichen werden.

- **Anthropometrische Biomechanik:** Bei einigen Sportarten liegt es auf der Hand, welche Voraussetzungen eine Person günstigerweise mitbringen sollte. So sind im Basketball in der Regel außergewöhnlich große Sportler mit langen Extremitäten im Vorteil, beim Turnen hingegen Sportler, die eher klein gewachsen sind und dadurch für das Turnen günstige kurze Hebel haben. Komplizierter stellt sich die Situation dar, wenn man gewisse Körperproportionen als sinnvoll erachtet, etwa in Disziplinen mit ästhetischem Anspruch wie der Sportgymnastik oder auch beim Schwimmen, wo der Anspruch so formuliert werden kann: In Relation zur Körperhöhe breite Schultern zusammen mit einer im Vergleich dazu schmalen Hüfte und langen schlanken Beinen, ergänzt durch große Hände und Füße. Die Anthropometrische Biomechanik hat hier die Frage zu beantworten, wie die „Relation" und der „Vergleich" messbar werden können.
- **Präventive Biomechanik:** Eine Form der Belastungsanalyse findet sich, wenn Sportgeschäfte anbieten, den Laufstil per Video zu analysieren. Ziel ist es, den geeigneten Sportschuh zu finden, der den Stärken und Schwächen der individuellen Statik entgegenkommt.

Vor- und Nachteile

Die biomechanische Betrachtungsweise, deren Grundlage möglichst genaue Messungen sind, hat für den Sport wesentliche Vor- und Nachteile:

- Sie liefert auf der einen Seite eine Fülle von **quantitativen Daten**, die zur Bewertung von sportlichen Bewegungen wichtig sind.
- Auf der anderen Seite ist es nicht möglich, mit ihr **qualitative Bewegungsmerkmale** zu erfassen, besonders auch, weil diese häufig eher subjektiv empfunden als objektiv gemessen werden.

Nicht umsonst ist trotz allen Detailwissens über menschliche Bewegungen und trotz erheblicher Fortschritte in der Computertechnik noch kein Roboter entwickelt worden, der menschliche Alltagsbewegungen wie Gehen oder Laufen perfekt ausführen könnte, ganz zu schweigen von sportlichen Bewegungen, die das Attribut „ausdrucksstark" verdienen.

> Die Biomechanik stellt sich also als eine **analytische Wissenschaft** dar, die ihren Forschungsgegenstand, die Bewegungen, in ihren Teilen untersucht und daraus Rückschlüsse auf das Ganze ziehen will. Liegen sehr viele Teileinflüsse vor, wird es schwierig, die entstehende Datenflut zu beherrschen.

1 Kinematik

Um Ortsveränderungen von Körpern analysieren zu können, ist es wichtig, die Bewegungen zunächst möglichst genau zu erfassen und zu beschreiben. Dies ist Aufgabe der Kinematik.

1.1 Strecke, Winkel, Zeit

Die kinematische Datenauswertung beruht auf der Erfassung der Grundgrößen **Strecke, Winkel** und **Zeit**.

Direkte und indirekte Messungen

Diese Grundgrößen erhält man entweder durch direkte oder indirekte Messungen:

- **Direkte Messungen** findet man bei der Ermittlung von Strecken mit manuellen bzw. elektronischen Messhilfen (etwa bei der Weitenmessung beim Weitsprung) oder bei der Zeiterfassung mit manuell bedienbaren Uhren bzw. per Lichtschranke (etwa bei der Zeitmessung beim 100-m-Lauf).
- **Indirekte Messungen** werden im Laufe der Analyse von Hochgeschwindigkeits-Fotoserien sowie von Film- oder Videomaterial vorgenommen. Indirekte Messungen eignen sich besonders gut für Winkelmessungen (etwa zur Ermittlung des Absprungwinkels beim Weitsprung oder des Abflugwinkels einer Kugel oder eines Speeres).

Geschwindigkeit, Beschleunigung, Frequenz

Für die Erfassung etwa von leichtathletischen Wettkampfergebnissen ist die Ermittlung der Grunddaten schon genügend. Für den biomechanischen Forscher ergibt sich aus der Erfassung der Grundgrößen nur die Basis. Deswegen kombiniert man die Messergebnisse weiter.

Beispiel

Die in der folgenden Tabelle festgehaltenen Daten (der International Athletic Foundation) sind gemessene Zwischenzeiten eines 100-m-Sprints des Engländers Linford Christie:

gelaufene **Strecke** (m)	10	20	30	40	50	60	70	80	90	100
laufende **Zeit** (s)	1,97	3,01	3,97	4,87	5,76	6,62	7,49	8,37	9,62	10,14

Aussagekräftiger werden die erfassten Daten allerdings erst dann, wenn daraus die Zeiten der 10-m-Teilstrecken und die dort gelaufenen Geschwindigkeiten berechnet werden:

Zeit für die letzten 10 m (s)	1,97	1,04	0,96	0,90	0,89	0,86	0,87	0,88	0,89	0,88
Geschwindigkeit auf den letzten 10 m (m/s)	5,08	9,62	10,42	11,11	11,24	11,63	11,49	11,36	11,24	11,36
Geschwindigkeit auf den letzten 10 m (km/h)	18,27	34,62	37,50	40,00	40,45	41,86	41,38	40,91	40,45	40,91

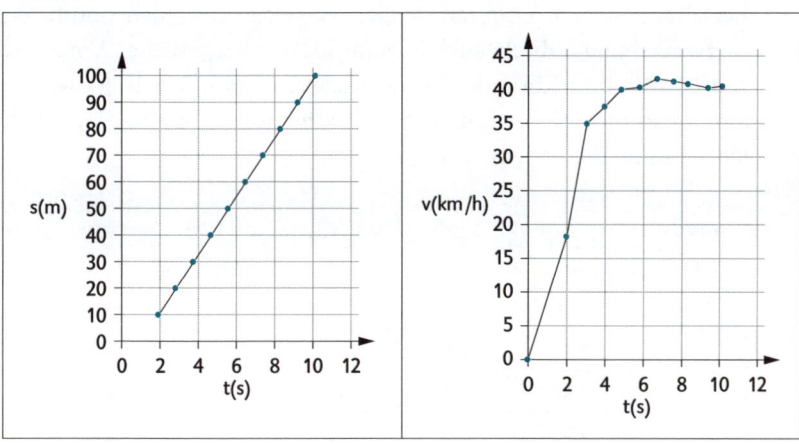

Abb. 3: Beziehung zwischen Zeit und Strecke   Abb. 4: Geschwindigkeitsverlauf

Ausgehend von den Grundgrößen Strecke und Zeit können somit **Geschwindigkeit**, **Beschleunigung** und **Frequenz** berechnet werden:

Geschwindigkeit v	Beschleunigung a	Frequenz f
zurückgelegte Strecke pro Zeit	Änderung der Geschwindigkeit pro Zeit	Zahl der Schwingungen pro Zeit
$\left[\dfrac{\text{Meter}}{\text{Sekunde}}\right] = \left[\dfrac{m}{s}\right]$	$\left[\dfrac{\text{Meter}}{(\text{Sekunde})^2}\right] = \left[\dfrac{m}{s^2}\right]$	$\left[\text{Hertz hz} = \dfrac{1}{s}\right]$

Komplexe Relationen von Messgrößen

Von den kinematischen Messgrößen ausgehend können komplexere Relationen von Messgrößen erstellt werden:

- Relationen von Längen- und Winkelmaßen (z. B. zwischen Abflugwinkel und erzielter Weite)
- Relationen von Längen- und Zeitmaßen (z. B. zwischen Anfangsgeschwindigkeit und erzielter Weite)

Beispiel

Eine Untersuchung zum Kugelstoßen zeigt, wie die Abfluggeschwindigkeit v_0, die Abstoßhöhe h_0, der Abflugwinkel α_0 und die Stoßweite s in Beziehung stehen. Dadurch werden Aussagen über den optimalen Abflugwinkel und indirekt auch über die idealen körperlichen Voraussetzungen (Größe und Körperkraft) des Kugelstoßers möglich. Es werden dadurch also sowohl das technische und athletische Training als auch die Talentsichtung beeinflusst.

v_0 (m/s)	h_0 (cm)	s (m)	α_0 (°)	v_0 (m/s)	s (m)
11	220	14,27	35	13,5	20,40
	230	14,44	38	13,5	20,60
12	220	16,64	39	13,5	20,66
	230	16,81	41	13,5	20,73
13	220	19,20	43	13,5	20,72
	230	19,38	45	13,5	20,70
14	220	21,97			
	230	22,16			

Wie sich eine Änderung der Abfluggeschwindigkeit v_0 auswirkt, lässt sich noch besser an der folgenden grafischen Darstellung ablesen:

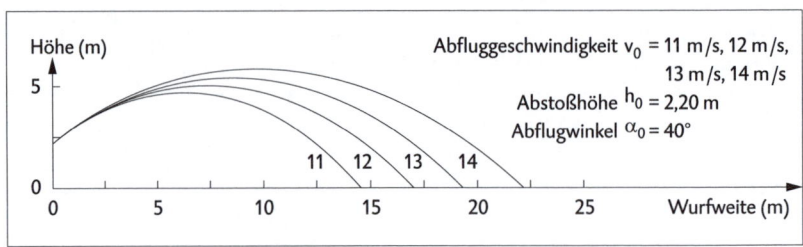

Abb. 5: Variation der Abfluggeschwindigkeit beim Kugelstoßen (nach Baumann)

Das Ergebnis dieser Untersuchung ist in drei Aussagen festzumachen:
- Je höher die Abfluggeschwindigkeit v_0, desto größer ist die Weite s.
- Je höher die Abflughöhe h_0, desto größer ist die Weite s.
  (Ein großer Athlet ist also im Vorteil.)
- Der optimale Abflugwinkel α_0 liegt bei rund 41°.

Die nebenstehende Abbildung eines Weitspringers in der Absprungphase zeigt beispielhaft, wie man in der Praxis vergleichbare Messgrößen erhält: Man legt zwei benachbarte Bilder einer Bildreihe, die mit einer Hochgeschwindigkeitskamera aufgenommen wurden, übereinander und ermittelt, welchen Weg Δs der markierte Körperpunkt in der Zeit Δt zwischen zwei Aufnahmen zurückgelegt hat. Daraus errechnet man die Absprunggeschwindigkeit v_0 näherungsweise durch:

$$v_0 = \frac{\Delta s}{\Delta t}$$

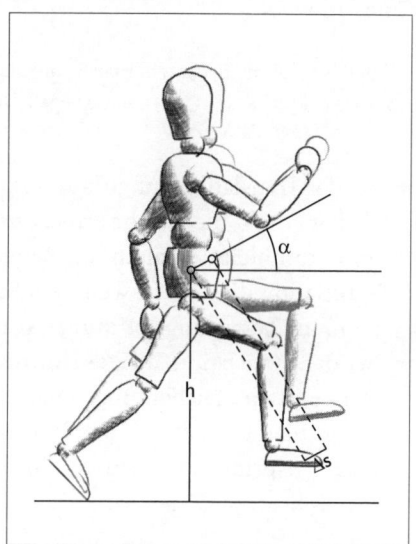

Abb. 6: Erfassen der Absprunggeschwindigkeit

Die Absprunggeschwindigkeit v_0 kann dabei zur näheren Betrachtung in eine senkrechte (v_{0z}) und eine waagrechte Komponente (v_{0x}) unterteilt werden.

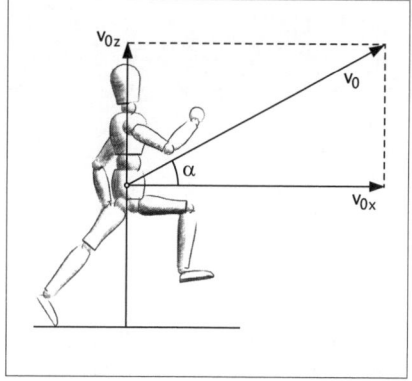

Abb. 7: Zerlegen der Absprunggeschwindigkeit

1.2 Translation und Rotation

Zur Orientierung von Bewegungen eines Körpers in seinem Umfeld unterscheidet man prinzipiell zwei Arten von Bewegungen, Translationen und Rotationen.

Translation

Unter Translationen versteht man Bewegungen von Körpern, bei denen sich alle Körperpunkte auf **parallelen Bahnen** bewegen. Die Bahnen können gerade oder gekrümmt sein.

- Bei der Translation auf geraden Bahnen wird jeder Punkt des Würfels parallel um exakt die gleiche Strecke verschoben. Die Orientierung des Würfels im Raum bleibt erhalten. Im Bereich des Sports findet man eine fast reine Translation dieser Art, wenn ein Schwimmer nach dem Abstoßen vom Beckenrand bewegungslos durchs Wasser gleitet.
- Bei der Translation auf gekrümmten Bahnen wird jeder Punkt des Würfels im exakt gleichen Bogen verschoben. Die Orientierung des Würfels im Raum bleibt erhalten. Eine Translation auf gekrümmten Bahnen liegt z. B. beim Skispringen vor, einen ruhigen Flug vorausgesetzt.

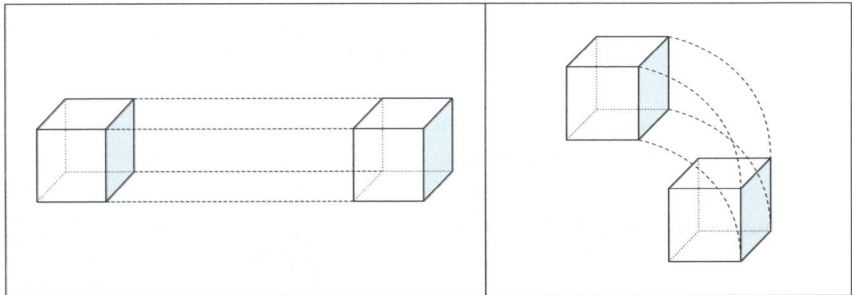

Abb. 8: Translation auf geraden Bahnen   Abb. 9: Translation auf gekrümmten Bahnen

Rotation

Unter Rotation versteht man Bewegungen von Körpern, bei denen sich die Körperpunkte auf **kreisförmigen Bahnen** um eine **gemeinsame Drehachse** bewegen.

Die Punkte des rotierenden Körpers bewegen sich auf konzentrischen Kreisen um die Drehachse M. Dadurch ändert der Körper seine Orientierung im Raum.

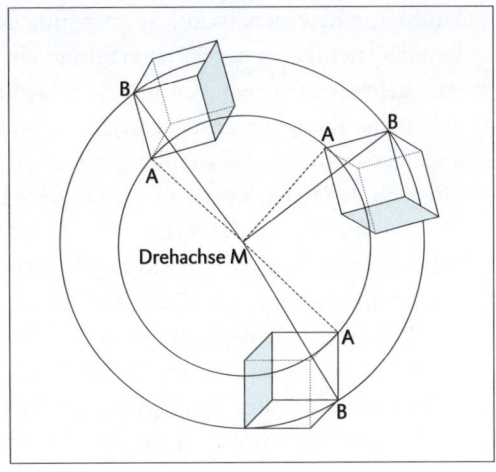

Abb. 10: Rotation um eine Drehachse

Rotationen sind erst dann zutreffend beschreibbar, wenn man als Zentrum der Drehung eine **Drehachse** festlegt.

- Diese sind häufig **Körperachsen**, von denen folgende typisch sind: Körperlängsachse *(Longitudinalachse)*, Körperbreitenachse *(Transversalachse)*, Körpertiefenachse *(Sagittalachse)*. Eine annähernd reine Rotationsbewegung um die **Körperlängsachse** ist die Pirouette beim Eiskunstlauf. Der Felgumschwung am Reck ist annähernd eine Rotation um die **Körperbreitenachse**, wenngleich, genau genommen, die Reckstange als ei-

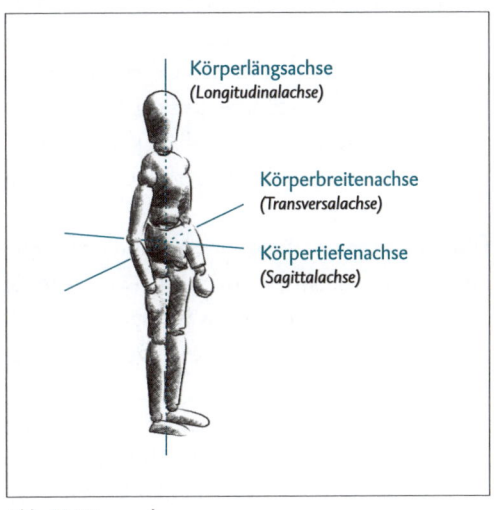

Abb. 11: Körperachsen

gentliche Drehachse nicht durch den Körper verlaufen kann. Ein freies Rad veranschaulicht annähernd eine Rotation um die **Körpertiefenachse**, mit der Einschränkung, dass zum einen ein Translationsanteil hinzukommt und zum anderen sich nicht alle Körperpunkte exakt auf Kreisbahnen um die

Drehachse bewegen, da zur Bewältigung der Bewegungsaufgabe wechselnde Beugungswinkel in der Hüfte erforderlich sind.

- Aus dem Gerätturnen stammt die folgende, vom Körper des Sportlers unabhängige Kategorisierung von Drehachsen, die sich auch bei Betrachtung anderer Sportarten verwenden lässt: feste Drehachsen, vom Sportler zu stabilisierende Drehachsen, momentan feste Drehachsen, freie Drehachsen. Im Gerätturnen findet man **feste Drehachsen** in der Reckstange beim Schwingen im Langhang am Reck oder in der Deckenaufhängung der schwingenden Ringe. Eine feste Drehachse bildet aber auch die Dolle, die Lagerung des Riemens in einem Ruderboot. Ein typisches Turn-Beispiel für **vom Sportler zu stabilisierende Drehachsen** ist die Schulterachse beim Schwingen im Stütz am Barren. In der Leichtathletik findet man in den Drehwurf- bzw. -stoßtechniken (Hammerwurf, Diskuswurf, Kugelstoßen) die Körperlängsachse als zu stabilisierende Drehachse. **Momentan feste Drehachsen** findet man bei Rollbewegungen wie dem Abrollen aus dem Handstand. Dabei bildet diejenige Breitenachse des Rückens, die gerade Bodenkontakt hat, die momentan feste Achse. Ein Beispiel aus der Alltagsmotorik findet man beim Abrollen des Fußes beim Gehen bzw. Laufen. **Freie Drehachsen** beobachtet man beim Salto oder bei Sprüngen mit Schraube oder bei der Rückwärtsbeugung des Körpers über der Latte beim Hochsprung in Floptechnik. Freie Drehachsen unterscheiden sich von den übrigen dadurch, dass auf sie keine Kräfte ausgeübt werden können, weil sie nur gedacht, physisch aber nicht präsent sind.

Überlagerung von Translations- und Rotationsbewegungen

Auch wenn Beispiele für reine Translationen und reine Rotationen gefunden werden können, kommt es im Sport in der Regel zur Überlagerung von Translations- und Rotationsbewegungen.

Beispiel

Wird ein Fahrrad auf einer stationären Rolle betrieben, führen die Pedale sowie die Laufräder reine Rotationen um ihre jeweiligen Achsen aus. Beim frei fahrenden Fahrrad überlagern sich diese Rotationen mit der Translation des gesamten Fahrrades.

Bei sportlichen Bewegungen stellt sich die Situation ungleich komplexer dar. Schon vergleichsweise einfache Bewegungen wie das Laufen stellen sich zwar im Ganzen betrachtet als eine Translationsbewegung dar, im Detail aber sind zahlreiche auch funktionell wichtige Rotationen mit zu bedenken.

spiel

Beim Laufen bewegt sich der Ellenbogen auf einer Kreisbahn um die Breitenachse durch die Schultergelenke, das Knie auf einer Kreisbahn um die Breitenachse durch die Hüftgelenke, die Punkte der Schulterachse rotieren ihrerseits um die Körperlängsachse, die Füße rotieren in sich um die Fuß-Längsachse, wenn beim Aufsetzen die Fußinnenkante gehoben wird (Supination des Fußes) und während des Abrollens mehr und mehr die Fußaußenkante angehoben wird (Pronation).

Kinematische Messgrößen für Translationen und Rotationen

Aus den bereits oben genannten kinematischen Grundgrößen Strecke, Winkel und Zeit ergeben sich folgende Messgrößen für Translationen und Rotationen:

Messgrößen für Translationen	Messgrößen für Rotationen
Strecke s (Meter m)	**Drehwinkel φ** (Grad °)
Geschwindigkeit v zurückgelegte Strecke pro Zeit $\left[\dfrac{\text{Meter}}{\text{Sekunde}}\right] = \left[\dfrac{m}{s}\right]$	**Winkelgeschwindigkeit ω** überstrichener Winkel pro Zeit $\left[\dfrac{\text{Grad}}{\text{Sekunde}}\right] = \left[\dfrac{°}{s}\right]$
Beschleunigung a Änderung der Geschwindigkeit pro Zeit $\left[\dfrac{\text{Meter}}{(\text{Sekunde})^2}\right] = \left[\dfrac{m}{s^2}\right]$	**Winkelbeschleunigung α** Änderung der Winkelgeschwindigkeit pro Zeit $\left[\dfrac{\text{Grad}}{(\text{Sekunde})^2}\right] = \left[\dfrac{°}{s^2}\right]$

Zusammenfassung

Die Kinematik ist der Teilbereich der Sport-Biomechanik, der sich mit der **Beschreibung einer Bewegung** befasst.

- Mithilfe direkter oder indirekter Messungen werden die kinematischen Grundgrößen **Strecke, Winkel** und **Zeit** erfasst. Davon können wiederum die Größen Geschwindigkeit, Beschleunigung und Frequenz abgeleitet werden.
- Grundsätzlich können zwei Arten von Bewegungen unterschieden werden: **Translationen** und **Rotationen**. Bei sportlichen Bewegungen kommt es aber in der Regel zu Überlagerungen dieser beiden Bewegungsarten.

Aufgaben **1.** **Messergebnisse im Sprint**

a) Im Folgenden finden Sie Zwischenzeiten von 100-m-Sprintern, die bei Deutschen Meisterschaften und Weltmeisterschaften gemessen wurden.

	Teilstrecke			
	30 m	60 m	80 m	100 m
C. Konieczny (Deutscher, DM 1993)	3,95	6,67	8,47	10,35
M. Blume (Deutscher, WM 1993)	3,93	6,65	8,47	10,32
A. Kovacs (Vergleichsperson, WM 1987)	3,98	6,67	8,44	10,20
A. Mahorn (Vergleichsperson, WM 1993)	3,96	6,64	8,42	10,21

Der ehemalige deutsche Weltklasse-Zehnkämpfer Busemann sagte dazu: „Deutsche Sprinter sind in der Beschleunigungsfähigkeit Weltklasse. Deutsche Sprinter zeigen im Bereich der maximalen Laufschnelligkeit deutliche Mängel. Deutsche Sprinter verfügen über eine absolut mangelhafte Schnelligkeitsausdauer." Suchen Sie Belege für diese Aussagen.

b) Unten finden Sie die Zwischenzeiten des Sprints von C. Lewis im Finale der WM 1987. Belegen Sie anhand dieser Zahlen, die denen von A. Kovacs gegenüber gestellt sind, Lewis damalige Sonderstellung unter Berücksichtigung der Äußerungen Busemanns über die Stärken und Mängel deutscher Sprinter.

	Teilstrecke									
	10 m	20 m	30 m	40 m	50 m	60 m	70 m	80 m	90 m	100 m
A. Kovacs	1,97	3,01	3,98	4,89	5,77	6,67	7,55	8,44	9,33	10,20
C. Lewis	1,94	2,96	3,91	4,78	5,64	6,50	7,36	8,22	9,07	9,93

2. Geschwindigkeit und Abflugwinkel im Weitsprung

Interpretieren Sie die folgenden Grafiken zum Weitsprung.

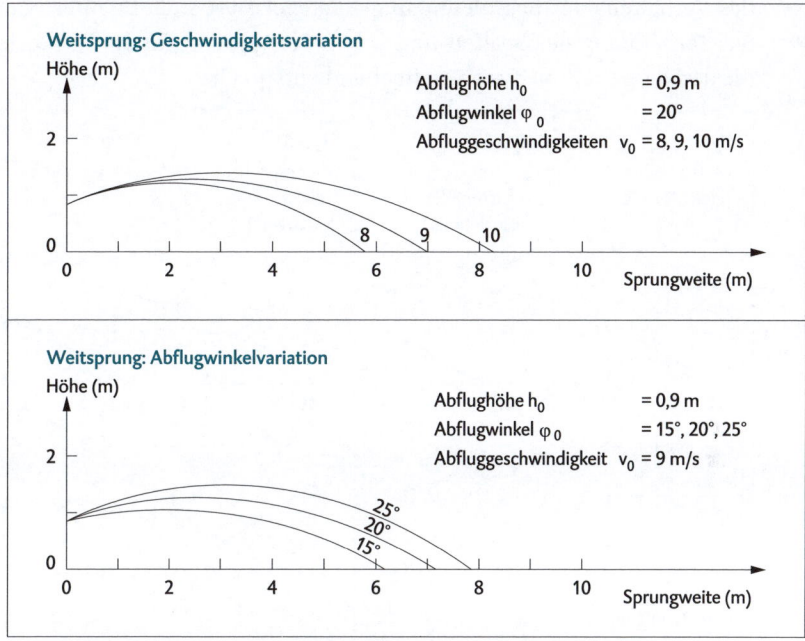

Abb. 12: Geschwindigkeits- und Abflugwinkelvariation beim Weitsprung (Baumann)

3. Grundlegende Größen im Weitsprung

Erläutern Sie die folgende Grafik und stellen Sie die Bedeutung der Größen Δz, W_1, W_2 und W_3 für das Erreichen einer optimalen Weitsprung-leistung dar.

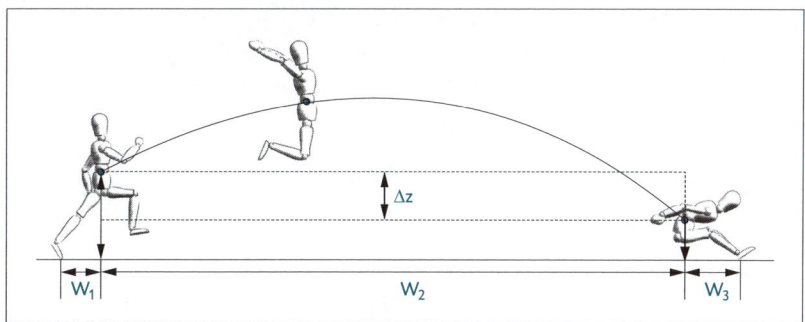

Abb. 13: Kinematische Daten des Weitsprungs (nach Ballreich)

4. Typen von Bewegungen nach Art der Beschleunigung

Die folgenden Skizzen zeigen vier Typen von Bewegungen, die anhand des Verhaltens der Beschleunigung a kategorisiert sind. Erläutern Sie die Skizzen entlang der Spalten und geben Sie sportpraktische Beispiele an, die den dargestellten Typen weitgehend entsprechen.

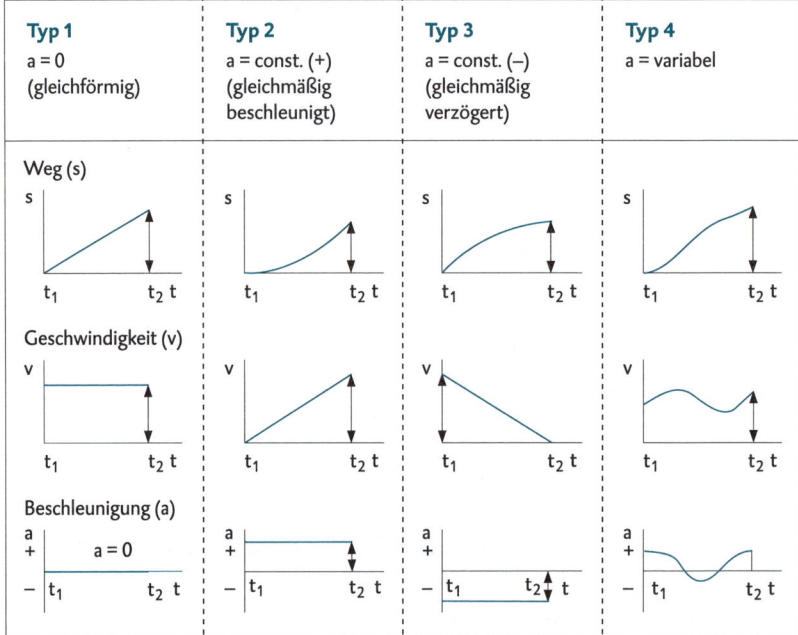

Abb. 14: Kategorisierung von Bewegungen nach der Art der Beschleunigung

5. Translationen und Rotationen (Gerätturnen)

Die folgende Übersicht zeigt die Strukturgruppen des Gerätturnens mit zugehörigen typischen Übungsteilen. Charakterisieren Sie die einzelnen Gruppen in Hinblick auf Translationen und Rotationen. Geben Sie bei Rotationen die Drehachse an.

Strukturgruppe	Typische Übungsteile	
Rollbewegungen	Boden:	Rolle vorwärts
	Boden:	Rolle rückwärts
Kippbewegungen	Reck:	Kippaufschwung
	Barren:	Ellhangkippaufschwung
Auf- und Umschwungbewegungen	Reck:	Umschwung
	Reck:	Aufschwung

Sprungbewegungen	Absprünge aller Art	
Überschlagbewegungen	Boden:	Salto vorwärts
	Boden:	Salto rückwärts
	Boden:	Handstützüberschlag vorwärts
	Boden:	Handstützüberschlag rückwärts
Felgbewegungen	Ringe:	Schleuderfelge
	Boden:	Felgrolle rückwärts
Stemmbewegungen	Barren:	Schwungstemme vorwärts
	Barren:	Schwungstemme rückwärts
	Reck:	Schwungstemme vorwärts
Beinschwungbewegungen	Barren:	Schwingen
	Reck:	Schwingen
	Ringe:	Schwingen

6. Translations- und Rotationsanteile

Arbeiten Sie bei den folgenden Bewegungen die Translations- bzw. Rotationsanteile heraus. Geben Sie bei Rotationen die Drehachsen an.

a) Laufen

b) Rückenkraulschwimmen

c) Delphinschwimmen

d) Felgaufschwung am Reck

e) Überschlag über den Längskasten

f) Skispringen

7. Laufstile von Sprintern und Langstrecklern

Arbeiten Sie die Laufstile eines Sprinters und eines Langstrecklers heraus.

2 Dynamik

Während die Kinematik die Bewegungen lediglich beobachtet, fragt die Dynamik zusätzlich nach den zugrunde liegenden Auslösern, den Kräften.

> Unter einer **Kraft** versteht man allgemein einen Stoß oder Zug, der auf einen physikalischen Körper ausgeübt wird. Die einwirkende Kraft verursacht neben einer eventuellen Verformung des Körpers eine **Änderung des Bewegungszustandes** (Richtung und/oder Geschwindigkeit). Eine Kraft ist also Ursache von Körperbeschleunigungen, womit auch Negativbeschleunigungen (Bremswirkungen) gemeint sind.

2.1 Die Newton'schen Gesetze

Der Brite Isaac Newton (1643–1727) hat auf der Basis von Erkenntnissen Galileo Galileis (1564–1642) die folgenden grundlegenden Gesetze der Mechanik formuliert.

1. Gesetz von Newton (Trägheitssatz)

Das 1. Gesetz von Newton entstammt der Erkenntnis Galileis, dass eine Bewegung mit konstanter Geschwindigkeit von sich aus immer weiter geht.

> Jeder Körper verbleibt in seinem momentanen Bewegungszustand, wenn nicht eine Kraft auf ihn wirkt.

Die tägliche Erfahrung lässt gelegentlich glauben, dass das 1. Gesetz von Newton nicht richtig sein kann: So bleibt ein rollender Ball irgendwann von selbst liegen, ohne dass ihn jemand stoppen müsste. Diese Tatsache ist aber kein „Gegenbeweis" für das 1. Gesetz von Newton, sondern eine Bestätigung dafür, dass Kräfte auf einen rollenden Ball wirken. In diesem Fall sind Reibungskräfte, die entstehen, wenn die Oberfläche des Balls mit der Rollfläche in Kontakt kommt, für das Anhalten des Balles verantwortlich.

Wenn die auftretenden Reibungskräfte an einem bewegten Körper gering sind, kann man das Bewegungsverhalten des Körpers im Sinne des 1. Newton'schen Gesetzes erklären. Solche Situationen treten im Sport besonders dann auf, wenn sich Körper im Flug durch die Luft bewegen. Die Reibung ist dann vergleichsweise gering und es wirkt – Windstille angenommen – im Wesentlichen nur die Schwerkraft auf den fliegenden Körper. So ist der Sprung eines Weitspringers hauptsächlich dadurch zu erklären, dass durch den Anlauf eine

Vorwärtsbewegung eingeleitet ist, deren Effekt im Sprung (außer durch die Schwerkraft) nur wenig beeinträchtigt wird.

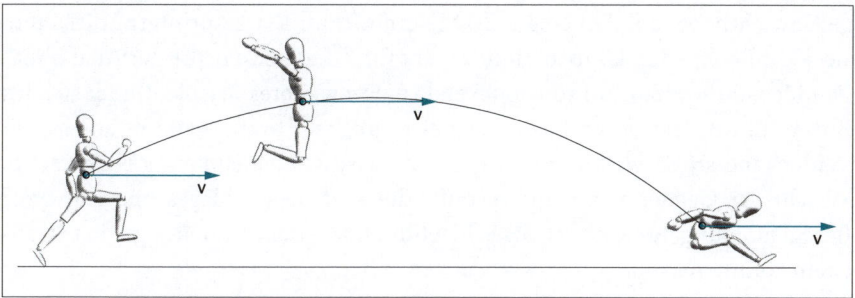

Abb. 15: Auswirkung des 1. Newton'schen Gesetzes beim Weitsprung

2. Gesetz von Newton (Bewegungssatz)

Wirken nun Kräfte auf einen Körper, können sie zur **Beschleunigung** des Körpers führen. Die beschleunigende Kraft ist dabei proportional zur erzielten Beschleunigung. Das heißt, mit einer gleichmäßigen Zunahme der aufgewendeten Kraft wird auch eine gleichmäßige Zunahme der Beschleunigung erzielt.

F = m · a (Kraft = Masse · Beschleunigung)

Betrachtet man das 2. Gesetz von Newton im Hinblick auf die Einwirkung der Größe m, der Masse des betrachteten Körpers, stellt man fest, dass eine bestimmte Kraft eine umso höhere Beschleunigung hat, desto kleiner die bewegte Masse ist.

Die **Masse** eines physikalischen Körpers ist die Eigenschaft, die er einer Beschleunigung entgegensetzt. Masse wird in der Einheit kg (Kilogramm) gemessen. Umgangssprachlich bezeichnet man Körper mit großer Masse als schwer.

Mithilfe des 2. Newton'schen Gesetzes (F = m · a) erklärt sich auch die physikalische Einheit der Kraft (Newton), wenn man die Einheit der Beschleunigung (m/s^2) mit bedenkt:

Die **Einheit der Kraft** heißt Newton. $N = kg \cdot \dfrac{m}{s^2}$

Durch das 2. Gesetz von Newton wird klar, warum Sprinter, die durch eine große Kraft der Beinstreckschlinge ausgezeichnet sind, besser beschleunigen können als Athleten mit geringerer Kraft. Das erklärt auch, warum hochklassige Gewichtheber auf den ersten 20 Metern oft mit Klassesprintern mithalten, sie sogar übertreffen können, und warum für Kurzstreckensprinter Anabolika-Doping zum Kraftaufbau so verlockend ist. Ein weiteres Beispiel findet sich im Boxen: Ein Boxschlag wirkt mit ungleich größerer Kraft, wenn er auf harten Widerstand stößt, weil hier eine größere Negativbeschleunigung erzielt wird. Weicht der Gegner aus, dann verpufft die Kraft des Schlages und führt zur Beschleunigung des Körpers des Schlagführenden, der dadurch sogar ins Straucheln kommen kann.

Die Vektordarstellung von Kräften

Aus mathematischer Sicht ist eine Kraft ein **Vektor**, also eine Größe, die durch die Angabe ihrer Richtung und zusätzlich durch die Angabe ihres Betrags festgelegt ist.

Bei der Kraftanwendung in realistischen Situationen muss also immer überlegt werden, in welche Richtung die betrachtete Kraft wirkt und wie stark sie ist. Da Kräfte als Vektoren dargestellt werden können, ist es möglich, Kräfte beliebiger Richtung zu addieren bzw. eine Kraft in mehrere Teilkräfte zu zerlegen.

- Wirken zwei Kräfte **in exakt gleicher Richtung**, dann werden die Pfeile hintereinander gesetzt und ihre Längen addiert. Wirken die beiden Kräfte **in genau entgegengesetzter Richtung**, ergibt sich die Länge der resultierenden Kraft, indem die geringere von der größeren subtrahiert wird.
- Wirken die Kräfte **in unterschiedliche Richtungen**, dann ergibt sich bei der grafischen Darstellung ein **Kräfteparallelogramm**. Dieses kann auch dazu dienen, „unerklärliche" Kräfte zu finden.

Beispiel

Beim Hochsprung ist die Kraft R, die den Absprung nach vorne-oben auslöst, das Resultat zweier Kräfte, nämlich der Kraft V aus dem Vortrieb des Anlaufs und einer weiteren Kraft B. B wirkt von unten schräg gegen die Laufrichtung auf den Abspringenden und heißt Bremskraft. Der Bremsdruck entsteht dadurch, dass der Sportler beim Umsetzen des Anlaufs zum Sprung das Sprungbein vor dem

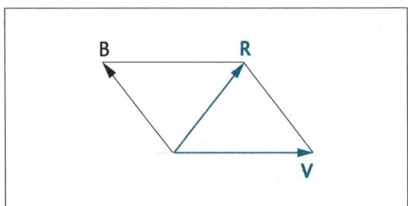

Abb. 16: Kräfteparallelogramm zum Hochsprung

Absprung fast gestreckt gegen den Boden rammt. Durch diesen Aufprall wirkt vom Boden aus eine Kraft von vorne-unten auf den Springer, der Boden „schlägt" also „zurück". Setzt man umgekehrt die Kenntnis der Bremskraft B voraus, argumentiert man, dass sich die Kraft V, die aus dem Vortrieb des Anlaufs resultiert, und die Kraft B, die durch das Stemmen beim Absprung entsteht, zur Kraft R addieren.

Im Allgemeinen ist das Auffinden von an Bewegungen beteiligten Kräften nicht so eindeutig wie in der Darstellung dieses Beispiels zum Hochsprung. Denn es lassen sich zu einer Bewegungssituation theoretisch unendlich viele Kräfteparallelogramme konstruieren, von denen aber nur einzelne sinnvolle Interpretationen zulassen.

3. Gesetz von Newton (actio = reactio)

Aus dem Beispiel zum Hochsprung lässt sich herauslesen, dass auf eine Kraft eine **Gegenkraft** wirkt. Weitere Situationen, in denen Gegenkräfte zu offensichtlich vorhandenen Kräften erfahrbar werden, sind etwa der Druck der Kugel nach hinten-unten gegen die Hand beim Ausstoß des Kugelstoßens (als Reaktion auf die Beschleunigung der Kugel nach vorne-oben) oder die Kraft, welche nach hinten gegen den Fuß wirkt, wenn man einen Fußball nach vorne wegschießt. Dies wird besonders deutlich, wenn man barfuß gegen einen hart aufgepumpten Ball tritt. Für die Praxis des Sports bedeutet das, dass jede Kraft eine ihr entgegenwirkende Kraft hat.

> Wirkt auf einen Körper eine Kraft F, die in einem anderen Körper ihren Ursprung hat, so wirkt auf diesen anderen Körper eine gleich große entgegengesetzte Kraft F*: $F^* = -F$

Man muss also immer auch die Gegenspieler offensichtlich wirksamer Kräfte beachten, um Klarheit in zutreffende Kräfteverhältnisse zu bekommen. Unter diesem Gesichtspunkt gewinnt auch die obige Betrachtung der Bremskraft beim Absprung zum Hochsprung neue Gesichtspunkte: Die Bremskraft B kann man sich wieder in eine horizontale und eine vertikale Komponente zerlegt denken: Eine hier mit N bezeichnete Kraft (die Normalkraft, die

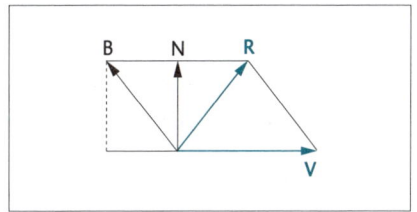

Abb. 17: Kräfteparallelogramm zum Hochsprung

später näher betrachtet wird), und ein Teil der Gegenkraft zur Kraft V (des Vortriebs des Anlaufs).

Aufgrund des 3. Newton'schen Gesetzes erklärt sich auch, warum das Laufen auf Sand oder Schnee so anstrengend ist: Da der Boden der Abdruckkraft des Fußes nur unzuverlässig eine Gegenkraft entgegensetzen kann, bringt der Läufer seine Kraft in vielen Schritten fast umsonst auf.

Ein Gesichtspunkt soll zur Anwendung des 3. Newton'schen Gesetzes in der Praxis noch gesondert hervorgehoben werden. Zu *actio* und *reactio* gehören stets **zwei Körper**. Ein Körper allein kann keine Kraftwirkung erfahren. Aus diesem Grunde müssen z. B. Versuche, auf dem Wasser oder in der Luft zu gehen, zum Scheitern verurteilt sein. Es gibt jeweils keinen zweiten Körper, der eine ausreichende Abstützung ermöglichen könnte. Dass Wasser trotzdem mehr Stütze als Luft entgegenbringen kann, erfahren Schwimmer tagtäglich. Entsprechend beruhen alle Schwimmtechniken darauf, sich möglichst geschickt vom Wasser abzustoßen. Beim Kraulschwimmen etwa beschreibt der Armzug eine s-förmige Bahn, um möglichst viel vorher unbewegtes Wasser wegdrücken zu können, das einen größeren Widerstand bietet als verwirbeltes.

2.2 Innere und äußere Kräfte

Wie können Kräfte kategorisiert werden? Im Bereich des Sports unterscheidet man zwischen inneren und äußeren Kräften.

> **Innere Kräfte** sind Kräfte, die innerhalb eines abgeschlossenen Systems wirken. Sie können die Lage von Systemteilen zueinander verändern, aber nicht das Verhalten des Systems nach außen.

In Bezug auf den menschlichen Körper als abgeschlossenes System betrachtet man als innere Kräfte solche, die von der Muskulatur ausgelöst werden.

Muskelkräfte

Muskelkräfte werden durch Verkürzung von Muskelfasern ausgelöst. Die Muskelkräfte gehen allerdings nur in Ausnahmefällen in dieselbe Richtung wie die Körperbewegung, da eine Körperbewegung aus der Kombination zahlreicher einzelner Muskelverkürzungen resultiert, die jeweils nur ein oder zwei Gelenkwinkelstellungen unmittelbar verändern.

Kräfte in Sehnen, Bändern und Bindegewebe

Solche Kräfte treten dann auf, wenn die zugehörigen Muskeln Kräfte frei machen. Lange Sehnen können bei Dehnung große Kräfte speichern und bei Verkürzung wieder frei geben. Paradebeispiel aus der Tierwelt sind die Kängurus, die ihre enorme Sprungkraft weniger aus gewaltigen Muskelpartien als vielmehr aus der Energiespeicherung in ihren langen Sehnen beziehen.

Äußere Kräfte sind Kräfte, die von außen auf ein abgeschlossenes System wirken.

Als abgeschlossene Systeme können z. B. der Körper des Sportlers, ein Sportgerät oder auch die Kombination von beiden betrachtet werden. Die Einwirkung äußerer Kräfte kann die Bahn des Schwerpunktes eines abgeschlossenen Systems verändern.

Schwerkraft (Gewichtskraft)

Die **Schwerkraft** oder **Gewichtskraft (F$_G$)** wirkt auf jeden physikalischen Körper auf der Erde und zieht ihn in Richtung Erdmittelpunkt. Sie wird in der Einheit Newton (N) gemessen, wobei man auf Meeresniveau pro kg Körpermasse jeweils 9,81 N rechnet.

Auf Meeresniveau wird also ein Sportler, der 70 kg wiegt, mit einer Kraft von $m \cdot g = 70 \, kg \cdot 9,81 \, \frac{N}{kg} = 686,7 \, N$ in Richtung des Erdmittelpunktes gezogen. Die Schwerkraft ein- und desselben Körpers ist allerdings nicht überall auf der Erde gleich. Je weiter ein Standort vom Erdmittelpunkt entfernt ist, desto geringer ist die Gewichtskraft des Körpers.

Man hat unter dem Eindruck dieser Erkenntnis zu erklären versucht, warum während der Olympiade 1968 in der auf rund 2 200 Metern über dem Meeresspiegel liegenden Stadt Mexiko City besonders gute Leistungen in Schnellkraftdisziplinen erzielt wurden. So lag z. B. der dort aufgestellte Weltrekord im Weitsprung von 8,90 m um 55 cm über der alten Marke, war also damals außerhalb jedes Vorstellungsvermögens – sogar die Messvorrichtungen reichten dafür nicht aus – und wurde später für fast 25 Jahre nicht überboten. Diesen Wundersprung allein auf die veränderten Schwerkraftverhältnisse zurückzuführen scheint aber überinterpretiert.

Normalkraft

Die **Normalkraft (F$_N$)** ist die Kraft, welche die Unterlage (z. B. der Boden) einem Körper entgegenbringt. Die Normalkraft wirkt senkrecht zur Unterlage.

Steht ein Körper auf ebenem Boden in Ruhe, wirkt die Normalkraft genau entgegengesetzt zur Schwerkraft und verhindert, dass diese den Körper Richtung Erdmittelpunkt beschleunigt. Schwer- und Normalkraft heben sich hier also auf. Die Normalkraft kann aber auch von einem anderen physikalischen Körper wie einer Reckstange entgegengebracht werden, an der der Sportler hängt. Ein durch die Luft fallender Körper ist dagegen einer Beschleunigung durch die Schwerkraft ausgesetzt, die Normalkraft hat dann den Wert 0.

In Bewegung ist die Normalkraft nicht nur abhängig vom Gewicht des Sportlers, sondern auch davon, wie stark der Sportler innere Kräfte mobilisiert. Bei einem Sprintstart oder bei der Landung nach einem Weitsprung kann die Normalkraft das 3- bis 4-fache des Eigengewichtes des Körpers betragen.

Beispiel

Bei einem Skifahrer ist das Verhältnis zwischen der Größe innerer Kräfte und der Normalkraft folgendermaßen:

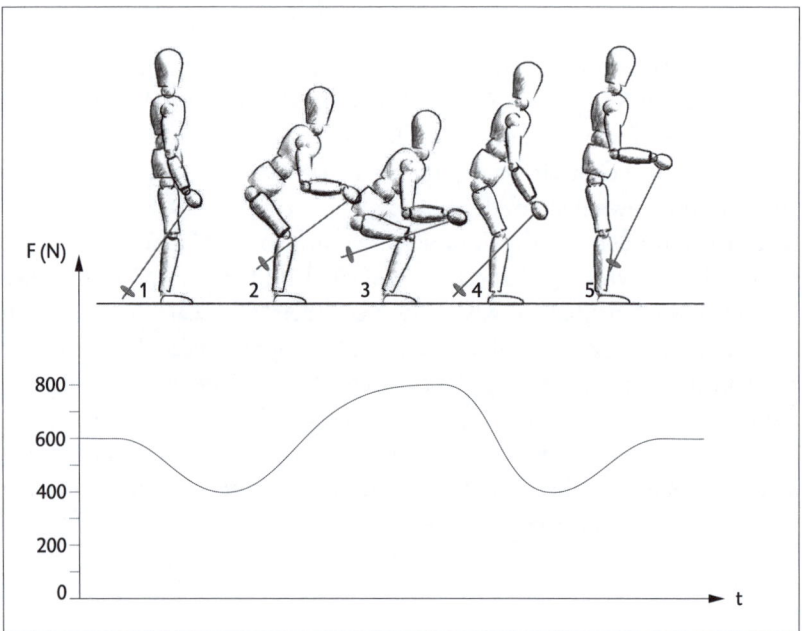

Abb. 18: Verhältnis von inneren Kräften und Normalkraft bei einem Skifahrer (nach Wirhed)

Zu Beginn (1) befindet sich der Skifahrer in einem Fahrstück auf ebener Strecke. Die Normalkraft wirkt der Schwerkraft genau entgegen und ist von gleichem Betrag wie diese. Der angegebene Betrag von 600 N entspricht einem Körpergewicht des Fahrers von etwa 61,2 kg. Dann (im Übergang von 1 zu 2) entspannt der Skifahrer seine Muskulatur etwas, um tiefer gehen zu können. Er leistet also der Schwerkraft weniger Widerstand. Durch das Nachlassen der inneren Kräfte nimmt der Druck auf die Unterlage auf 400 N ab. Dieses Nachlassen der Normalkraft aufgrund des „Fallens" in die Hocke nennt man in der Terminologie der Skitechnik **Tiefentlastung**. In dem Moment, in dem der Fahrer das In-die-Hocke-Gehen verlangsamt, also abbremst, kommt es durch das Ansteigen der inneren Kräfte (zwischen 2 und 3) zu einer Erhöhung der Normalkraft.

Anschließend (zwischen 3 und 4) richtet sich der Skifahrer wieder auf. Diese Aufwärtsbewegung ist mit einer Streckung der Beine durch Mobilisierung der Muskelkräfte im vorderen Oberschenkel verbunden. Man erkennt, dass das Kräftemaximum kurz nach dem Moment der Bewegungsumkehr nach oben erreicht wird, wenn durch eine günstige Kniewinkelung maximaler Druck auf die Unterlage möglich wird. Daraufhin (4) lässt der Druck auf die Unterlage stark nach, weil der Fahrer genug Schwung hat, um die aufrechte Haltung zu erreichen, ohne verstärkt innere Kräfte mobilisieren zu müssen. Dieser Punkt heißt skitechnisch **Hochentlastung**. Schließlich (5) ist der Ausgangszustand wieder erreicht. Skifahrer nützen die Punkte der Entlastung aus, um den Ski zu drehen. Dies ist in diesen Momenten wesentlich leichter als unter Volllast.

Bei Sprüngen, wie bei dem im Folgenden dargestellten Strecksprung, macht man ähnliche Beobachtungen. Der obere Teil der Grafik zeigt den Weg s, den der Körperschwerpunkt (KSP) nimmt. Der mittlere Teil untersucht die Geschwindigkeit des KSP, der untere Teil die Normalkraft F, die auf den KSP wirkt. Es interessiert hierbei jeweils nur die senkrechte Richtung (z-Richtung). Zunächst sind einige Parallelen zu dem Bewegungs- und Kraftverlauf des Skifahrers festzustellen: Der Springer geht in einer Ausholbewegung in die Hocke, so dass die Normalkraft bis zum Zeitpunkt t_1 absinkt. Währenddessen nimmt die Geschwindigkeit des Körperschwerpunktes auf seinem Weg nach unten zunächst zu. Bis zum Zeitpunkt t_2 sieht man das Abbremsen der Abwärtsbewegung; im Umkehrpunkt ist die Geschwindigkeit gleich 0. Durch den zunehmenden Druck auf den Boden steigt auch die Normalkraft bis kurz vor dem Absprung an. In gleichem Maße nimmt die Geschwindigkeit des Körperschwerpunktes zu. Während des Fluges ist die Normalkraft gleich 0. Die

Geschwindigkeit in senkrechter Blickrichtung ist im höchsten Punkt des Sprunges zum Zeitpunkt t_5 gleich 0. Nach der Landung auf dem Boden zeigt die Geschwindigkeitskurve einen ähnlichen Verlauf wie beim Absprung. Da ein Fallen aus größerer Höhe ausgeglichen wird, ist die Phase des Abfallens nach unten schneller, die Phase des Aufrichtens hingegen langsamer, weil kein Abflug mehr angestrebt wird und der tiefste Punkt zum Zeitpunkt t_8 erreicht ist. In dieser Phase weist die Kurve der Normalkraft Besonderheiten auf: Die schlagartige Berührung des Bodens führt zur sogenannten **Aufsprungzacke**, deren Abklingen den sonst typischen Verlauf mit Nachlassen der Normalkraft in der Absenkung, Anstieg der Normalkraft durch das Bremsen des Absenkens sowie Beschleunigen nach oben mit noch verstärkter Normalkraft überlagert.

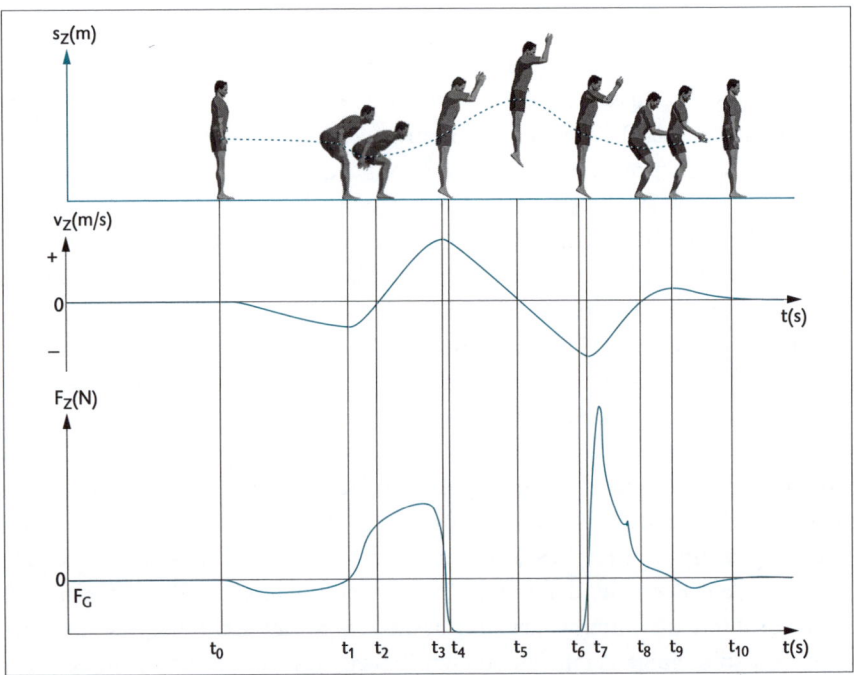

Abb. 19: Geschwindigkeit des KSP und Normalkraft bei einem Strecksprung (nach Olivier/Rockmann)

Die Kurve in Abb. 20 zeigt eine Bewegung, die eine Fallbewegung abbremst und in eine aufsteigende Bewegung umwandelt. Sie ist jedoch idealisiert und zeigt alle Phasen, die auftreten können, auch wenn sie sich in der Praxis ausschließen. Eine **Aufsprungzacke** entsteht, wenn der Körper mit Wucht auf den Boden prallt, in der Regel also nach einem Fall. Sie ist je nach Fallhöhe unterschiedlich stark ausgeprägt. Einen **negativen Kraftstoß** gibt es nach der

Landung aus dem freien Fall so explizit nicht, da die Wucht des Aufpralls diese Kraftentfaltung in nicht differenzierbarer Art überlagert. Man findet ihn allerdings beim Federn in die Knie unter Bewahrung des Bodenkontaktes mit den Füßen. Der negative Kraftstoß bedeutet demnach das Nachlassen der Kräfte, die der Schwerkraft entgegenwirken, also wenn der Körper nach unten gelassen wird und die Muskelspannung besonders der Beinstreckschlinge nachlässt. Der **Bremskraftstoß** bremst eine Abwärtsbewegung. Dazu muss die Muskelspannung der Beinstreckschlinge wieder zunehmen. Ihm folgt der **Beschleunigungskraftstoß**, durch dessen Wirkung der Körper wieder in den aufrechten Stand gebracht wird oder einen Absprung ausführt. Das Ausmaß des Beschleunigungskraftstoßes variiert je nach Ziel der Bewegung.

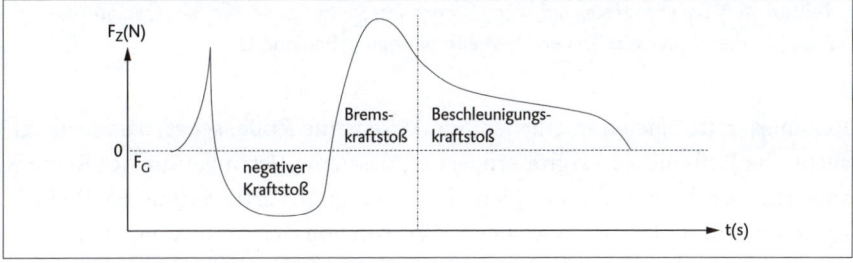

Abb. 20: Normalkraft bei Sprung in die Tiefe mit erneutem Absprung

Hangabtriebskraft

Bei Bewegungen an einer schiefen Ebene ergänzen sich Normal- und Schwerkraft zur **Hangabtriebskraft.**

Diese Kräfte treten z. B. beim Rodeln oder Radfahren auf.

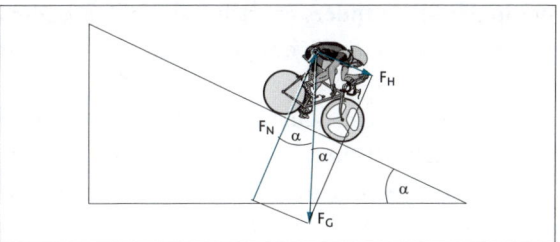

Abb. 21: Die Hangabtriebskraft

Für den rechnerischen Zusammenhang der Beträge der genannten Kräfte gilt nach den Rechenregeln für die trigonometrischen Funktionen sin und cos in rechtwinkligen Dreiecken:

$$| F_N | = | F_G | \cdot \cos(\alpha) \qquad | F_H | = | F_G | \cdot \sin(\alpha)$$

Daraus entnimmt man, wie bei gedachter Veränderung des Winkels α und den daraus folgenden Änderungen im dargestellten „Kräfte-Rechteck" zu erwarten ist, dass

- bei horizontaler Fahrt ($\alpha = 0$) die Normalkraft F_N den gleichen Betrag wie die Schwerkraft F_G aufweist und die Hangabtriebskraft den Wert 0 hat;
- bei zunehmender Steilheit des Hanges die Normalkraft immer geringer und die Hangabtriebskraft immer größer wird;
- bei senkrechter „Abfahrt" die Hangabtriebskraft gleich der Schwerkraft ist und die Normalkraft den Wert 0 hat.

Reibungskräfte

> **Reibungskräfte (F_R)** treten auf, wenn Körper sich aneinander vorbeibewegen und die Rauigkeit der Körperoberflächen die Weiterbewegung behindert.

Reibungskräfte spielen in etlichen Sportarten eine Rolle, sei es, dass man versucht, die Reibung zu vergrößern, sei es, dass eine Verringerung der Reibung angetrebt wird. Typische Beispiele, in denen eine Verringerung der Reibung gesucht wird, findet man etwa beim Wachsen von Skiern im alpinen Skisport, dem Rasieren der Körperhaare bei Schwimmern, der Anfertigung besonders windschlüpfriger und glatter Ausrüstung beim Rodeln, Radfahren oder Eisschnelllaufen. Eine Erhöhung der Reibung erfolgt hingegen beim Laufen durch die Verwendung von Spikes, beim Mountainbiking durch das Aufziehen grobstolliger Reifen oder beim Skibergsteigen durch Felle auf den Skiern. Im Skilanglauf gibt es das Problem, dass der Ski bergauf eine erhöhte Reibung haben sollte, bergab hingegen eine möglichst geringe. Deshalb werden die Ski entweder in der Mitte anders gewachst als an den Enden, oder man greift zu Skiern, die in der Mitte ein geschupptes Profil aufweisen, an den Enden aber glatt sind.

Kräfte auf einen in der Luft oder im Wasser ruhenden Körper

Die **Schwerkraft** und die **statische Auftriebskraft** sind die beiden wesentlichen Kräfte, die auf einen in einem Medium (Luft oder Wasser) ruhenden Körper wirken. Die Wirkrichtung der beiden Kräfte ist entgegengesetzt.

> Die Größe der **statischen Auftriebskraft** entspricht der Gewichtskraft der vom Körper verdrängten Flüssigkeit bzw. des verdrängten Gases (Archimedes-Prinzip).

Dies wird z. B. daran deutlich, dass ein schwimmender Körper nur so weit ins Wasser einsinkt, bis das verdrängte Wasservolumen die Gewichtskraft des Körpers hat. Im Toten Meer bleibt ein Mensch also deshalb ohne Schwimmbewegungen an der Wasseroberfläche, weil das Wasser aufgrund des hohen Salzgehaltes eine besonders hohe Dichte hat und das vom gesamten menschlichen Körper verdrängte Wasservolumen schwerer wiegt als der menschliche Körper selbst. Ein menschlicher Körper erhält dagegen durch die umgebende Luft keinen spürbaren Auftrieb, weil das Luftvolumen, das vom Körper verdrängt wird, eine vernachlässigbare Gewichtskraft aufweist.

Die Auftriebskraft entsteht durch den **statischen Druck** (Schweredruck) des unbewegten Mediums auf den in ihm befindlichen Körper. Beim Wasser spricht man von hydrostatischem Druck, bei der Luft von aerostatischem Druck. Die Höhe des Drucks des umgebenden Mediums auf einen Körperpunkt ist zum einen davon abhängig, wie dicht das Medium ist, zum anderen, wie hoch die Säule des Mediums ist, die sich über dem Körperpunkt befindet ($p_{stat} = \rho \cdot g \cdot h$).

An der Unterseite des im Medium befindlichen Körpers ist der statische Druck größer als an seiner Oberseite. Die statische Auftriebskraft ergibt sich aus dieser Differenz.

Kräfte auf einen in der Luft oder im Wasser bewegten Körper

Ein Körper, der sich in einem Medium bewegt bzw. von einem Medium umströmt wird, löst ungleich kompliziertere Krafteffekte aus.

- **Auftriebskräfte** sind Kräfte, die gegen die Schwerkraft senkrecht von unten auf den im Medium befindlichen Körper wirken. Dass es außer der statischen Auftriebskraft andere Kräfte gibt, die an einen in einem Medium (Luft oder Wasser) bewegten Körper auftreibend angreifen, lässt sich bei einem Schwimmer nachvollziehen, der sich vom Beckenrand abstößt. Kurz nach dem Abstoß ist die Wasserlage waagerecht, bei nachlassender Geschwindigkeit sacken die Beine mehr und mehr ab, obwohl doch – so denkt man – der statische Auftrieb gleich bleibt. Der nach dem Abstoß feststellbare verstärkte Auftrieb im Wasser heißt hydrodynamischer Auftrieb. In einem beliebigen Medium wird er allgemeiner als dynamischer Auftrieb bezeichnet.

Der **Gesamtdruck** p_G, der sich sich additiv aus dem statischen Druck und dem dynamischen Druck (Staudruck) zusammensetzt, ist in gegebener Tiefe konstant:

$$p_G = p_{stat} + p_{dyn} = \rho \cdot g \cdot h + \frac{1}{2} \cdot \rho \cdot v^2 = const \qquad \text{(Gesetz von Bernoulli)}$$

Der Staudruck, der von der Dichte des Mediums und von der Strömungsgeschwindigkeit abhängt, beschreibt das Ausmaß des Strömens. Nimmt also
die Geschwindigkeit eines strömenden Mediums zu, dann nimmt der Staudruck zu. Der statische Druck muss sich dann gleichzeitig verringern, weil
ja die Summe der beiden Drücke immer konstant bleibt. Umgekehrt ist es
natürlich bei sich verlangsamender Strömung. Aus dieser Betrachtung ergibt
sich die Begründung für den dynamischen Auftrieb. Wenn nämlich ein geeignet geformter Körper in flachem Winkel angeströmt wird, dann weichen
ihm die Wasserteilchen so aus, dass er auf der einen Seite schnell und auf
der anderen Seite langsam umflossen wird. Auf der schnell umströmten
Seite ergibt sich ein relativer statischer Unterdruck, auf der langsamer umströmten Seite ein relativ erhöhter statischer Druck. Die folgende Abb. zeigt
einen Körper in einer Strömung, der aufgrund seiner Form an der Oberseite
schnell (längerer Weg), an der Unterseite langsam umströmt wird, also eine
dynamische Auftriebskraft nach oben erhält.

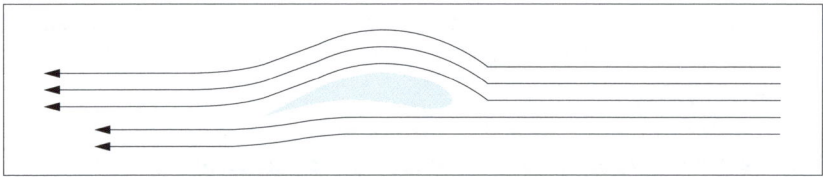

Abb. 22: Die dynamische Auftriebskraft

Im Allgemeinen stellt man fest, dass die dynamische Auftriebskraft senkrecht zur Strömungsrichtung verläuft, was nicht immer auch einen Verlauf
gegen die Wirkrichtung der Schwerkraft bedeuten muss. Daher gebraucht
man anstatt des Begriffes „dynamischer Auftrieb" auch gerne die Vokabel
„Querkraft".
Auf gleiche Art erklärt man, dass ein Flugzeug in der Lage ist, in der Luft zu
bleiben. Der Flügel eines Flugzeuges ist entsprechend der obigen Abb. so gewölbt, dass seine Oberseite länger als die Unterseite ist. Treffen benachbarte
Luftteilchen so auf den Flügel, dass sich ihre Wege nach oben und unten
trennen, dann kommen sie trotzdem gleichzeitig am Ende des Flügels an,
weil sonst ein Vakuum an der Stelle des nicht „rechtzeitig angekommenen"
Luftteilchens entstehen müsste. Das Teilchen auf dem langen Weg ist also
schneller unterwegs, übt deswegen einen größeren Staudruck aus und verringert auf der Oberseite des Flügels den statischen Druck.
Auch die Hand eines Schwimmers wird möglichst so eingesetzt, dass eine
Form wie ein Flugzeugflügel entsteht, weil der Handrücken stärker gewölbt

ist als die Handfläche. Herausragende Bedeutung haben die Auswirkungen des Bernoulli-Gesetzes auch im Segelsport, besonders erfahrbar dann, wenn es scheinbar widersinnig gelingt, gegen den Wind zu segeln, indem das Segel so zur Fahrtrichtung gewölbt wird, dass vorne eine schnellere Strömung als hinter dem Segel entsteht.

- **Strömungswiderstände** sind Kräfte, die gegen die gewünschte Bewegungsrichtung wirken. In der Praxis werden sie etwa beim Schwimmen, Rudern oder Paddeln flussaufwärts oder beim Radfahren gegen den Wind erfahrbar. Der Gesamtwiderstand eines in einem Medium gleitenden Körpers wird zum einen durch die Viskosität (Zähigkeit) des Mediums bestimmt, wie leicht sich also Teilchen des Mediums gegeneinander verschieben lassen, zum anderen durch das Verhalten der Partikel vor, entlang und auch hinter dem Körper. Der Widerstand steigt bei völlig in das Medium eingetauchten starren Körpern mit dem Quadrat der Geschwindigkeit. Bei Bewegungen von eingetauchten beweglichen Körpern im Wasser lässt sich der Zusammenhang oft nur in grober Näherung nachweisen, weil zu viele kaum kalkulierbare Nebeneinflüsse das Ergebnis verwässern.

Einzelkomponenten des Gesamtwiderstandes sind z. B. Reibungswiderstände, Formwiderstände und Wellenwiderstände. Der **Reibungswiderstand**, abhängig von der Viskosität des Mediums, erklärt sich dadurch, dass grundsätzlich Teilchen des Mediums vom Körper mitgerissen werden. Die dabei entstehende Strömung entlang des Körpers kann laminar oder turbulent sein. Eine laminare Strömung zeichnet sich dadurch aus, dass selbst dünne Teilschichten, die der Strömung angehören, ohne eine Durchmischung der Schichten übereinander gleiten. In einer turbulenten Strömung tauschen Strömungsschichten Teilchen miteinander aus, sodass Wirbel entstehen. Turbulente Strömungen bedeuten dementsprechend für einen umströmten Körper einen höheren Widerstand als laminare. Ob die Strömung laminar oder turbulent ist, entscheidet sich anhand der Körperoberfläche. Nicht umsonst tragen Sportler, die sich in stark strömenden Umgebungen bewegen, spezielle, Turbulenzen reduzierende Anzüge, seien es die neuen Ganzkörperanzüge der Schwimmer oder auch Rennanzüge im Bahnradsport bzw. in Skidisziplinen.

Ein Körper, der sich in einem Medium bewegt oder von einem Medium umströmt wird, verdrängt Teilchen des Mediums gegen die Bewegungsrichtung des Körpers. Diese weichen zunächst nach oben aus – beim Schwimmen entsteht dabei die Bugwelle –, werden dann auf Strömungsbahnen um den Körper herum verlagert und fließen hinter dem Körper im Nachlauf wieder zusammen. Die Verdrängung eines Mediums setzt dem Körper einen Widerstand entgegen, dessen Ausmaß stark von der Form des Körpers abhängt, weshalb man in diesem Zusammenhang von **Formwiderständen** spricht. Die folgende Abb. zeigt eine kreisförmige Scheibe, einen kurzen Zylinder und einen längeren Zylinder, alle mit jeweils gleicher Stirnfläche, die identisch von vorne angeströmt werden. Man erkennt anhand der Darstellung deutlich, dass der längste Zylinder am wenigsten Widerstand bietet.

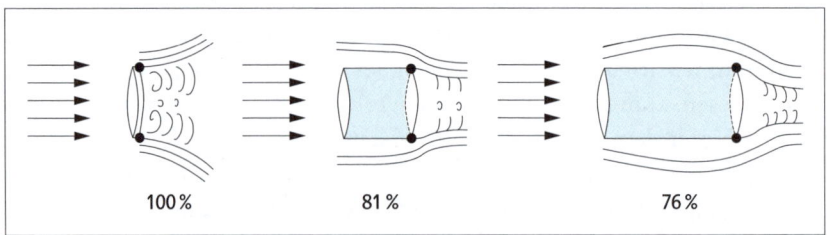

100 %   81 %   76 %

Abb. 23: Formwiderstände in Prozent bei gleicher Strömungsgeschwindigkeit (nach Ungerechts u. a.)

Den geringsten Formwiderstand erfahren sogenannte stromlinienförmige Körper, die vorne abgerundet sind und nach hinten lang auslaufen. Warum aber ist die Form so entscheidend und nicht die Stirnfläche des Körpers? Die Grafiken deuten an, dass Körper dann wenig Formwiderstand bieten, wenn der Nachlauf sich rasch verschmälert und nur gering verwirbelt wird. Der Grund dafür ist, dass unmittelbar hinter dem angeströmten Körper ein Unterdruckgebiet entsteht, da die Teilchen aus der Umströmung des Körpers erst in einigem Abstand zum umströmten Körper zusammenfließen. Im Wasser nennt man den Raum hinter einem angeströmten Körper Totwassergebiet. Der umströmte Körper schleppt also auf der der Strömung abgewandten Seite, der Lee-Seite, Teilchen des Mediums mit, weil der Unterdruck im Totraum diese „anzieht". Die Kraft, die benötigt wird, um die Teilchen des Mediums im Nachlauf mitzuschleppen, geht schließlich dem Vortrieb des Körpers im Medium verloren, sorgt also zu einem guten Teil für den Formwiderstand.

Praktisch gesehen ist dieser Effekt am besten vom Windschattenfahren im Radsport bekannt, wo ein Fahrer, der dicht hinter einem anderen fährt, nicht nur weitgehend vom störenden Gegenwind befreit, sondern vom Vordermann zu einem Teil „abgeschleppt" wird. Die Taktik der Mannschaften von Favoriten in großen Radsportrennen zielt schließlich ganz darauf ab, dem Mannschaftskapitän so lange wie irgend möglich Windschattenschutz zu geben, damit er in den entscheidenden Streckenteilen noch relativ frisch antreten kann. Auch in der Situation der Sprintvorbereitung geht es darum, möglichst viele Mitglieder einer Mannschaft in der Spitzengruppe beisammen zu haben, die dann nach einem ausgeklügelten Plan dem stärksten Sprinter bis kurz vor Schluss Schutz geben können.

Das Schwimmen an der Wasserlinie verursacht den sogenannten **Wellenwiderstand**. Er entsteht, weil beim Auftürmen der Bugwelle Wasser entgegen der Schwerkraft verdrängt, also emporgehoben wird. Der Wellenwiderstand ist folglich auch dann noch für den Schwimmer behindernd, wenn er unterhalb der Wasserlinie dahingleitet. Erst ab einer Tiefe, die größer als das Dreifache des Körperdurchmessers ist, in der Praxis des Schwimmens also etwa 80 bis 90 cm, spielt der Wellenwiderstand keine bedeutende Rolle mehr. Dadurch wird erklärbar, warum es sich für Schwimmer – gerade beim Brustschwimmen – lohnt, Unterwasserbewegungen nach der Wende tief im Wasser auszuführen.

- **Antriebskräfte** sind Kräfte, die in die Bewegungsrichtung wirken. Ein Antrieb in einem Medium – besonders ist hier an den Antrieb des Schwimmers im Wasser zu denken – ist grundsätzlich nur möglich, wenn ein Widerstand erfahren werden kann. Aus dieser Feststellung ergibt sich unmittelbar, dass ein Teil der Erklärung des Antriebs im Wasser über das 3. Newton'sche Gesetz erfolgt. Formuliert für das Schwimmen stellt man sich also vor, dass der Schwimmer Wasser greift und daran mit einer Kraft F zieht, worauf die sich daraus ergebende Gegenkraft zu F ihn nach vorne schiebt.

Allein aus der Rolle des Wassers als passives Widerlager und die Anwendung des 3. Newton'schen Gesetzes erklärt man heute den Schwimmantrieb nicht mehr. Zum einen argumentiert man seit den 70er-Jahren mit dem aus dem Bernoulli-Prinzip entstehenden Sogwirkungen, zum anderen diskutiert man gerade aktuell über die Formen von Verwirbelungen und Rotationen von Wassermassen. Dabei unterscheidet man bremsende, unstrukturierte Verwirbelungen, also „Totwasser", von geordnet rotierenden Wassermassen, die größeren Widerstand bieten können. Eine geordnete Rotation von Wassermassen nennt man Vortex.

Daher versucht man Schwimmbewegungen im Wasser heute so zu gestalten, dass vor dem Schwimmer eine ungeordnete Verwirbelung entsteht, die diesen anziehen kann und somit den „Frontantrieb" bildet, und dass hinter dem Körper Vortex-Strömungen entstehen, von denen sich der Schwimmer abstoßen kann und die somit als „Heckantrieb" dienen.

Bewegungen an Land

Die Abbildung zeigt im Beispiel die typischen auf einen Skifahrer wirkenden äußeren Kräfte:

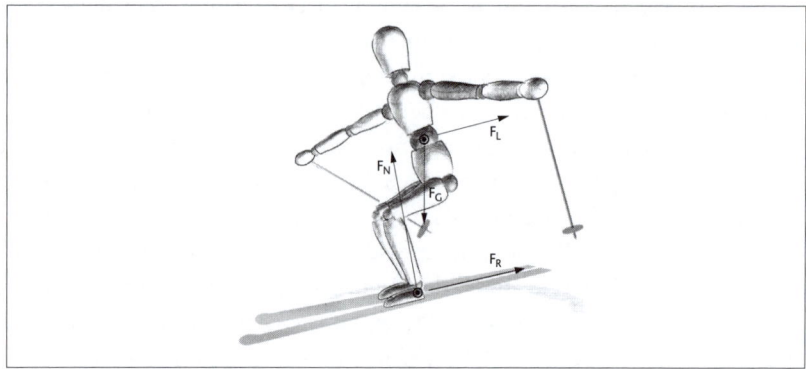

Abb. 24: Die äußeren, auf einen Skifahrer wirkenden Kräfte (nach Wirhed)

- F_G, die Gewichtskraft des Skifahrers, die am Schwerpunkt des Körpersystems Sportler/Ski/Skistöcke angreift;
- F_N, die Normalkraft, die senkrecht zur Unterlage auf das Körpersystem wirkt;
- F_R, die Reibungskraft, die abhängig von der Beschaffenheit des Schnees dem Vortrieb entgegenwirkt;
- F_L, der Luftwiderstand, der den Vortrieb zusätzlich bremst.

Bewegungen im Wasser

Bewegungen im Wasser machen zusätzlich Betrachtungen zum Auftrieb notwendig, der im Beispiel des Skifahrens vernachlässigbar kleine Beiträge liefert. Die folgende Abbildung eines Schwimmers fasst die betrachteten Kräfte in einer Anströmung AN gegen die Schwimmrichtung SR noch einmal zusammen.

Im Einzelnen bedeuten die Bezeichnungen
- α den Anströmungswinkel;
- F_V die Vortriebskraft;
- F_G die Gewichtskraft des Sportlerkörpers, die an seinem Schwerpunkt angreift;
- F_{st} die statische Auftriebskraft, die am Schwerpunkt der verdrängten Wassermassen angreift;
- F_{dyn} die dynamische Auftriebskraft;
- F_R die Summe der Strömungswiderstände.

Das eingezeichnete Kräfteparallelogramm zeigt als Resultat die Kraft
– F_W, die die Kräfte, die das Wasser aufbringt, auf sich vereint.

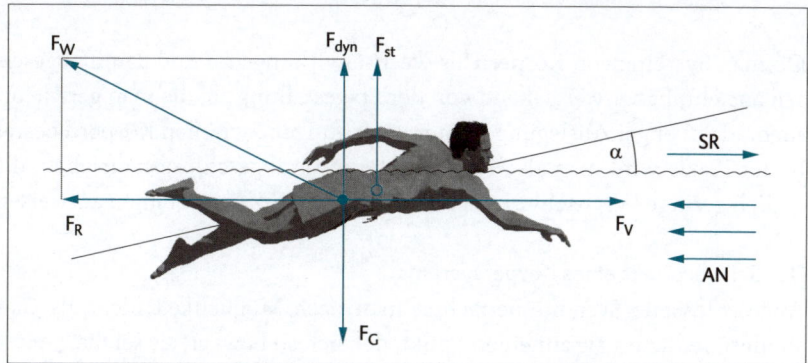

Abb. 25: Die äußeren, auf einen Schwimmer wirkenden Kräfte (nach Reischle)

2.3 Körperschwerpunkt

Bei der Betrachtung von Krafteinwirkungen auf sportliche Bewegungen ist von
zentraler Bedeutung, wie man beteiligte physikalische Körper zueinander an-
ordnet.

Abgeschlossene und offene Systeme

Wenn zwei Rennfahrer auf dem Fahrrad miteinander kollidieren, stoßen zunächst zwei Gesamtsysteme Fahrer-Fahrrad aufeinander, deren Kräfte auf-
einanderwirken. Es ist nicht zu trennen, welche Rolle die beiden Fahrer bzw.
ihre beiden Fahrräder bei der jeweiligen Krafteinwirkung spielen. Die Sichtweise des Gesamtsystems Fahrer-Fahrrad ist weniger sinnvoll, wenn es darum
geht, die Leistung des Fahrers beim Vortrieb einzuschätzen. Hier ist vielmehr
zu untersuchen, wie der Fahrer von außen Kräfte auf das Fahrrad überträgt.
Man behandelt dann also Fahrer und Fahrrad als eigene Systeme, die aufeinander wirken.
Selbst bei Bewegungen eines einzelnen Sportlers unterscheidet man gerne, ob
der Sportler als Ganzes oder doch besser einzelne Körperteile im Verhältnis zu
anderen zu betrachten sind. Einen Sprinter betrachtet man z. B. häufig als ganze Person in seiner Bewegung relativ zur Laufbahn. Geht es aber etwa bei der
Beinführung um Details wie den Kniehub oder die aktive Fußsenkung, betrachtet man das Bein als eigenes System, das vom Körper aus angesteuert
wird. Deutlich wird diese Ansicht auch bei einem Breakdancer, der häufig einzelne Körperteile scheinbar völlig unabhängig vom Gesamtkörper bewegt.

> Ein System physikalischer Körper ohne Wechselwirkung mit seiner Umgebung bezeichnet man als **abgeschlossenes System**. Andernfalls nennt man es ein **offenes System**.

Ob man Systeme von Körpern als wechselwirkungsfrei und damit abgeschlossen ansieht, hängt weitgehend von der Fragestellung ab, die man gerade untersucht, da in enger Auslegung immer Beziehungen zwischen Körpern bestehen. In der Praxis wird man also Körpersysteme als abgeschlossen ansehen, die lediglich geringe Wechselwirkungen mit anderen Körpersystemen aufweisen.

Der Schwerpunkt eines Körpersystems

Abgeschlossene Systeme betrachtet man nach Möglichkeit nicht als Ganzes, sondern reduziert sie auf einen Punkt, der sich so bewegt, als sei die ganze Systemmasse auf ihn konzentriert, den Systemschwerpunkt.

> Der **Schwerpunkt eines Körpersystems** ist der Massenmittelpunkt dieses Systems. Dieser Massenschwerpunkt bewegt sich so, als ob die Gesamtmasse M im Schwerpunkt S vereinigt wäre und dort die Summe aller Kräfte, die das System von außen beeinflussen, angreifen würde.

Für alle Translationsbewegungen bzw. translatorischen Anteile von zusammengesetzten Bewegungen ist die Bahn des Schwerpunktes von zentralem Interesse. Die Beobachtung dieses Punktes als Repräsentant für den gesamten Körper gibt vollständig Auskunft über den Verlauf der Translationsbewegung. Die Bahn des Körperschwerpunktes ist nach dem Trägheitsgesetz (1. Newton'sches Gesetz) nur veränderbar, wenn von außen eine Kraft an das bewegte Körpersystem angreift.

Der Schwerpunkt S muss nicht innerhalb des betrachteten Körpersystems liegen, sondern kann sich auch außerhalb befinden. Er liegt so auf einer Geraden zwischen zwei Teilkörperschwerpunkten, dass er die Strecke zwischen den beiden Teilkörperschwerpunkten im Verhältnis der entsprechenden Teilmassen teilt. Im grafischen Beispiel ist dieses Verhältnis entsprechend der Teilmassen 2 und 4 gleich 1 : 2. Der Schwerpunkt S des Gesamtsystems liegt näher beim Schwerpunkt der größeren der beiden Teilmassen und teilt die Strecke zwischen den beiden Teilschwerpunkten ebenfalls im Verhältnis 1 : 2.

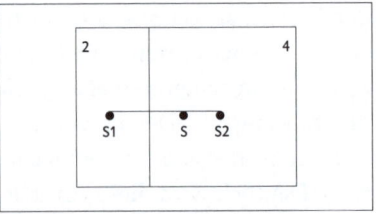

Abb. 26: Der Schwerpunkt eines Systems

Die Schwerpunktbestimmung des Körpersystems „Mensch" ist ungleich komplizierter, funktioniert aber nach dem gleichen Prinzip. Den Überlegungen liegt eine Teilmassen-Gewichtung zugrunde, die hier zeichnerisch dargestellt ist.

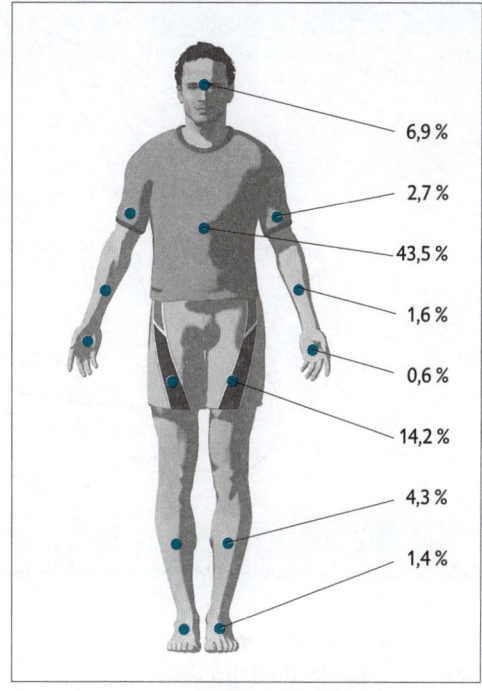

6,9 %

2,7 %

43,5 %

1,6 %

0,6 %

14,2 %

4,3 %

1,4 %

Abb. 27: Körperschwerpunkte beim Menschen

Der Schwerpunkt des gesamten menschlichen Körpers in einer sportlichen Körperhaltung wird nach dem oben beschriebenen Verfahren sukzessive ermittelt, indem man jeweils zwei Teil-Körperschwerpunkte entsprechend ihrer oben gezeigten Gewichtung auf einen vereint. Die dadurch gefundenen Schwerpunkte größerer Teilsysteme werden wieder paarweise verrechnet und so weiter, bis der Schwerpunkt des Gesamtkörpers gefunden ist. Natürlich überlässt man solche Rechnungen Computerprogrammen.

Der Schwerpunkt eines menschlichen Körpers befindet sich im aufrechten Stand etwa in Hüfthöhe vor dem dritten Lendenwirbel. Da sich aber mit jeder Bewegung von Körperteilen die Teilmassen, die den Körperschwerpunkt mitbestimmen, verändern, verschiebt sich auch der Schwerpunkt des menschlichen Körpers. Es kann auch durchaus so sein, dass sich der Körperschwerpunkt nicht einmal innerhalb des Körpers lokalisieren lässt.

Die folgende Abbildung zeigt den grafischen Weg zur Ermittlung des Körperschwerpunktes eines Reckturners mit dem Ergebnis, dass der Schwerpunkt tatsächlich außerhalb des Körpers liegt.

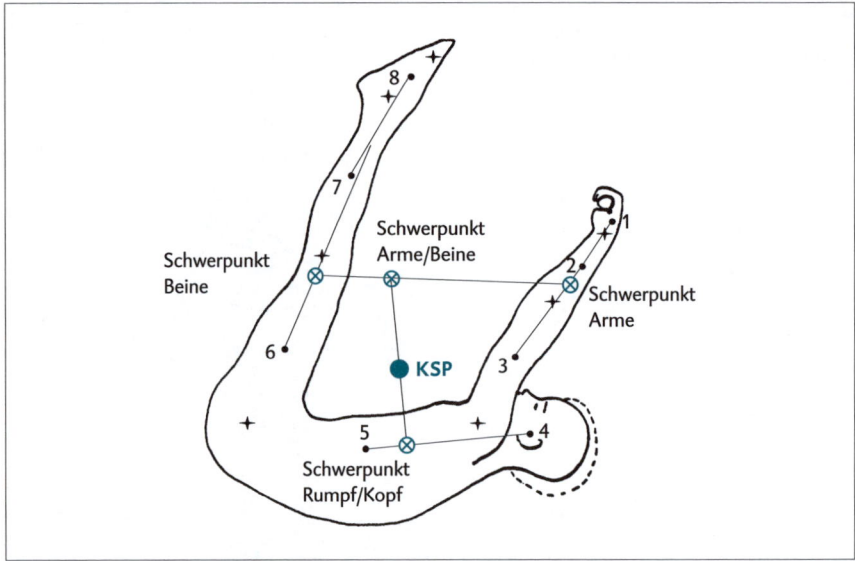

Abb. 28: Körperschwerpunkt des Menschen außerhalb des Körpers (Pollmann)

Wenn nicht Kräfte von außen angreifen, verläuft die Bahn des Schwerpunktes abgeschlossener Körpersysteme bei Translationsbewegungen geradlinig, egal wie der Schwerpunkt des menschlichen Körpers relativ zu seinen Körperteilen liegt. Dies ist auch bei schwierigen Kombinationsbewegungen der Fall, wie das Beispiel eines gebückten 1½-fachen Salto vorwärts vorlings eines Kunstspringers zeigt.

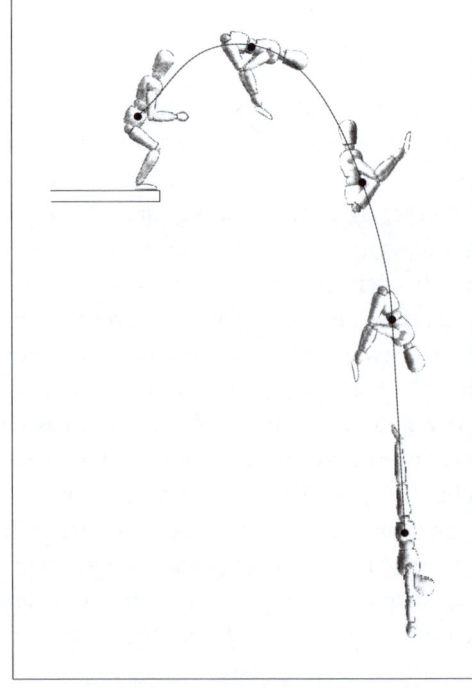

Abb. 29: Geradlinige Bewegung des KSP (nach Kassat)

In kaum einer anderen Disziplin haben sich Überlegungen zum Verlauf der Bahn des Körperschwerpunktes eines Sportlers so gravierend ausgewirkt wie im Hochsprung. Hier haben Untersuchungen zur Lage des Körperschwerpunktes die Hochsprungtechniken im Laufe der Jahre stark verändert und zunehmend optimiert.

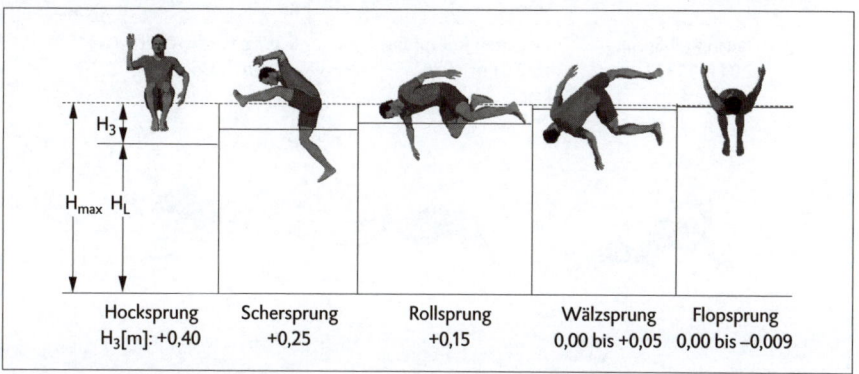

Abb. 30: Lage des Körperschwerpunktes bei verschiedenen Hochsprungtechniken (nach Müller, 1986)

Während bei Ausführung eines Schersprungs die Bahn des Körperschwerpunktes 25 cm über der Latte verläuft, ist es mithilfe der Flop-Technik gelungen, die Latte so zu überqueren, dass bei entsprechender Beweglichkeit in der Rückwärtsbeuge die Schwerpunktbahn sogar unterhalb der Latte verlaufen kann. Zwischen diesen beiden Techniken liegt eine Leistungsdifferenz von rund 30 cm im Hochsprung, ohne dass der Schwerpunkt höher vom Boden angehoben werden müsste. Die Geschichte der Verbesserungen der Leistungen im Hochsprung dokumentiert entsprechend den technischen Fortschritt ebenso wie die Verbesserungen im athletischen Trainingszustand der Sportler.

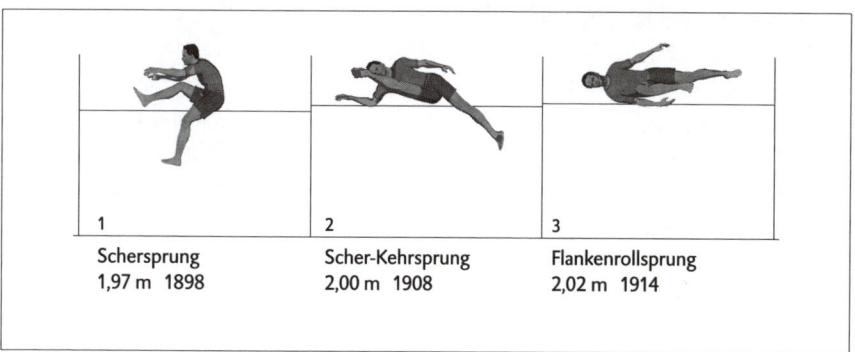

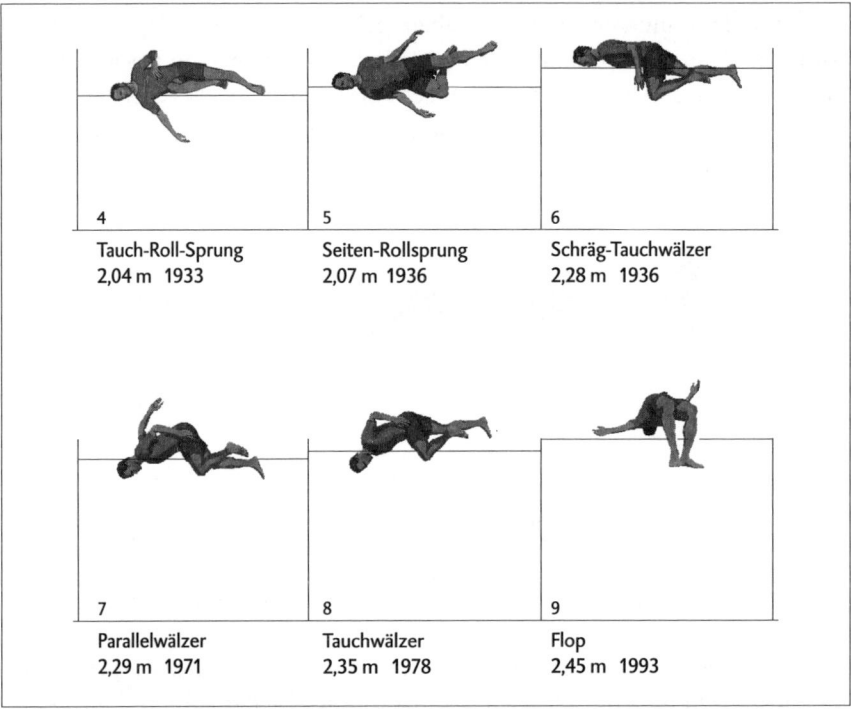

4	5	6
Tauch-Roll-Sprung 2,04 m 1933	Seiten-Rollsprung 2,07 m 1936	Schräg-Tauchwälzer 2,28 m 1936

7	8	9
Parallelwälzer 2,29 m 1971	Tauchwälzer 2,35 m 1978	Flop 2,45 m 1993

Abb. 31: Verbesserung der Hochsprungleistungen durch Weiterentwicklung der Technik (nach Jonath u. a.)

Dass theoretische Untersuchungen zur Verbesserung technischer Abläufe im Sport nicht immer den gewünschten Erfolg haben müssen, zeigt die Hay-Technik im Hochsprung, bei der man versucht hat, den Körperschwerpunkt möglichst noch tiefer unter der Latte hindurchzuführen als es ohnehin schon mit der Flop-Technik gelungen ist. Die Hay-Technik lässt sich jedoch in der Praxis nur schwer durchführen. Die geplante Verbesserung der Hochsprungleistung durch Optimierung der Lage des Körperschwerpunktes wird durch Schwierigkeiten in der Umsetzung des Anlaufs zum Absprung zunichte gemacht.

Abb. 32: Die Hay-Technik

2.4 Dynamik von Rotationsbewegungen

Bei Rotationsbewegungen sind weitere Faktoren zu berücksichtigen.

Das Drehmoment

Ist ein Körper um eine Achse drehbar und greift an ihm eine Kraft an, deren Richtung vom Ansatzpunkt aus gesehen nicht durch die Drehachse geht, entsteht eine Rotationsbewegung.

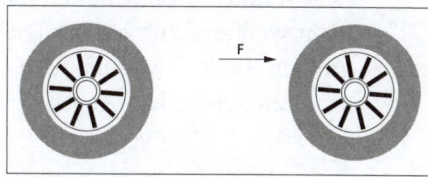

Abb. 33: Das Drehmoment

> Ein drehbarer Körper erhält durch eine äußere Krafteinwirkung ein **Drehmoment** M. M ist umso größer, je mehr Kraft F aufgewendet wird und je größer der Abstand r (der Hebel) zwischen der Drehachse und der Wirkungslinie der Kraft ist: M = F · r

Das Drehmoment M ist ebenso wie die Kraft eine vektorielle Größe, die durch seine Richtung und durch seinen Betrag gekennzeichnet ist.

> Die Einheit des Drehmomentes heißt **Newtonmeter** (Nm) = $\left[\dfrac{m^2 \cdot kg}{s^2} \right]$

Drehmomente können wie Kräfte vektoriell addiert werden. Als Beispiel betrachtet man die in der Abbildung gezeigten Kräfte F_1 und F_2, welche gleich stark angenommen sind, aber entgegengesetzt wirken, also $F_1 = -F_2$. Weil aber der Hebel r_2 länger ist als r_1, also $r_2 - r_1 > 0$, wird sich eine Rotationsbewegung in Richtung von F_2 ergeben. Rechnerisch ergibt sich bei der Abrechnung der zu den beiden Kräften F_1 und F_2 gehörenden Drehmomente M_1 und M_2:

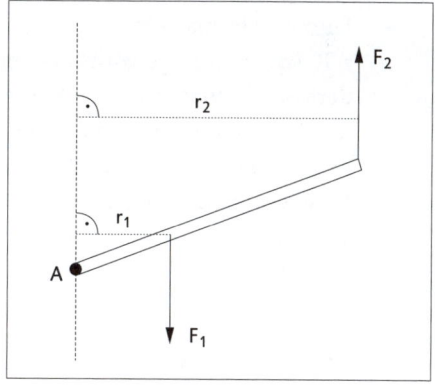

Abb. 34: Vektorendarstellung

$$M_1 + M_2 = F_1 \cdot r_1 + F_2 \cdot r_2 = -F_2 \cdot r_1 + F_2 \cdot r_2 = F_2 \cdot (-r_1 + r_2) > 0$$

– Kettenschaltungen von Fahrrädern helfen dem Radfahrer, schonend mit seinen Kräften umzugehen. Nimmt man an, dass das vordere Kettenblatt fest eingestellt ist, dann kann man zur Erzeugung eines bestimmten Drehmomentes M wählen zwischen „großer Kraft bei kleinem Radius" (wenn hinten ein kleines Ritzel aufliegt und die Kette nicht weit entfernt von der Drehachse angreift) und „kleiner Kraft bei großem Radius" (wenn hinten ein größeres Ritzel aufliegt und der Abstand zwischen dem Angriffspunkt der Kette und der Drehachse größer ist).

– Die Verlagerung des Körperschwerpunktes hat bei vielen sportlichen Bewegungen, besonders aber im Turnen elementare Bedeutung. Die Abbildung zeigt oben einen Reckturner im Stütz mit dem Körperschwerpunkt über der Reckstange. Hier wird kein Drehmoment erzielt, weil der Abstand r zwischen der Drehachse und der Wirkungslinie der Schwerkraft gleich 0 ist. Eine Translationsbewegung wird nicht sichtbar, weil die Stange der Translation Kraft entgegensetzt.
Unten sieht man einen Reckturner – z. B. vor einer Felge vorlings – mit dem Schwerpunkt vor der Stange. Jetzt wird ein Drehmoment erzielt, denn r ist nun größer als 0. Die Drehung vorwärts kommt nun zustande, wenn nicht zu viel Reibung – etwa durch einen festen Klammergriff an der Stange – diese verhindert.

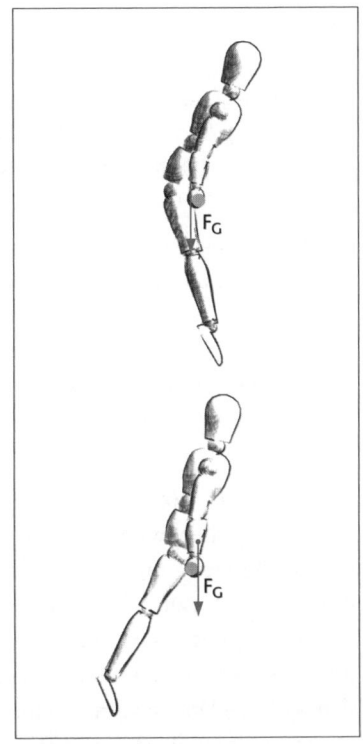

Abb. 35: Verlagerung des KSP

– Bei einem Schwimmer greifen die Schwerkraft (F_G) und die Auftriebskraft (A) an verschiedenen Punkten an. Die Schwerkraft am Körperschwerpunkt (KSP), dem Massenmittelpunkt, die Auftriebskraft am Volumenschwerpunkt (VM), dem Schwerpunkt der vom Schwimmer verdrängten Wassermasse. Die Positionen der beiden Punkte sind nicht gleichbleibend, sondern werden beeinflusst durch die Ein- und Ausatmung sowie durch Bewegungen des Körpers. Sie können identisch sein, sind es in der Regel aber nicht. Der Volumenschwerpunkt liegt bei einem menschlichen Körper in den meisten Fällen kopfwärts vom Körperschwerpunkt.

Wenn also die beiden Punkte nicht senkrecht übereinander liegen und nicht identisch sind, entsteht aufgrund ihrer unterschiedlichen Lage durch Hebelwirkung ein Drehmoment mit Drehachse durch den Volumenschwerpunkt, das zum Absinken der Beine führt, wenn der Volumenschwerpunkt vom Körperschwerpunkt gesehen kopfwärts liegt.

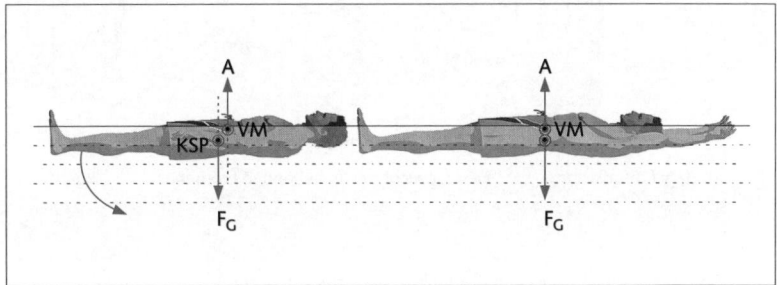

Abb. 36: Die Rolle des Drehmoments bei einem Schwimmer

Im Einzelnen variieren Lagen des Körperschwerpunktes und des Volumenschwerpunktes so: In eingeatmetem Zustand liegt der Körperschwerpunkt weiter kopfwärts und näher am Volumenschwerpunkt, wodurch sich das Drehmoment, das zum Absinken der Beine führt, verringert. Bei Arm-, Bein- und Körperbewegungen verändert sich die Lage des Körperschwerpunktes stärker in Richtung der betreffenden Bewegung als die Lage des Volumenschwerpunktes.

Sowohl unter leistungssportlichen als auch unter gesundheitlichen Aspekten verdient das richtige Anheben von Lasten besondere Beachtung.

spiel

Die folgenden Abbildungen zeigen den Vergleich dreier Hebetechniken HT_1, HT_2 und HT_3, die sich in der Körperhaltung und der Führung des Gewichtes voneinander unterscheiden. Die Drehachse befindet sich im Bereich des fünften Lendenwirbelkörpers. Das Gesamtdrehmoment GM setzt sich additiv aus dem Eigenlastmoment I_E, dessen Hebel durch das Ausmaß der Körperbeugung nach vorne beeinflusst ist, und dem Fremdlastmoment I_F, dessen Hebel sich bei unterschiedlichen Abständen der gehobenen Last von der Drehachse ändert, zusammen.

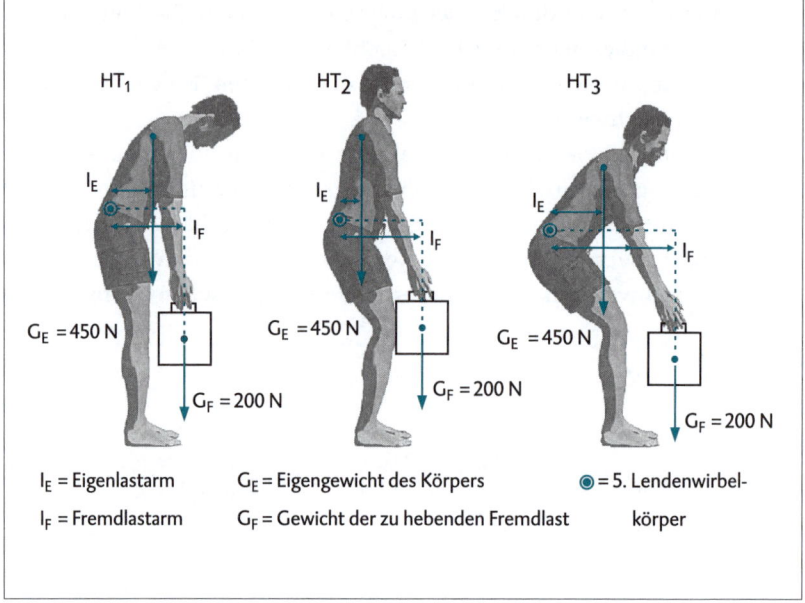

Abb. 37: Vergleich dreier Hebetechniken (nach Frankel/Nordin)

Die folgende Tabelle wertet die drei Techniken numerisch aus und vergleicht die entstehende Zugkraft der Rückenmuskulatur mit den ermittelten Drehmomenten (Ballreich).

Hebetechnik	HT_1 $l_F = 0{,}40$ m $l_E = 0{,}25$ m	HT_2 $l_F = 0{,}35$ m $l_E = 0{,}18$ m	HT_3 $l_F = 0{,}50$ m $l_E = 0{,}25$ m
FM = Fremdlastmoment = 200 (N) · l_F (m)	80,0 (Nm)	70,0 (Nm)	100,0 (Nm)
EM = Eigenlastmoment = 450 (N) · l_E (m)	112,5 (Nm)	81,0 (Nm)	112,5 (Nm)
GM = Gesamtdrehmoment = FM + EM	192,5 (Nm)	151,0 (Nm)	212,5 (Nm)
Zugkraft der Rückenmuskulatur	3 850 (N)	3 020 (N)	4 250 (N)

Man interpretiert, dass die kraftschonende Variante HT_2 durch das geringe Drehmoment bei möglichst geringen Eigenlast- und Fremdlasthebeln sowohl unter dem Gesichtspunkt des Leistungssports Gewichtheben als auch unter dem Gesichtspunkt der körperlichen Unversehrtheit zu bevorzugen ist.

Das Massenträgheitsmoment

Nicht jeder drehbare Körper ist gleich leicht drehbar. Ebenso wie der Translationsbewegung eines Körpers seine Masse entgegensteht, gibt es auch einen Hinderungsgrund für Rotationen: das Massenträgheitsmoment.

> Das **Massenträgheitsmoment** J ist der Widerstand, den ein Körper einer Drehbewegung entgegensetzt. Für eine punktförmige Masse m, die sich im Abstand r von der Drehachse befindet, gilt: $J = m \cdot r^2$.
> Einen nicht punktförmigen Körper denkt man sich aus mehreren Massepunkten m_1, m_2, ... zusammengesetzt, die sich jeweils im Abstand r_1, r_2, ... von der Drehachse befinden: $J = m_1 \cdot r_1^2 + m_2 \cdot r_2^2 + ...$

Ein weit von der Drehachse befindlicher Massepunkt besitzt also ein besonders großes Massenträgheitsmoment, weil r quadratisch eingeht.

> Massenträgheitsmomente werden in der **Einheit** $\left[\text{kg} \cdot \text{m}^2\right]$ gemessen.

Die folgenden Abbildungen geben Auskunft, wie ein Sportler sein Massenträgheitsmoment in verschiedenen Rotationsbewegungen selbst durch die Körperhaltung kontrollieren kann. Dabei wird eine Einschätzung gezeigt, wie vielfach sich das Massenträgheitsmoment J im Vergleich zur Rotation um die Körperlängsachse bei geschlossener aufrechter Haltung (Figur links) etwa ändert.

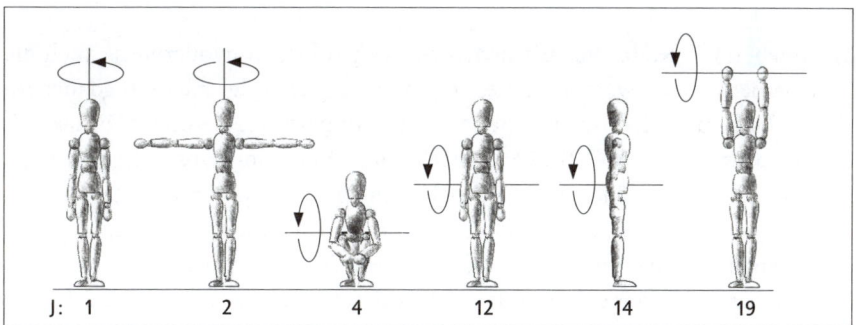

| J: | 1 | 2 | 4 | 12 | 14 | 19 |

Abb. 38: Das Massenträgheitsmoment von Körperhaltung und Rotationsachse (nach Bäumler/Schneider)

Man erkennt, warum in Sportarten wie dem Turnen Rotationen mit gestreckter Körperhaltung einen wesentlich höhere Wertung erhalten als solche mit gebeugter, da die Schwierigkeit durch die Überwindung eines mit zunehmender Körperstreckung stark steigenden Massenträgheitsmoments viel größer ist.

2.5 Kraftstoß, Impuls

Alle Bemerkungen zu Kräften, die bisher gemacht wurden, beziehen sich auf
einen bestimmten Moment, in dem Kräfte beobachtet werden. Dass aber die
Zeitdauer, in der eine Kraft auf einen Körper wirken kann, ebenfalls für den
Effekt wichtig ist, zeigt die einfache Überlegung, dass ein Kugelstoßer, der
seine Kugel nur über eine sehr kurze Zeitspanne und damit einen kleinen Weg
beschleunigt, immer demjenigen gegenüber im Nachteil sein wird, der seine
Kraft auf „normal" langen Beschleunigungswegen wirken lässt.

Kraftstoß bei konstanter Krafteinwirkung

Wird eine **konstante Kraft** F über einen Zeitraum Δt wirksam, dann bezeichnet man das
Produkt $\Delta p = F \cdot \Delta t$ als **Kraftstoß**. Es ist also eine Größe, die neben der Krafteinwirkung in
gleichem Maße auch die Einwirkdauer berücksichtigt.

Wie die Kraft ist auch der Kraftstoß eine vektorielle Größe mit Richtung und
Betrag.

Die **Einheit des Kraftstoßes [N · s]**, die nicht näher bezeichnet ist, geht aus den
Einheiten Newton [N] für die Kraft und Sekunde [s] für die Zeit hervor:

$$[N \cdot s] = \left[kg \cdot \frac{m}{s^2} \cdot s \right] = \left[\frac{kg \cdot m}{s} \right]$$

Dass neben der Kraft, die zu einem Absprung führt, sinnvollerweise auch die
Zeit berücksichtigt werden sollte, zeigt ein Vergleich der Absprungdauer im
Weit-, Drei- und Hochsprung. Beim Weitsprung beträgt die Bodenkontaktzeit
im Absprung im Mittel 0,11 Sekunden, der Dreispringer braucht mit rund
0,12 Sekunden wenig länger. Der Hochspringer aber benötigt mit 0,19 Sekunden 173 % der Zeit, die ein Weitspringer für den Absprung aufbringt.
Veranschaulicht man den Kraftstoß $\Delta p = F \cdot \Delta t$ für eine konstante Kraft F grafisch, so lässt sich seine Größe als Rechteckfläche darstellen. In der Zeichnung
erkennt man Δt als das Zeitintervall t_1 bis t_2 und $\Delta p = F \cdot \Delta t$ als Fläche des ange-
deuteten Rechtecks.

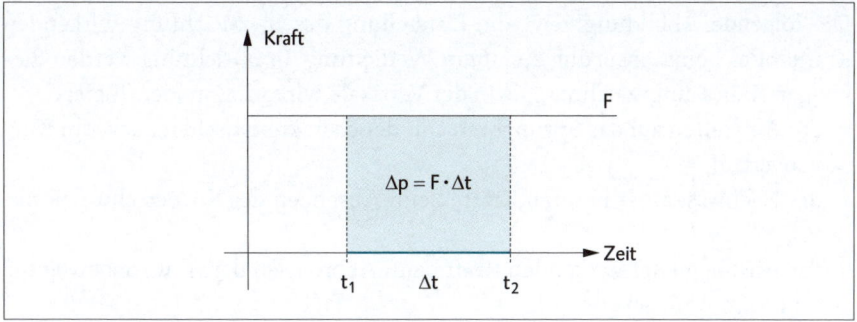

Abb. 39: Kraftstoß bei konstanter Krafteinwirkung

Kraftstoß bei variabler Krafteinwirkung

Im Regelfall ist aber die Stärke der Kraft, die etwa auf eine Kugel im Verlauf des Stoßes wirkt, nicht konstant gleich, sondern variiert im Verlauf. Auch in diesem Fall verdeutlicht man den Kraftstoß als Fläche unter der Kraftverlaufskurve.

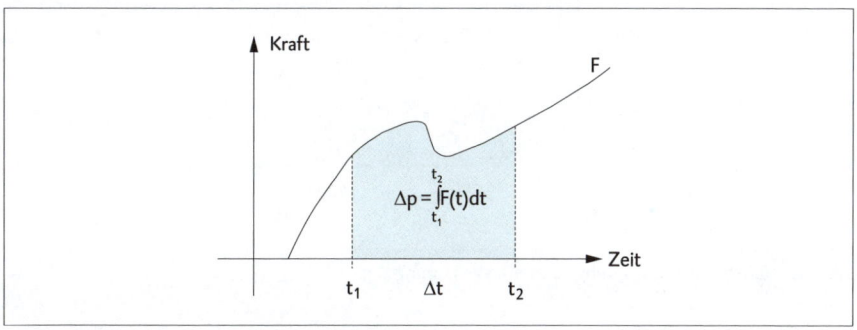

Abb. 40: Kraftstoß bei variabler Krafteinwirkung

Mathematisch formuliert man diese Situation in Integralschreibweise so:

Wirkt über einen Zeitraum Δt die **variable Kraft** $F = F(t)$, bezeichnet man das Integral

$$\Delta p = \int_{t_1}^{t_2} F(t)\, dt$$

als **Kraftstoß**. Die Einheit des Kraftstoßes mit variabler Krafteinwirkung unterscheidet sich selbstverständlich nicht von der oben genannten Einheit des Kraftstoßes.

Die folgende Abbildung zeigt die Darstellung des in z-Richtung wirkenden Kraftstoßes beim Absprung zu einem Weitsprung. In z-Richtung werden diejenigen Kräfte aufgezeichnet, die in der Vertikale wirken. Man identifiziert:

- das Auftreffen auf das Sprungbrett mit der charakteristischen Zacke im Kurvenverlauf,
- das Nachlassen der inneren Kräfte beim Absenken des Körperschwerpunktes,
- das Ansteigen der wirkenden Kraft beim Abbremsen der Abwärtsbewegung und beim Abdruck.

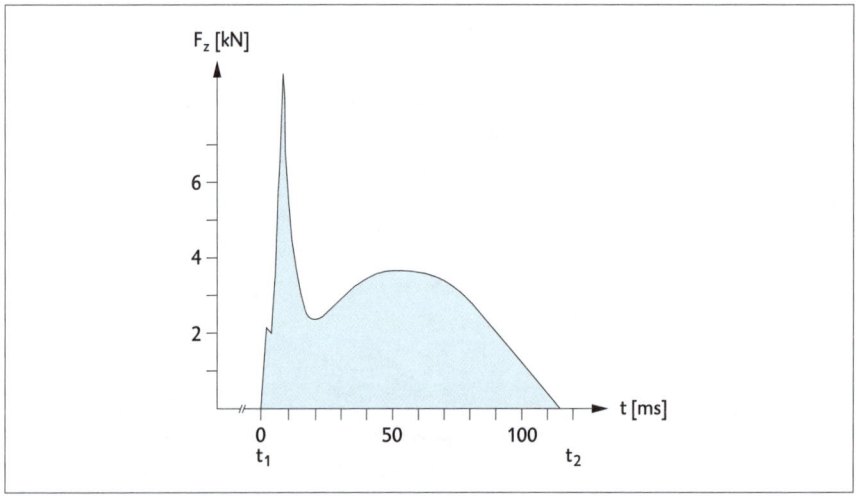

Abb. 41: Kraftstoß beim Absprung zu einem Weitsprung

Die folgende Abbildung zeigt mit Blick auf das Detail eine umfassendere Analyse des Bremskraftstoßes Δp bei einem Absprung, betrachtet also den Kraftstoß, der der Absprungrichtung entgegenwirkt. Links findet man eine Darstellung des Bremskraftstoßes in horizontaler x-Richtung und vertikaler z-Richtung. Man erkennt, dass die im Verlauf dieses Bremskraftstoßes auftretenden Kräfte weder alle gleich groß, noch alle gleich gerichtet sind. Zur Verdeutlichung der weiteren Analyse ist ein Kraftpfeil F besonders markiert. Die rechts anschließende Grafik zeigt diese besonders markierte Kraft F in ihre Richtungskomponenten F_x in horizontaler Richtung und F_z in vertikaler Richtung zerlegt. Ergänzt wird sie durch eine gestrichelt gezeichnete Darstellung von weiteren Momentaufnahmen des Kraftverlaufs der beiden Kraftstöße F_x und F_z in den Koordinatenrichtungen. Der Kraftstoß wird also in eine horizontale und eine vertikale Komponente aufgeschlüsselt.

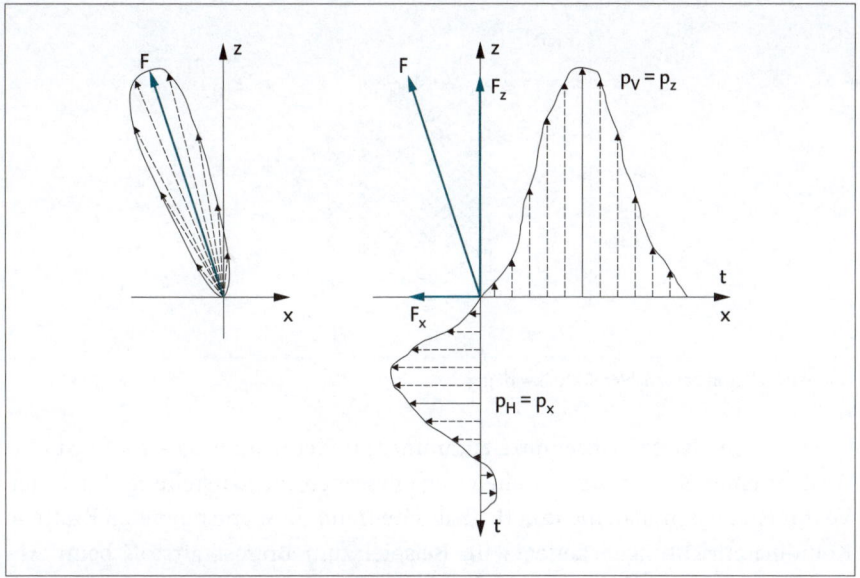

Abb. 42: Aufschlüsselung des Bremskraftstoßes (Kassat)

Die Flächendarstellung von Kraftstößen ist, wie man hier bemerkt, häufig nicht sehr anschaulich. Daher strebt man, eingedenk der Tatsache, dass ein Kraftstoß eine vektorielle Größe ist, eine optische Darstellung an, die vergleichbar den Vektorpfeilen in der Darstellung von Kräften eine Sofortinformation auf einen Blick ermöglicht. Dazu zeichnet man einen für den gesamten Kraftstoß repräsentativen einzelnen Kraftvektor F^*, verändert dessen Länge durch Multiplikation mit der Länge des betrachteten Zeitintervalls und erhält damit insgesamt den für den Kraftstoß charakteristischen Kraftvektor $F_{ges} = F^* \cdot \Delta t$. Liegt ein Kraftstoß mit Einwirkung einer konstanten Kraft F vor, dann ist die Auswahl klar; F selbst wird der repräsentierende Vektor F^*. Im Falle, dass die im Kraftstoß einwirkende Kraft nicht konstant ist, wünscht man sich einen konstanten Kraftvektor F^*, der typisch für den Kraftstoß ist, für den also gilt:

$$\Delta p = \int_{t_1}^{t_2} F(t)\, dt = F^* \cdot \Delta t$$

Grafisch interpretiert bedeutet diese Gleichung zur Bestimmung von F^*, dass das zugehörige Rechteck über der Strecke mit der Länge Δt zwischen t_1 und t_2 die gleiche Fläche aufweist wie die Fläche über der Strecke Δt unter der gekrümmten Kraftkurve, die durch $F(t)$ beschrieben ist.

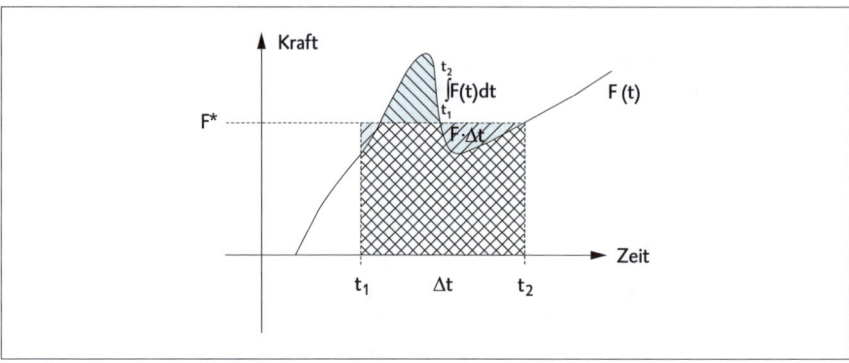

Abb. 43: Kraftstoß bei variabler Krafteinwirkung

Fasst man die letzten Abschnitte zusammen, findet man: Insgesamt führt eine Analyse eines Kraftstoßes zu einer angemessenen Pfeildarstellung durch den Vektor F_{ges}, wenn man die innerhalb des Zeitraumes Δt entstehenden Kräfte in Koordinatenrichtungen zerlegt – im Beispiel zum Bremskraftstoß beim Absprung oben waren dies die x- und die z-Richtung – und für die entstehenden „Richtungskraftstöße" jeweils einen repräsentativen Kraftvektor, im Beispiel Bremskraftstoß also $F_{ges\,x}$ und $F_{ges\,z}$, ermittelt. Aus diesen Repräsentanten ergibt sich durch Vektoraddition schließlich den Kraftvektor F_{ges}, der für den Gesamtkraftstoß stehen soll.

Impuls

Die folgende Bildreihe macht deutlich, wieso Überlegungen zur Pfeildarstellung von Kraftstößen tatsächlich eine verbesserte Anschaulichkeit zur Folge haben, andererseits aber auch in der Anschaulichkeit der Kontrast zum Begriff „Kraft" verwischt wird.

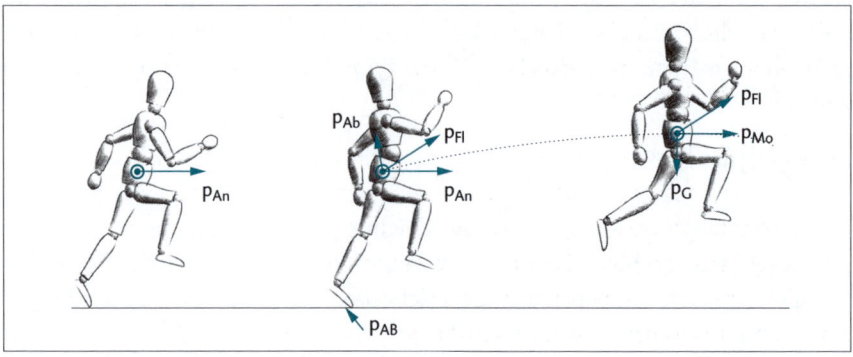

Abb. 44: Kraftstöße und Impulse beim Weitsprung (nach Kassat)

Man erkennt hier, dass Kraftstöße, wie oben mathematisch-physikalisch dargestellt, ebenso wie Kräfte als vektorielle Größen interpretierbar sind, also als Größen mit einer Richtung und einem Betrag. In der Betrachtung vermischen sich dabei neu einwirkende Kraftstöße mit den Ergebnissen vorangegangener.

Das Ergebnis eines **Kraftstoßes** Δp wird als **Impuls** p bezeichnet. Ein Kraftstoß ist somit nichts anderes als eine Impulsänderung ($p_2 - p_1$).

Impuls und Kraftstoß verhalten sich also analog zueinander wie Ort und Strecke oder Zeitintervall und Zeitpunkt.

Ein Weitsprung etwa wird über Betrachtungen von Kraftstößen und Impulsen erklärbar: Der Anlaufimpuls p_{An} (das Ergebnis eines Kraftstoßes aus dem Anlauf) wird mit dem bremsenden Absprungimpuls p_{Ab} (dem Bremskraftstoß) zum resultierenden Abflugimpuls p_{F1} addiert. Während des Fluges sorgt zusätzlich die Schwerkraft p_G, hier begriffen als Kraftstoß über die Flugzeit Δt, in Addition mit p_{F1} für den momentanen Impuls p_{Mo}, der die Flugparabel entstehen lässt.

In Abgrenzung der Begriffe Kraftstoß und Impuls diskutiert man also Auswirkungen eines Kraftstoßes. Dabei ist gerade im Sport die Frage interessant, welche **Geschwindigkeit** der Körper erhält, der durch den Kraftstoß getroffen wird.

Wirkt ein Kraftstoß Δp über eine Zeit Δt auf einen Körper, dann verändert der Körper in dieser Zeit in Abhängigkeit von seiner Masse m die Geschwindigkeit um Δv; es ergibt sich auch unter Einbeziehung des 2. Newton'schen Gesetzes:

$$\Delta p = \int_{t_1}^{t_2} F(t)\, dt = F^* \cdot \Delta t = m \cdot a \cdot \Delta t = m \cdot \Delta v$$

Der Impuls $p = m \cdot v$ wird auch als Bewegungsgröße bezeichnet. Dieser Begriff wird klarer, wenn man sich ein Beispiel vor Augen hält: Es ist ein großer Unterschied, ob man einen rollenden Squashball mit geringer Masse m oder eine Kugelstoß-Kugel mit vergleichsweise großer Masse m mit dem Fuß stoppen will, wenn beide mit gleicher Geschwindigkeit unterwegs sind. Andererseits kann aber auch ein Squashball bei sehr hoher Geschwindigkeit so viel Bewegungsgröße aufweisen, dass man ihm besser aus dem Weg geht, und eine Eisenkugel so langsam dahinrollen, dass man sie leicht stoppen kann.

Größen bei Rotationen und Translationen

Der Kraftstoß bzw. der Impuls von Rotationsbewegungen wird analog zum Impuls bei translatorischen Bewegungen mit den entsprechenden Größen der Rotationsbewegungen definiert.

Translationen	Rotationen
Impuls p	**Drehimpuls L**
Der Impuls ist über das Produkt der Masse m eines bewegten Körpers mit seiner Geschwindigkeit v ein Maß für die Bewegungsgröße einer Translationsbewegung. p = m · v	Der Drehimpuls ist über das Produkt des Massenträgheitsmomentes eines rotierenden Körpers mit seiner Winkelgeschwindigkeit ein Maß für die Bewegungsgröße einer Rotationsbewegung. L = J · ω
Kraftstoß	**Drehmomentenstoß**
Ein Kraftstoß beschreibt über eine gewisse Zeit Δt die Einwirkung einer Kraft F auf einen Körper; er ändert entsprechend seiner Größe den Impuls des Körpers. Δp = F · Δt = m · Δv	Ein Drehmomentenstoß beschreibt über eine gewisse Zeit Δt die Einwirkung eines Drehmomentes M auf einen Körper; er ändert entsprechend seiner Größe den Drehimpuls des Körpers. Drehmomentenstoß = M · Δt = J · Δω = ΔL

2.6 Arbeit, Energie und Leistung

War unter den Kernbegriffen Impuls und Kraftstoß eine Betrachtung der Wirkung von Kräften über einen gewissen Zeitraum diskutiert worden, so geht es nun um den **Aufwand von Kräften**, die nötig sind, Körper über bestimmte Strecken zu bewegen. Das Koordinatensystem wechselt also von einer Darstellung von [t/F(t)] auf [s/F(s)].

Arbeit

Die physikalische **Arbeit** W beschreibt, wie viel **Gesamtkraft** zur Absolvierung einer Strecke Δs aufgewendet werden muss.

- Wirkt eine **konstante Kraft**, ist die Arbeit das Produkt aus Kraft und Strecke: W = F · Δs. Arbeit ist also eine skalare Größe, die einen Betrag, aber keine Richtung besitzt.
- Wirkt entlang der Strecke eine **unterschiedlich große Kraft**, ist also F abhängig von der Strecke s zwischen den Streckenbegrenzungen s_1 und s_2, gilt:

$$W = \int_{s_1}^{s_2} F(s)\, ds$$

Die **Einheit** der Arbeit heißt Joule. Sie ergibt sich aus den Einheiten von Kraft und Strecke:

$$[J] = [N \cdot m] = \left[kg \cdot \frac{m}{s^2} \cdot m \right] = \left[\frac{kg \cdot m^2}{s^2} \right]$$

Der Begriff der **physikalischen Arbeit** ist in Bezug auf sportliche Übungen dann angebracht, wenn tatsächlich Bewegungen zu beobachten sind. Statische Muskelanspannungen dagegen sind, obwohl auch mit Anstrengung verbunden, nicht sinnvoll über den physikalischen Begriff der Arbeit zu erfassen, weil hier die zurückgelegte Strecke den Betrag 0 hat, also auch die physikalische Arbeit gleich 0 ist. Unterschiedlich starke statische Muskelanstrengungen werden so also nicht messbar. Man verwendet deshalb gelegentlich im Sport auch den Begriff der **physiologischen Arbeit**, der alle Bereiche umfasst, in denen Muskeln tätig sind. Als Maß für geleistete physiologische Arbeit kommen die Menge umgesetzter Nahrungsstoffe oder der in der Zeit der Muskelspannung entstandene Sauerstoffbedarf in Frage.

Man unterscheidet im Sport folgende typische **Formen der physikalischen Arbeit**:
- Hubarbeit bei Überwindung der Schwerkraft (etwa beim Gewichtheben)
- Beschleunigungsarbeit (etwa beim Sprint)
- Deformationsarbeit (etwa beim Aufsetzen auf dem Trampolin)

Leistung

Der Begriff der Arbeit allein ist im Umfeld des Sports häufig nicht ausreichend: Wenn jemand erzählt, er habe im Krafttraining eine Tonne gehoben, dann muss berücksichtigt werden, ob er dies in 20 Minuten oder in 2 Minuten getan hat. Ebenso sagt die Angabe einer Laufstrecke von 10 km allein für den Leistungsstand eines Läufers noch nicht viel aus. Hat er dafür eine Stunde oder nur 35 Minuten gebraucht? Daher ergänzt man zum Begriff der Arbeit den der Leistung, der berücksichtigt, in welchem **Zeitraum** die Arbeit vollbracht worden ist.

Die **Leistung** P betrachtet die physikalische Arbeit W in Zusammenhang mit der Zeit Δt, die nötig ist, um diese zu verrichten. In mathematischer Formulierung ergibt sich also (eine Einwirkung durch eine konstante Kraft F vorausgesetzt und unter Berücksichtigung des Zusammenhangs zwischen der zurückgelegten Strecke Δs, der dafür benötigten Zeit Δt und der Geschwindigkeit v):

$$P = \frac{W}{\Delta t} = \frac{F \cdot \Delta s}{\Delta t} = F \cdot v$$

Energie

Geleistete Arbeit ist nicht „endgültig verloren", sondern findet sich – unter Umständen in anderem Gewand – wieder. So wird z. B. beim Hochheben eines Hantelgewichts Hubarbeit verrichtet. Wird es nun fallen gelassen, erfährt es unter Einwirkung der Schwerkraft eine Beschleunigungsarbeit. Beim Aufprall ergibt sich eine Deformationsarbeit am Boden und an der Hantelstange selbst. Diese Überlegungen zur Speicherung von Arbeit werden in einem eigenen Begriff gefasst.

> Die Speicherform der Arbeit heißt **Energie**. Man unterscheidet analog der Formen der Arbeit:
> - **Potenzielle Energie** ist durch die Lagehöhe h des Körpers, seine Masse m und die Erdbeschleunigung g bestimmt. Potentielle Energie beruht also auf der Gewichtskraft des Körpers.
> - **Kinetische Energie** weist ein Körper aufgrund seiner Geschwindigkeit v und seiner Masse m auf. Beschleunigte Körper können aufgrund ihres Bewegungszustandes Kräfte auf andere Körper ausüben, also an anderen Körpern Arbeit verrichten.
> - **Deformationsenergie** entsteht, wenn elastische Körper nach Deformierung bestrebt sind, ihre ursprüngliche Form wieder einzunehmen. Die auftretenden Rückstellkräfte können auf andere Körper wirken (Trampolin).

Mathematisch differenziert man die Formen der Energie so:

Energieform	potentielle Energie	kinetische Energie	Deformationsenergie
Formel	$E_{pot} = m \cdot g \cdot h$	$E_{kin} = \dfrac{1}{2} \cdot m \cdot v^2$	$E_{def} = \dfrac{1}{2} \cdot D \cdot s^2$
Legende	m: Masse des Körpers g: Erdbeschleunigung h: Lagehöhe des Körpers	m: Masse des Körpers v: Geschwindigkeit des Körpers	D: Elastizitätskonstante s: Deformationsweg
Interpretation	m und g sind in der Regel als konstant anzusehen; h bestimmt also E_{pot}	v geht quadratisch ein; z. B. eine Verdopplung von v führt zur Vervierfachung von E_{kin}	s geht quadratisch ein; z. B. eine Verdopplung von s führt zur Vervierfachung von E_{def}

Die verschiedenen Formen der Energie sind eng miteinander verwandt und lassen sich ineinander überführen.

spiel

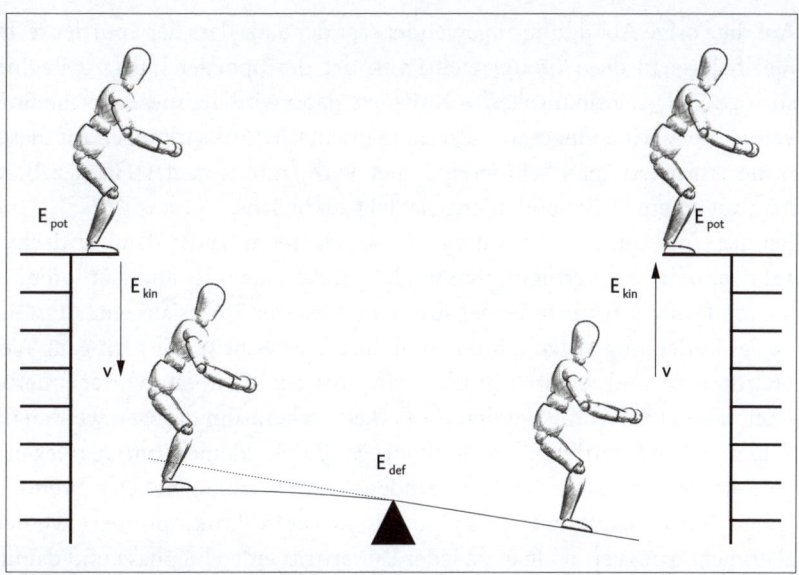

Abb. 45: Umwandlung der Energie (nach Kassat)

Der Springer links weist zunächst potentielle Energie auf, die beim Sprung in kinetische Energie umgewandelt wird. Beim Aufprall auf der Wippe wird diese deformiert, erhält also Deformationsenergie. Die Rückstellkräfte der Wippe vermitteln dem auf der anderen Seite der Wippe stehenden Akrobaten kinetische Energie, die in Hubarbeit umgesetzt wird. Am Ende der Bewegungsfolge befindet sich der Sportler rechts auf einem erhöhten Podest und weist somit so viel potentielle Energie wie der erste Springer zu Beginn der Bewegungsfolge auf (abgesehen von geringeren Energieverlusten z. B. durch Reibung oder durch Aufnahme von Energie im Körper des Springers durch Dehnung der Muskelfasern gegen deren Widerstand).

Das eben gezeigte Beispiel dient auch als Verdeutlichung des Energieerhaltungssatzes:

> Der **Energieerhaltungssatz** besagt, dass in einem reibungslosen System keine mechanische Energie verloren geht.

Auf die vorige Abbildung angewendet sagt der Satz, dass der Sportler rechts im Idealfall genau die Höhe erreicht, von der der Sportler links zu Beginn abspringt. Sollten Reibungskräfte vorliegen, dann wird der mechanische Energieverlust in Wärme umgesetzt. Typische praktische Auswirkungen für diese Tatsache registriert man schmerzhaft bei Verbrennungen der Haut, z. B. wenn man auf einem Hallenboden ungeschickt ausrutscht.

Bei der Umwandlung von Energie in Arbeit treten häufig dann kritische Fälle auf, wenn die zur Verfügung stehende Strecke s klein ist und damit die auftretenden Kräfte stark ansteigen. Läuft man etwa mit Spikes auf einer Tartanbahn ist das Verletzungsrisiko erhöht, weil dort jeder Schritt mit geringem Weg gebremst wird und dadurch große Kräfte bei der Abarbeitung der kinetischen Energie des Läufers frei werden. Auf einer Aschenbahn dagegen werden die bei jedem Schritt auftretenden Bremswege durch kleine Rutschstrecken vergrößert und dadurch die auftretenden Kräfte verkleinert. Das Bremsen bei jedem Schritt kann zwar mit einer guten Lauftechnik optimiert werden, ist aber nicht ganz vermeidbar, da jeder Laufschritt eine Flugphase und damit eine vertikale Komponente beinhaltet, die durch einen Bremskraftstoß eingeleitet werden muss. Dicke Turnmatten (Weichböden) oder Schnitzelgruben werden verwendet, damit ein fallender Sportler ausreichend lang seine kinetische Energie in Bremsarbeit umsetzen kann. Ebenso empfiehlt es sich bei der Hilfestellung im Turnen möglichst früh einzugreifen, um erstens auf einem längeren Weg Bremsarbeit verrichten zu können und zweitens den fallenden Sportler nicht zu lange kinetische Energie aufbauen zu lassen.

Ein für den Sport typisches Anwendungsbeispiel der Überlegungen zur Energie findet man in den Pendelbewegungen, die sich besonders im Gerätturnen (Schwingen an den Ringen oder am Hochreck im Langhang) wiederfinden.

> Unter einem **Pendel** versteht man einen Körper, der sich durch Einwirkung der Schwerkraft um eine feste Achse dreht, die nicht durch den Körperschwerpunkt geht.

Pendel, die im Folgenden der Einfachheit halber als punktförmige Körper betrachtet werden, lassen sich mithilfe des Energiebegriffs erläutern.

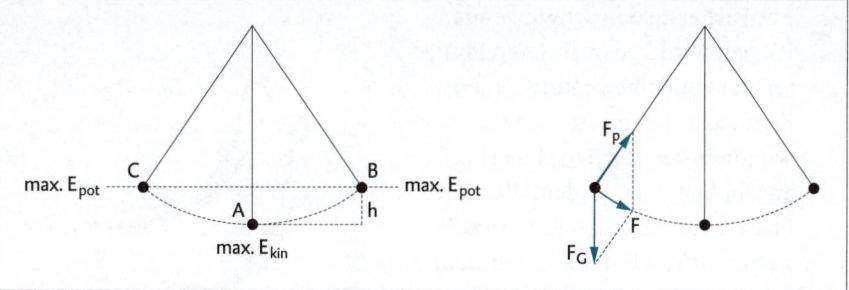

Abb. 46: Energie beim Pendel

An den äußeren und damit höchsten Punkten (B, C) der Pendelbewegung ist die potentielle Energie des Pendels maximal. Die Geschwindigkeit (und die kinetische Energie) des Körpers ist hier 0. Dadurch, dass im Abschwung die Geschwindigkeit zunimmt und somit die potentielle Energie in kinetische Energie umgewandelt wird, ist am tiefsten Punkt (A) die kinetische Energie (und die Geschwindigkeit) des Körpers am größten. Nach der Passage des tiefsten Punktes wird kinetische Energie erneut in potentielle Energie verwandelt. Die Abb. rechts deutet an, dass die Kraft F, die den Körper auf die Pendelbahn zwingt, aus der Schwerkraft F_G und der Haltekraft aus der festen Verbindung zur Drehachse F_P zusammengesetzt ist.

Dass die oben gezeigte einfache Erläuterung des Pendels nicht reicht, sportliche Bewegungen ausreichend zu verstehen, kann man schon auf dem Kinderspielplatz erkennen. Denn schon Kinder auf der Schaukel wissen, dass man durch geeignete Verlagerung des Körpers den Schwung eines Pendels verstärken kann. Wissenschaftlich bezeichnet man das intuitive Wissen der Kinder mit dem Terminus „Schwungverstärkung durch Pendelverkürzung" bzw. allgemein als „parametrische Verstärkung".

Die **Pendelverkürzung** hat zum Ziel, eine Schwungverstärkung durch den Gewinn an potentieller Energie am Ende der beiden Aufschwungphasen einzuleiten, indem der **Schwerpunkt** des schwingenden Körpers dort **weiter nach oben** gehoben wird, als es bei ruhigem Schwingen der Fall wäre.

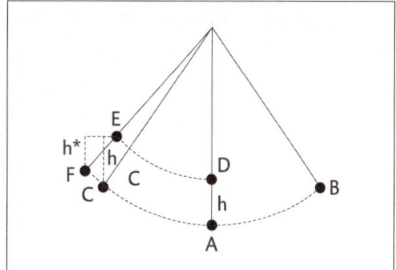

Abb. 47: Pendelverkürzung

Beispiel

Ein Turner an den schwingenden Ringen wird in den äußeren Punkten der Pendelbewegung seinen Körper zur Drehmitte hin strecken, wodurch sein Körperschwerpunkt angehoben wird. In der fallenden Phase wird die zusätzlich erworbene potentielle Energie in vermehrte kinetische Energie umgewandelt, der Körperschwerpunkt wird weiter von der Drehmitte entfernt, um wieder die Möglichkeit zu haben, das Pendel in der nächsten Aufschwungphase zu verkürzen.

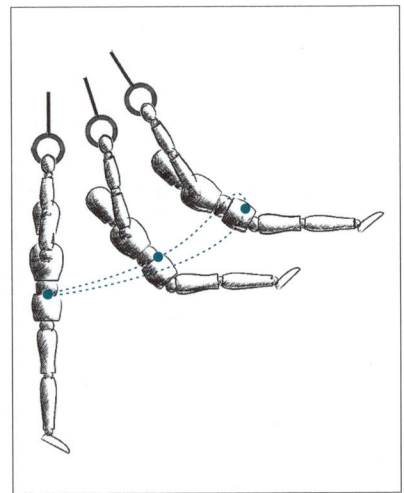

Abb. 48: Pendelbewegung an den Ringen

Betrachtet man die Pendelbewegung des Turners an den schwingenden Ringen unter dem Gesichtspunkt ihrer Eigenschaft als Rotationsbewegung, findet man, dass in der Aufwärtsphase, wo entgegen der Schwerkraft gearbeitet wird, die Rotationsbewegung erleichtert wird, indem die Körpermassenpunkte näher an die Drehachse gebracht und so das Massenträgheitsmoment verringert wird. In der Abwärtsbewegung entfernt man den Körperschwerpunkt von der Drehachse, wodurch die Schwerkraft auf einem längeren Weg wirken kann.

Zusammenfassung

Die Dynamik befasst sich mit den einer Bewegung zugrunde liegenden **Kräften**.
- Die Grundlage der Mechanik bilden die drei **Newton'schen Gesetze**:
  1. Gesetz von Newton: Trägheitssatz
  2. Gesetz von Newton: Bewegungssatz
  3. Gesetz von Newton: actio = reactio
- Je nachdem, ob Kräfte innerhalb eines abgeschlossenen Systems oder von außen auf ein abgeschlossenes System wirken, werden innere und äußere Kräfte unterschieden.

innere Kräfte	äußere Kräfte
• Muskelkräfte • Kräfte in Sehnen, Bändern und Bindegeweben	• Schwerkraft (Gewichtskraft) • Normalkraft • Hangabtriebskraft
	• Reibungskräfte • Auftriebskräfte (statisch bzw. dynamisch) • Strömungswiderstände • Antriebskräfte

- Um mit Kräften leichter rechnen zu können, werden diese als **Vektoren** dargestellt. Zur weiteren Vereinfachung wird innerhalb eines abgeschlossenen Systems dessen **Körperschwerpunkt** ermittelt, auf den stellvertretend alle auf das System wirkenden Kräfte vereint werden.
- Bei Rotationsbewegungen spielen neben des Betrags der wirkenden Kraft auch das **Drehmoment** (abhängig vom Abstand zwischen der Drehachse und der Wirkungslinie der Kraft) und das **Massenträgheitsmoment** (Widerstand, den ein Körper einer Drehbewegung entgegensetzt) eine Rolle.
- Bei der biomechanischen Untersuchung von Bewegungen können verschiedene Aspekte in den Vordergrund gerückt werden: Welche Kräfte wirken zu einem bestimmten **Zeitpunkt**? Welche Wirkung haben diese Kräfte unter Berücksichtigung der **Zeitdauer**? Welcher **Aufwand** von Kräften kann beobachtet werden?

Zeitpunkt	Arten und Stärke der wirkenden Kräfte
Zeitdauer	Kraftstöße (bei konstanter und variabler Krafteinwirkung) Impuls (Ergebnis des Kraftstoßes)
Aufwand	Arbeit (Gesamtkraft) Leistung (Arbeit in Zusammenhang mit der Zeit) Energie (Speicherform der Arbeit)

gaben 8. **Newton-Gesetze**
   Erläutern Sie die Newton-Gesetze anhand von Beispielen aus dem Sport.

9. **Weitsprung, Kugelstoßen und Speerwurf (Newton'sche Gesetze)**
   Erklären Sie im Hinblick auf die Newton-Gesetze, warum es sinnvoll ist,
   a) die Arme in der Flugphase des Weitsprungs in einer Vorwärtskreisbewegung zu führen,
   b) beim Ausstoßen einer Kugel die freie Hand dynamisch in Richtung Brust zu führen,

c) beim Speerwurf dem letzten Schritt vor dem Abwurf (Stemmschritt) durch Aufsetzen des gestreckten Beines stark zu bremsen.

10. Delphinschwimmen (Newton'sche Gesetze)
Erklären Sie die Wellenbewegung des Körpers eines Delphinschwimmers aus der Sicht der Newton'schen Gesetze.

11. Kraftwirkungen beim Handstützüberschlag vorwärts
Die beiden Abbildungen zeigen oben einen Handstützüberschlag vorwärts als Reihenbild, unten ein Bewegungsdetail in fehlerhafter Ausführung. Worin besteht der Bewegungsfehler und welche Auswirkungen hat er?

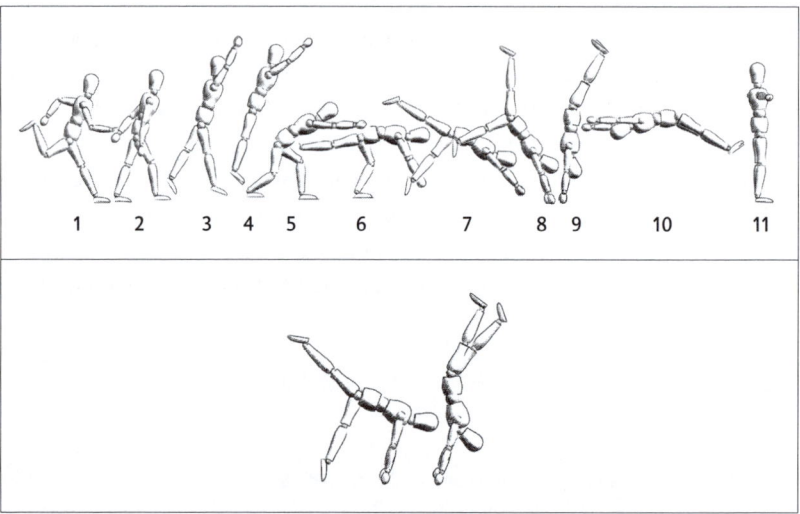

Abb. 49: Handstützüberschlag

12. Schwimmen
Leiten Sie aus den biomechanischen Betrachtungen zur Bewegung von Körpern in einem Medium mindestens drei Prinzipien her, die allen Schwimmtechniken gemeinsam sind, und begründen Sie ihre Auswahl.

13. Kraftkurven bei Absprüngen
Fertigen Sie Grafiken mit der Kraftkurve an, die eine Bodenmessplatte bei folgenden Absprüngen aufzeichnet:
a) Ohne Ausholbewegung aus der statischen Hockhaltung.
b) Nach einem Stemmschritt wie beim Volleyball.
c) Nach einem Tiefsprung mit anschließendem Absprung in die Höhe.

14. Gewichtheben

Erläutern Sie die Anzeige der durch eine Bodenmessplatte erfassten vertikal wirkenden Kräfte beim Gewichtheben.

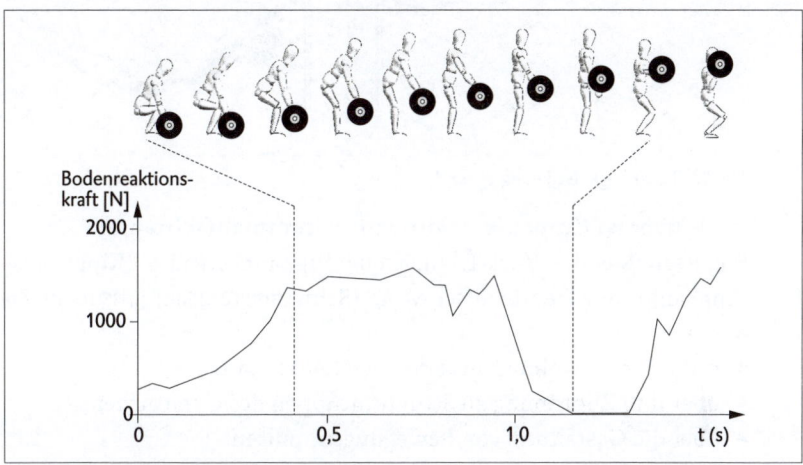

Abb. 50: Kräfte beim Gewichtheben (nach Preiß)

15. Skispringen

Die Abbildung zeigt einen Skispringer in typischer Flughaltung. Erklären Sie, warum die mit den eingezeichneten Strichen angedeutete Krümmung des Körpers aerodynamisch günstig und leistungsfördernd ist.

Abb. 51: Aerodynamik beim Skispringen

16. Reckturnen (Riesenfelgaufschwung)

Die folgende Abbildung zeigt einen Turner bei einem Riesenfelgaufschwung am Reck, links in der fallenden, rechts in der steigenden Phase. Erklären Sie die Unterschiede in der Körperhaltung im Begriffsfeld „Massenträgheitsmoment", „Schwerkraft", „Energie". Ist der Riesenfelgaufschwung eine reine Rotationsbewegung?

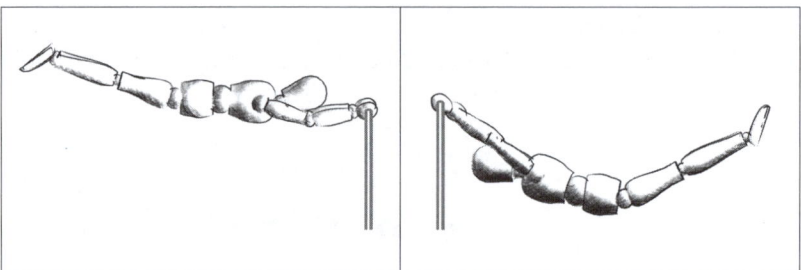

Abb 52: Riesenfelgaufschwung am Reck

17. Reckturnen (Kippaufschwung und Stemmaufschwung)

Erläutern Sie die Reck-Übungsteile Kippaufschwung (Kippe aus dem Langhang) und Stemmaufschwung (Schwungstemme) jeweils in Zusammenhang

- mit ihrer Entstehung aus einer Pendelbewegung,
- über ihre Zuordnung zu Strukturgruppen des Gerätturnens,
- über die Gestaltung von Bewegungsimpulsen.

18. Schleuderfelge an den schwingenden Ringen

Erläutern Sie Schwierigkeiten, die auftreten können, wenn die Schleuderfelge an den schwingenden Ringen zu früh bzw. zu spät aus dem Sturzhang ausgelöst wird.

3 Biomechanische Prinzipien

Für den Sportler ist es interessant, Handlungsanweisungen zu haben, die ihm sagen, wie er sich verhalten soll, um unter den gegebenen Bedingungen einen maximalen Impuls zu erzielen. Eine solche Sammlung von Regeln liefern die sogenannten biomechanischen Prinzipien, die Hochmuth seit den späten 60er-Jahren bis zum Anfang der 80er-Jahre entworfen hat. In absoluter Allgemeinheit haben sich diese Prinzipien nicht als haltbar erwiesen. Dennoch bieten sie gute Orientierungspunkte.

3.1 Prinzip der Anfangskraft

Damit der Körper eines Sportlers oder ein Sportgerät bei einem Absprung, Abwurf, Abdruck oder Abstoß eine möglichst hohe Endgeschwindigkeit und damit einen möglichst großen Impuls erreicht, sollte der eigentlichen Beschleunigung eine **Ausholbewegung** vorausgehen. Ausholbewegungen können zum Beispiel Anschwünge, Verwringungen der Schulter- zur Hüftachse oder auch ein Nachgeben in den Knien beim Abstemmen zu einem Sprung sein.

Im Anschluss an die Ausholbewegung erfolgt ein **Bremskraftstoß**. Dieser führt zu einer Vorspannung der aktiven Muskulatur über die Dehnung seiner kontraktilen Elemente, der Aktin- und Myosinfilamente, wo sozusagen die Kraft gespeichert wird.

- Beim Abdruck von einem festen Untergrund (oder einem festen Widerstand), muss das κ-Verhältnis (Kappa-Verhältnis), das die Relation zwischen Bremskraftstoß und Beschleunigungskraftstoß beschreibt, 0,3 bis 0,4 betragen. Als Faustregel gilt also:
  Bremskraftstoß : Beschleunigungskraftstoß = 1 : 3.
- Beim Abdruck von einem federnden Untergrund, etwa beim Trampolinspringen oder beim Wasserspringen vom federnden 1-Meter-Brett, muss der Bremskraftstoß maximiert werden.

spiel   Die folgende Abbildung zeigt den Vergleich zweier Strecksprünge, einmal mit aktiver Ausholbewegung (beginnend ab dem Zeitpunkt t_0), einmal ohne (beginnend ab dem Zeitpunkt t_2). Der Vergleich der Kraftkurven zeigt, dass in der Variante mit Ausholbewegung zu Beginn der Sprungbewegung (ab dem Zeitpunkt t_2) ein wesentlich höheres Kraftniveau, also eine höhere Anfangskraft als beim Sprung ohne Ausholbewegung vorliegt.

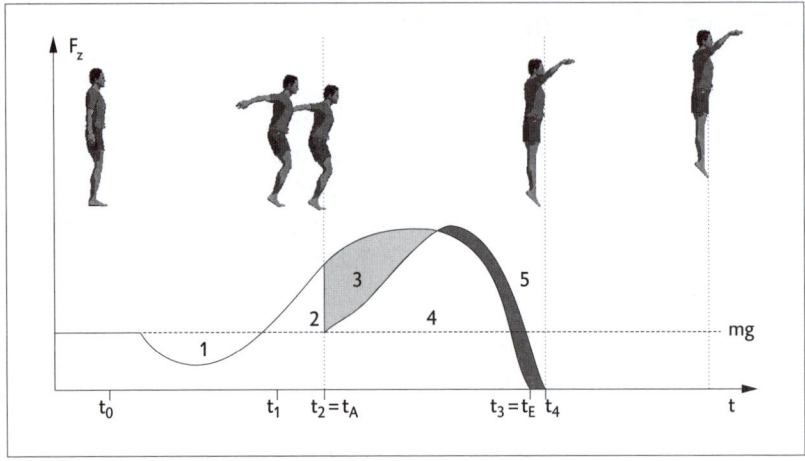

Abb. 53: Strecksprünge (Roth/Willimczik)

Unter den Kraftverlaufskurve sind (wie allgemein üblich) die entstehenden Kraftstöße als Flächen eingezeichnet. Die Fläche 3 veranschaulicht das Kraftstoß-Plus der Variante mit Ausholbewegung, die Fläche 5 das der Variante ohne Ausholbewegung. Der Vergleich der beiden Flächen zeigt, dass beim Strecksprung mit Ausholbewegung ein deutlich größerer Kraftstoß (und damit ein deutlich größerer Impuls) vorliegt als beim Strecksprung ohne Ausholbewegung und dass er damit diesem überlegen ist. Die Variante ohne Ausholbewegung führt zwar zu einer etwas erhöhten Kraftspitze, doch bringt dies keinen Vorteil für den Gesamtkraftstoß. Dies ist ein Indiz dafür, dass eine gleichmäßig ansteigende Kraftentwicklung im Vergleich zur Anstrengung mit isolierten Kraftspitzen einen höheren Impuls bewirkt. Beim Sprung mit Ausholbewegung erkennt man auch das angemessene Verhältnis von etwa 1 : 3 zwischen Bremskraftstoß (Fläche 2) und Beschleunigungskraft (Summe der Flächen 3 und 4).

3.2 Prinzip des optimalen Beschleunigungsweges

Das Prinzip des optimalen Beschleunigungsweges setzt sich mit der richtigen **zeitlichen Gestaltung von Auftaktbewegungen** auseinander. Soll bei einem Absprung, Abwurf, Abdruck oder Abstoß von einem festen Untergrund (oder einem festen Widerstand) der Körper eines Sportlers oder ein Sportgerät eine möglichst hohe Endgeschwindigkeit und damit einen möglichst großen Impuls erreichen, muss der Beschleunigungsweg so gewählt werden, dass die erzielte Geschwindigkeit und damit der Impuls des beschleunigten Sportgerätes oder des beschleunigten Körpers am Ende maximale Werte annimmt. Dabei sind ungünstige Gelenk-Winkelstellungen zu vermeiden und gerade oder gleichmäßig gekrümmte Beschleunigungsbahnen anzustreben.

Dieses Prinzip beschreibt mit anderen Worten Gedanken, die sich in der physikalischen Gleichung $F \cdot t = m \cdot v$ zur Darstellung des Verhältnisses von Kraftstoß und Impuls aufdrängen. Das Ziel ist bei zumindest annähernd konstanter Masse eine hohe Endgeschwindigkeit, welche über ein Optimum des Wechselspiels zwischen aufgewendeter Kraft und der benötigten Zeit realisiert wird. Rahmenbedingungen wie günstige bzw. ungünstige Gelenk-Winkelstellungen beim Sportler, taktische Notwendigkeiten oder auch Regeln der vorliegenden Sportdisziplin schränken theoretische Sichtweisen dabei so ein, dass **der situativ optimale Beschleunigungsweg oft nicht gleich dem maximal möglichen** ist.

spiele
- Ein Speerwerfer muss in der Wurfauslage den Speer so weit zurückführen, dass er die Kraft seiner Wurfmuskulatur möglichst lang auf den Speer wirken lassen kann. Hier ist also im Rahmen der Möglichkeiten die Zeit des Kraftstoßes und damit auch der Beschleunigungsweg zu maximieren. Das Optimum ist hier gleich dem Maximum.
- Ein Springer beziehungsweise Volleyball- oder Basketballspieler muss, bevor er abspringt, seinen Körperschwerpunkt absenken, um nachfolgend ausreichend lange die Kraft der Beinstreckschlinge auf den Körper wirken lassen zu können. Eine überstarke Absenkung des Schwerpunktes ist andererseits nicht ratsam, weil sie zu ungünstigen Hebelverhältnissen im Kniegelenk bei der Überwindung der Schwerkraft führt. Optimal ist der Beschleunigungsweg hier also nicht bei möglichst langer Einwirkungszeit der Kraft der Beinstrecker, sondern die Länge des Beschleunigungsweges richtet sich vorwiegend nach den Abmessungen des Springers.

    Dazu kommt, dass es bestimmte Spielsituationen (etwa beim Block am Netz im Volleyball oder in einer Reboundsituation am Korb beim Basketball) erforderlich machen, in möglichst kurzer Zeit wieder eine gewisse Höhe zu erreichen, so dass die mechanischen Rahmenbedingungen nicht optimal zu realisieren sind.

Die folgende Grafik stellt die genannten Zusammenhänge und Entscheidungssituationen noch einmal aus einem theoretischen Blickwinkel zusammen.

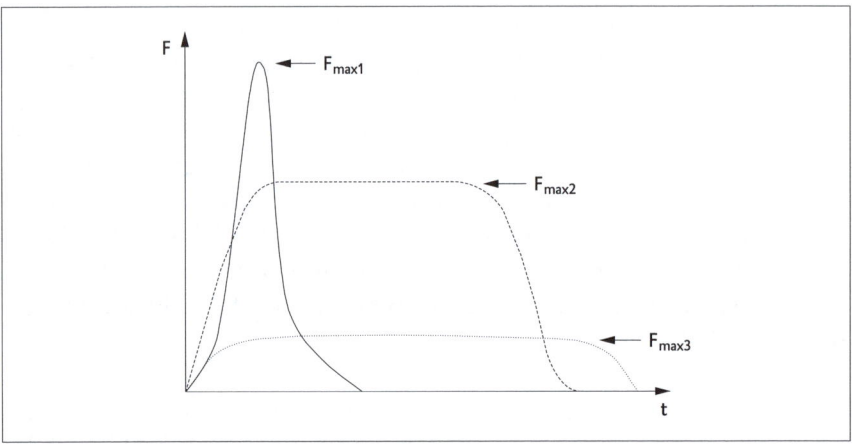

Abb. 54: Kraftstöße je nach Einwirkungszeit (Roth/Willimczik)

Man erkennt, dass bei kurzer Krafteinwirkung (F_{max1}) sehr hohe Kraftspitzen erreicht werden können. Bei längerer Einwirkung der Kraft mit optimalem Beschleunigungsweg (F_{max2}) sind diese Kraftspitzen geringer, dafür wird aber ein größerer Kraftstoß und damit ein höherer Impuls möglich. Bei übertrieben langer Krafteinwirkzeit (F_{max3}) sind sowohl die Kraftspitzen als auch der Kraftstoß gering.

3.3 Prinzip der optimalen Tendenz im Beschleunigungsverlauf

Ob man maximalen Kraftspitzen oder einem maximalen Kraftimpuls den Vorzug gibt, beantwortet in Ergänzung des Prinzips des optimalen Beschleunigungsweges das Prinzip der optimalen Tendenz im Beschleunigungsverlauf.
Man muss davon ausgehen, dass eine Maximalbeschleunigung, also ein maximaler Kraftaufwand nur in minimal kleinen Zeitbereichen erreicht und erhalten werden kann. Deshalb muss man vor einer Bewegung wissen, wann und wie die maximale Kraft entfaltet werden kann.
Beim Abstoß von starren Widerlagern erreicht man
- eine **maximale Endgeschwindigkeit**, wenn man zu Beginn der Bewegungsfolge gering, dann aber immer stärker beschleunigt.
- eine **hohe Geschwindigkeit in möglichst kurzer Zeit**, wenn man gleich zu Beginn der Bewegung maximal beschleunigt, dabei aber eine nachlassende Beschleunigung gegen Ende der Bewegungsphase in Kauf nimmt.

Leichtathletische Werfer etwa wollen eine möglichst hohe Geschwindigkeit des Wurfgerätes erzielen. Ihr Ziel ist eine Kraftstoß- beziehungsweise Impulsmaximierung mit vergleichsweise langsam zunehmender Beschleunigung und Geschwindigkeit.

Sportarten, bei denen es in der Kraftentwicklung auf eine Minimierung der Zeit ankommt, sind z. B. Fechten oder Boxen, wo der Gegner überlistet werden muss, bevor er reagieren kann. Sportler dieser Disziplinen müssen sich also daran gewöhnen, die volle Kraft zum Anfang der Bewegung zu mobilisieren. Die zugehörige Krafteigenschaft heißt Startkraft.

In der folgenden Grafik sind zwei mögliche Beschleunigungsverläufe (V1 und V2) dargestellt. Der Verlauf V1, der zeitlich kürzer ist als V2, zeigt einen starken Geschwindigkeitsanstieg, also eine hohe Beschleunigung zu Beginn der Bewegung. Dafür erreicht V2 eine höhere Endgeschwindigkeit.

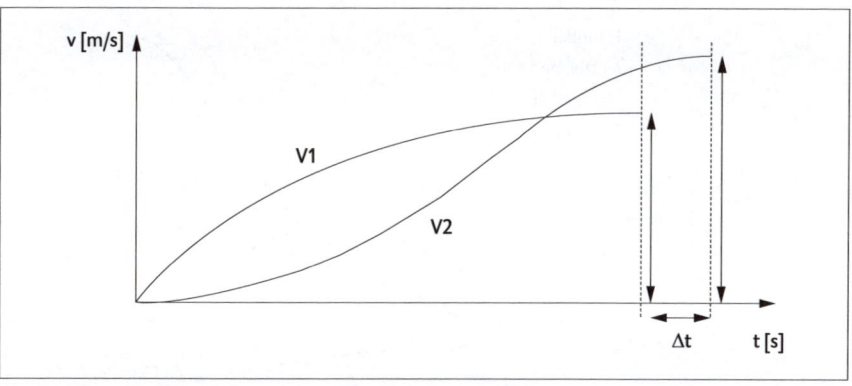

Abb. 55: Zwei mögliche Beschleunigungsverläufe (nach Hochmuth)

3.4 Prinzip der zeitlichen Koordination von Teilimpulsen

Der optimierten Gestaltung von Bewegungsabläufen in konkreten Situationen gilt auch das Prinzip der zeitlichen Koordination von Teilimpulsen:

Ist das Ziel einer Bewegung mit Abstoß von einem starren Widerlager das Erreichen einer maximalen Endgeschwindigkeit, müssen die Teilimpulse, die von einzelnen Körperteilen oder dem bewegten Sportgerät in die Gesamtbewegung eingebracht werden, zeitlich optimal aufeinander abgestimmt sein.

Das Prinzip der optimalen Koordination der Teilimpulse wird häufig in folgender Form zitiert: Ein Sportgerät oder der Körper des Sportlers wird dann optimal beschleunigt, wenn die Teilimpulse möglichst gleichzeitig ihr Geschwindigkeitsmaximum erreichen und die Geschwindigkeits-Vektoren in die gleiche Richtung zeigen. Diese Formulierung trifft nur in Ausnahmefällen zu. In der Regel ist es ebenso unzweckmäßig wie unmöglich, Teilimpulse gleichzeitig zu maximieren, wie die folgende Grafik zum Verlauf der Geschwindigkeiten des Handballs sowie einzelner Körperteile des Torwarts beispielhaft zeigt. Die Betrachtung der Geschwindigkeiten lässt unmittelbar auf die beteiligten Impulse schließen (p = m · v).

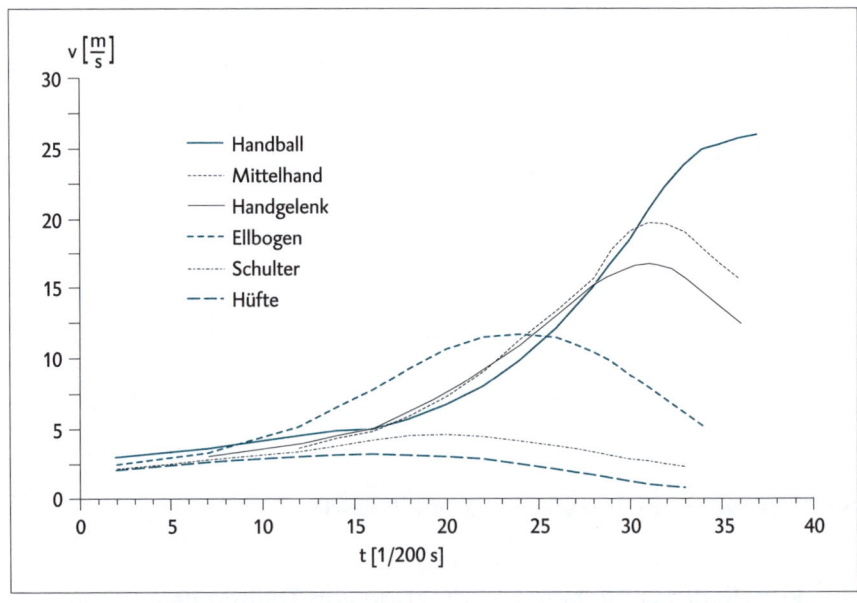

Abb. 56: Geschwindigkeit des Handballs sowie einzelner Körperteile beim Torwurf (Müller)

3.5 Prinzip der Gegenwirkung

Das Prinzip der Gegenwirkung ist eine eingeschränkte Version des 3. Newton'schen Gesetzes:

> Im freien Flug haben Bewegungen einzelner Körperteile Gegenbewegungen anderer Körperteile zur Folge.

Ein Beispiel für die leistungsfördernde Anwendung des Prinzips der Gegen-wirkung ist die Gestaltung der Armführung beim Weitsprung. Der in der Luft ausgeführte Vorwärts-Armkreis bewirkt eine Rückwärtsrotation im Bereich der Beine und damit eine Erhöhung der Flugbahn der Füße und ermöglicht folglich eine weitgreifende Landephase mit deutlicher Weitenverbesserung.

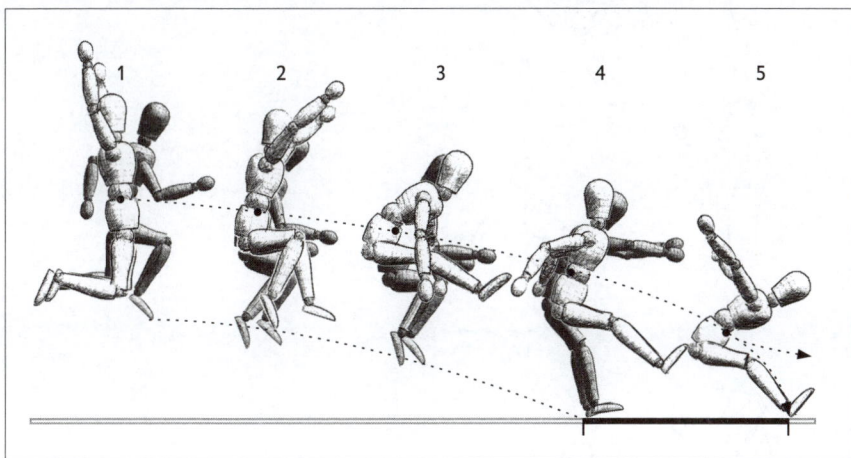

Abb. 57: Weitsprung mit und ohne Vorwärts-Armkreis

3.6 Prinzip der Impulserhaltung

Der Impuls eines Körpers ändert sich nur, wenn Kräfte von außen angreifen. Innere Kräfte verändern den Impuls nicht.

Dieser physikalische Kernsatz über Impulse steht im Zusammenhang mit dem 1. Newton'schen Gesetz, dem Trägheitssatz, aber ebenso mit dem 2. und vor allem dem 3. Newton'schen Gesetz. Eine „reine" Impulserhaltung gibt es im Sport nicht, denn jeder Sportler und jedes Sportgerät unterliegt z. B. der Schwerkraft, ist also von außen beeinflusst. In Situationen wie dem freien Flug, wo sich der Einfluss äußerer Kräfte im Wesentlichen auf die Schwer-kraftwirkung reduzieren lässt, finden sich aber sehr wohl Interpretationsmög-lichkeiten. In einem ersten Zugriff soll – nicht ganz wirklichkeitsnah, aber zur Erklärung deutlich – ein Beispiel aus der Schwerelosigkeit betrachtet werden:

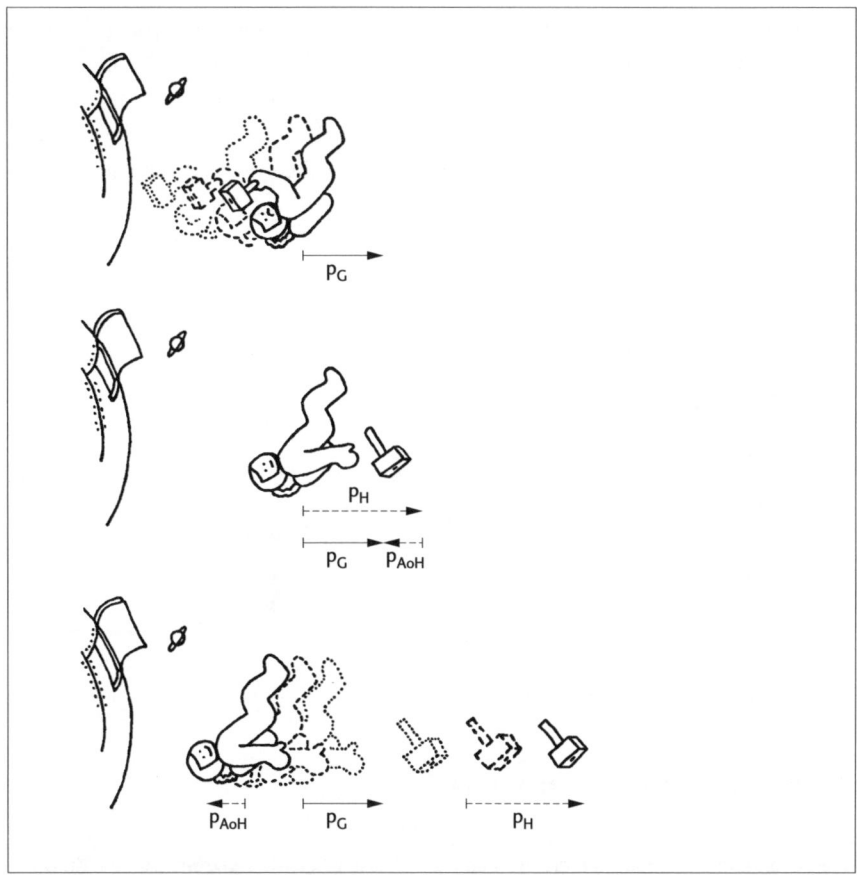

Abb. 58: Prinzip der Impulserhaltung (Wiemann)

Die Bildreihe zeigt einen Astronauten, der sich versehentlich bei Außenarbeiten von seinem Raumfahrzeug abgestoßen und sich und seiner gesamten Ausrüstung einen Impuls p_G gegeben hat. Da dieser Impuls unverändert erhalten bleibt, wird er den Astronauten mangels entgegenwirkender Kräfte unendlich weit ins Weltall tragen. Physikalisch vorgebildet erkennt der Astronaut seine letzte Chance darin, den schweren Hammer mit einem mächtigen Impuls p_H zu versehen, indem er ihn mit voller Kraft in seine Flugrichtung stößt. Da der Impuls p_G, der sich aus p_H und dem Impuls des Astronauten ohne den Hammer p_{AoH} zusammensetzt, erhalten bleibt, ergibt sich die Möglichkeit zur Rückkehr dann, wenn p_H betragsgrößer als p_G ist, weil dann p_{AoH} der ursprünglichen Richtung entgegenwirkt. Man erkennt in dieser Darstellung Parallelen zum 3. Newton'schen Gesetz.

Vergleichbare Effekte ergeben sich im Sport auf der Erde:

Impulsübertragung
Stoppt man in einem System mehrerer Teilkörper, das insgesamt eine gewisse Bewegungsgröße besitzt, einen Teilkörper ab, so kommt dessen Teilimpuls anschließend dem übrigen System zugute.

Grundsätzlich sollte man bei Bewegungsanalysen dann an eine Impulsübertragung denken, wenn die Gesamtbewegung Teilbewegungen enthält, die zunächst mit einer starken Beschleunigung begonnen und dann abrupt abgebremst oder sogar gegen die Bewegungsrichtung geführt werden.

Man stellt experimentell fest, dass ein Springer, der einen mit einem Sprunggürtel gemessenen Differenzsprungtest ausführt, mehr Höhe erreichen kann, wenn er während der Aufwärtsphase des Sprunges die Arme aktiv senkt. Zur Erklärung dieser Impulsübertragung von den Armen auf den Gesamtkörper kann man sich auf das 3. Newton'sche Gesetz beziehen: Bei der Führung der Arme nach unten wird eine Kraft F aufgewendet, deren Gegenkraft $-F$ die Aufwärtsbewegung des gesamten Körpers fördert. Für die Zeit t der Abwärtsbewegung der Arme wird diesen also ein abwärts gerichteter Kraftstoß $F \cdot t$ zuteil, dem Körper ein aufwärts gerichteter Impuls $-F \cdot t$.

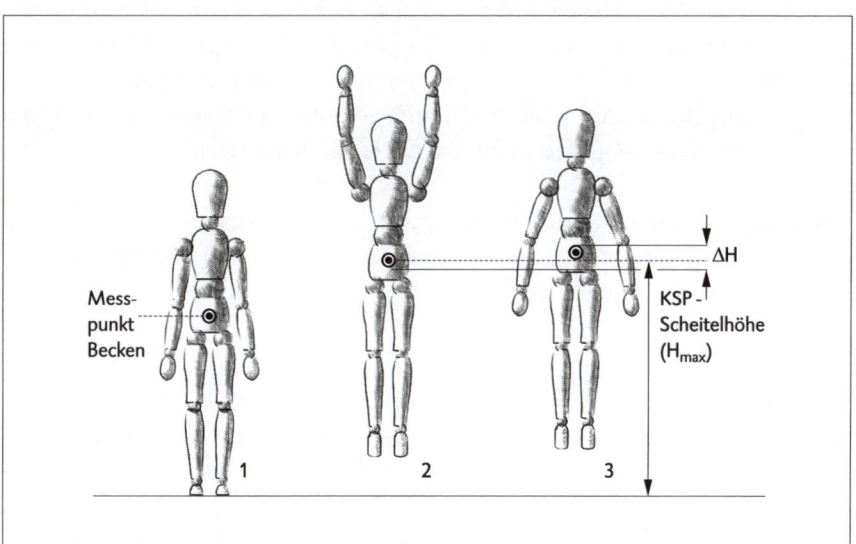

Abb. 59: Auswirkung der Armführung auf die Sprunghöhe (Ballreich)

Beispiel

Beim Hochsprung kann man feststellen, dass die wesentlichen Teilimpulse aus dem Anlauf (p_1), dem Schwungarmeinsatz (p_2), dem Schwungbeineinsatz (p_3) und der Beinstreckung (p_4) kommen.

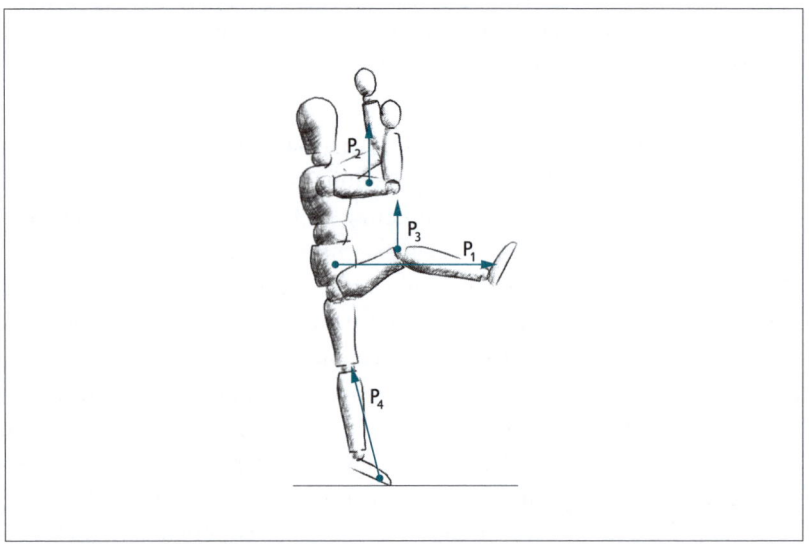

Abb. 60: Teilimpulse beim Hochsprungabsprung (nach Kassat)

Wird die Aufwärtsbewegung des Schwungbeines und der Schwungarme gestoppt, kommen dem Gesamt-Körper deren Teilimpulse zugute. Dieser Effekt wird noch verstärkt, wenn das Schwungbein willentlich nach unten zurückgestoßen wird, was übrigens unter der Floptechnik auch das Ausführen der Überstreckung rückwärts deutlich erleichtert.

Die Interpretation des Impulserhaltungssatzes bezieht sich meist auf Wirkungen, die unmittelbar nur gering sichtbar sind. Optisch viel zugänglicher sind Effekte, die sich aus dem Satz zur Impulserhaltung von Rotationsbewegungen ergeben.

Der Drehimpulserhaltungssatz
Der Drehimpuls eines Körpers ändert sich nur, wenn Drehmomente von außen angreifen, ist also konstant, wenn keine Drehmomente von außen wirken. Rotiert der Körper eines Sportlers von außen unbeeinflusst, dann weist er einen Drehimpuls $L = J \cdot \omega$ auf. Die beiden Einflussgrößen, das Massenträgheitsmoment J und die Winkelgeschwindigkeit ω, sind prinzipiell veränderbar, wobei aber ihr Produkt immer gleich sein muss.

Das bedeutet für die Bewegungssteuerung im Sport:

- Verringert der Sportler sein Massenträgheitsmoment, indem er möglichst viele Körperpunkte nahe an die Drehachse bringt, dann steigt die Rotationsgeschwindigkeit.
- Umgekehrt kann bei zunehmender Entfernung ausgewählter Körperpunkte von der Drehachse die Rotationsgeschwindigkeit gesenkt werden, weil das Massenträgheitsmoment zunimmt.

ispiele

- Ein Turner, der einen Salto springt, verleiht seinem Körper beim Absprung einen Drehimpuls und steuert seine Drehgeschwindigkeit mit dem Ziel einer Landung auf den Füßen dadurch, dass er sich enger oder weniger eng zusammenkauert. Bei Zwei- oder gar Dreifachsaltos kann man beobachten, dass zur Erhöhung der Drehgeschwindigkeit die Oberschenkel abgespreizt werden müssen, um mit dem Oberkörper zwischen die Beine und dadurch mit dem gesamten Körper genügend nah an die Drehachse zu gelangen. Wird wie bei einem gestreckten Salto eine offene Drehhaltung verlangt, ist ein wesentlich größerer Drehimpuls nötig, um die Drehung zu schaffen. Dadurch sind kleinere Turner bevorteilt, da ihre Körperpunkte aufgrund ihrer Anatomie näher an der Drehachse liegen.
- Unterbewusst wird diese Möglichkeit der Bewegungssteuerung eingesetzt, wenn etwa ein Skispringer, der vornüber zu stürzen droht, mit großräumigen Vorwärtsarmkreisen reagiert, um ein Aufrichten seines Oberkörpers zu erreichen. Grundsätzlich bleibt zwar der leichte Vorwärtsdrehimpuls, der zum Vornüberkippen führen würde, erhalten, doch im Rahmen dieses konstanten Drehimpulses für den Gesamtkörper führen die Arme eine überschießende Vorwärtsrotation aus, die durch eine Rückwärtsrotation des übrigen Körpers ausgeglichen werden muss. Dabei ändert sich wohlgemerkt nicht die Bahn des Körperschwerpunktes, sondern nur die Lage des Oberkörpers und der Skier in Relation zum Körperschwerpunkt.

Die im letzten Beispiel nach außen primär wahrnehmbare „Rückwärtsrotation" des Oberkörpers ist weder durch äußere Kräfte verursacht noch ändert sich der Drehimpuls des Gesamtsystems. Man spricht daher von **Scheinrotationen**.

Zusammenfassung

Die biomechanischen Prinzipien enthalten konkrete Überlegungen, wie sportliche Bewegungen unter Berücksichtigung des Impulses optimiert werden können.

Auf den Aufbau eines möglichst großen Impulses zielen:

- **Prinzip der Anfangskraft:** Ein möglichst großer Impuls wird erreicht, indem der eigentlichen Beschleunigung eine Ausholbewegung vorausgeht.
- **Prinzip des optimalen Beschleunigungsweges:** Ein möglichst großer Impuls wird erreicht, wenn die Kraft länger (aber nicht zu lange) einwirkt.
- **Prinzip der optimalen Tendenz im Beschleunigungsverlauf:** Je nachdem, ob eine maximale Endgeschwindigkeit oder eine maximale Beschleunigung wichtiger ist, sollte entweder zunächst langsam, dann schneller, oder sofort maximal beschleunigt werden.
- **Prinzip der zeitlichen Koordination von Teilimpulsen:** Ein möglichst großer Impuls wird erreicht, wenn alle Teilimpulse zeitlich und räumlich gut aufeinander abgestimmt sind.

Universelle physikalische Sachverhalte liegen folgenden Prinzipien zugrunde:

- **Prinzip der Gegenwirkung:** Dieses Prinzip basiert auf dem 3. Gesetz von Newton (actio = reactio): Bewegungen einzelner Körperteile haben die Bewegung anderer zur Folge.
- **Prinzip der Impulserhaltung:** Dieses Prinzip basiert auf dem 1. Gesetz von Newton (Trägheitssatz): Der Impuls (auch Drehimpuls) eines Körpers ändert sich nur, wenn Kräfte von außen wirken. Das Abstoppen von Teilkörpern eines Systems führt zur Impulsübertragung.

Aufgaben

19. Speerwurf

Wozu benötigt ein Speerwerfer die sogenannte Bogenspannung? Durch welche Detailbewegungen wird sie erzeugt? Stellen Sie in Ihren Erklärungen einen Bezug zu passenden biomechanischen Prinzipien her.

20. Wasserspringen

Ein Wasserspringer antwortete auf die Frage, wie er es denn schaffe, seine mit zahlreichen Schrauben und Salti versehenen Sprünge von mehr als 20 Meter hohen Klippen jedes Mal so exakt ins Wasser zu bringen, dass drohende schwerste Verletzungen doch ausbleiben, sinngemäß: „Ich springe zunächst einfach einmal los und erst etwa in der Mitte des Fluges orien-

tiere ich mich endgültig und fange an, auf das passende Eintauchen zuzu-
steuern." Welche „Steuerinstrumente" hat der Springer?

21. Kugelstoßen
Beim Kugelstoßen steht durch den kleinen Stoßkreis bedingt nur wenig
Platz zur Verfügung. Untersuchen Sie, wie man versucht hat, durch ver-
schiedene Techniken diesen Nachteil auszugleichen.

22. Beschleunigungsverhalten
Unterscheiden Sie das Beschleunigungsverhalten eines Weitspringers von
dem eines 30-m-Sprinters.

23. Strukturverwandte Bewegungen
Man unterscheidet – über alle Sportarten hinweg – sieben Gruppen struk-
turverwandter Bewegungen (nach Olivier/Rockmann):

Gruppe	mögliche Zielstellungen
Absprung/Abdruck/Abwurf/Abstoß vom starren Widerlager	maximale Endgeschwindigkeit und/oder minimale Zeitdauer
Absprung/Abdruck vom elastischen Widerlager	maximale Endgeschwindigkeit
Drehen um freie Achsen im freien Flug	optimales Timing der Veränderung der Massenträgheitsmomente und/oder optimale Körperhaltung während beziehungsweise am Ende der Flugphase
Drehungen um feste und elastische Achsen	optimale Energiezuführung und -umwandlung
Abstoß vom Wasser bei zyklischen Bewegungen	maximaler Wirkungsgrad der Vortriebsleistung
Vorder- und Hinterstütz mit anschließender Flug- oder Gleitphase bei zyklischen Belastungen	maximaler Wirkungsgrad der Vortriebsleistung
Kontinuierlicher Antrieb durch Pedaltreten	maximaler Wirkungsgrad der Vortriebsleistung

a) Nennen Sie jeweils einige typische sportpraktische Beispiele zu den
genannten Bewegungsarten. Unterscheiden Sie dabei gegebenenfalls
unterschiedliche Zielstellungen.
b) Unterscheiden Sie die Gruppen allgemein, indem Sie besonders die
jeweilige Gestaltung von Kraftstoß und Impuls berücksichtigen.

24. Scheinrotation

Erläutern Sie den Sinn des in der Abbildung gezeigten 1½-fachen Vorwärtsarmkreises eines Pferdspringers.

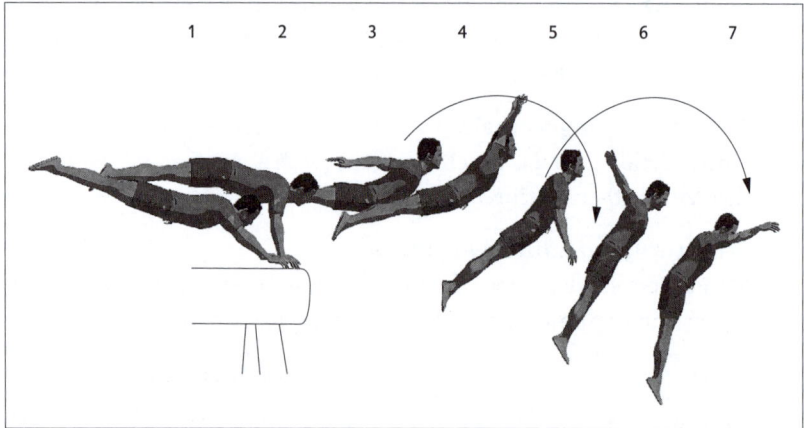

Abb. 61: Vorwärtsarmkreisen beim Pferdspringen (nach Wiemann)

Morphologisch-phänografische Betrachtungsweisen

Die Übersetzung der griechischen Namen dieser Betrachtungsweise sagt deutlich, worum es geht: Morphologisch bedeutet „die Form betreffend", phänografisch „das Erscheinungsbild beschreibend". Entsprechend rücken hierbei diejenigen Aspekte von Bewegungen in den Vordergrund, die per **unmittelbarer Wahrnehmung** zugänglich sind. Nicht das exakt gemessene Ergebnis der Biomechanik, sondern der Gesamteindruck, den ein – möglichst sachkundiger – Betrachter erhält, werden maßgeblich.

Fremd- und Selbstbeobachtung

Eine morphologisch-phänografische Bewegungsbeschreibung ist das Resultat von Fremd- oder Selbstbeobachtungen.

- **Fremdbeobachtungen** können, besonders bei sehr kurz dauernden, aber dennoch komplexen Vorgängen, wie man sie beispielsweise von Übungsteilen aus dem Gerätturnen oder von technischen Disziplinen der Leichtathletik kennt, durch Hilfsmittel wie Video und Bildreihen gestützt werden.
- Unter einer **Selbstbeobachtung** wird das Beziehen von Informationen im Wesentlichen aus dem kinästhetischen Sinn, dem Bewegungsgefühl, verstanden (nicht etwa das Betrachten einer Video-Aufnahme der eigenen Bewegungen; in einem solchen Falle ist der Sportler sich selbst gegenüber Fremdbeobachter).

Fremd- und Selbstbeobachtungen stimmen häufig nicht überein.

Ansatz und Ziel

Die morphologische Betrachtungsweise von Bewegungen ist praktisch-pädagogisch orientiert, sie ist also ebenso **beschreibend** wie **erklärend**. Es werden dabei das Bewegungsoptimum ebenso wie in einer konkreten Situation aufgetretene Bewegungsfehler berücksichtigt und Möglichkeiten zur Bewegungskorrektur betrachtet. Entsprechend ist sie nicht an ihrem theoretischen Erklärungswert, sondern an ihrer praktischen Effektivität zu messen.

Der Betrachtungsansatz ist somit insgesamt

- **ganzheitlich**, erkennt also in einer Bewegung mehr als die Summe ihrer Einzelteile,
- **subjektiv**, weil der Betrachter die Bewegung etwa auf ihre Absicht hin interpretiert und dabei immer auch seine eigene Ansicht einfließen lässt,
- **interdisziplinär**, weil Erkenntnisse anderer Methoden, z. B. der Biomechanik, berücksichtigt werden.

Die morphologisch-phänografische Beobachtungsmethode geht wesentlich auf Kurt Meinel (1898–1973) zurück. Ihre Anwendung orientiert sich an folgender Übersicht:

Praxis der morphologisch-phänografischen Beschreibung
- Gliederung und Strukturierung der vorliegenden Bewegungsfolge.
- Genaue Beschreibung anhand der Gliederung.
- Begründung für Bewegungsanweisungen, die aus der Beschreibung resultieren.
- Hinweise auf mögliche Bewegungsfehler.

Schwächen und Stärken

Die Schwäche morphologischer Bewegungsbeschreibungen ist ihre **mangelnde Exaktheit**. Diese Schwäche ist aber auch ihre Stärke, da sie in jedem Fall, auch in solchen, wo exakte Methoden nicht weiterwissen, mehr oder weniger **zutreffende Eindrücke** vermittelt. Der Wert der morphologisch-phänografischen Betrachtungsweise ist in folgenden Punkten dokumentiert:

- Sie ist die „Methode der täglichen Praxis" der Bewegungswissenschaft.
- Durch Fachleute vorgenommen bietet sie eine sichere Methode, Bewegungen zutreffend zu charakterisieren.
- Dort, wo exaktere Methoden der Bewegungsbeschreibung, etwa die Biomechanik, Abstriche machen müssen, vermittelt sie ein komplexes Bild. Bei Sportarten wie Eiskunstlaufen oder rhythmischer Sportgymnastik ist es etwa nicht möglich, leistungsbestimmende Merkmale wie Bewegungsausdruck, Ausstrahlung, Bewegungsfluss oder Elastizität exakt in Zentimetern und Winkeln zu ermitteln. Die morphologische Beschreibung hat es da leichter, mit Mitteln der alltäglichen Sprache den Gesamteindruck festzuhalten. Sie beschreibt Bewegungen etwa als graziös, anmutig, wuchtig oder explosiv und vermittelt dadurch einen zwar nicht exakten, jedoch weitgehend zutreffenden und vermittelbaren Eindruck der beschriebenen Bewegung.

4 Strukturierung von Bewegungsfolgen

Die morphologisch-phänografische Betrachtungsweise hat trotz ihres ganzheitlichen Ansatzes auch eine analytische Komponente. Denn um eine zu erlernende Bewegungsfolge übersichtlich und ohne Überforderung des Lernenden präsentieren zu können, ist es wichtig, diese zu gliedern. Die folgenden Abschnitte zeigen entsprechende Gliederungsmodelle auf.

4.1 Phasenanalyse nach Meinel

Das Phasenmodell von Meinel ist ein Dreiphasenmodell, das wesentlich die zeitliche Reihenfolge einer Bewegung berücksichtigt. Bei der Hierarchisierung in eine Hauptphase und eine ihr zuleitende Vorbereitungs- und eine ableitende Endphase spielt aber neben dem zeitlichen Aspekt auch deutlich ein funktionaler Aspekt eine Rolle.

> Das Phasenmodell nach Meinel identifiziert eine **Vorbereitungsphase**, eine **Hauptphase** und eine **Endphase** einer Bewegung.

- Ihrem Namen entsprechend wird in der **Hauptphase** die eigentliche Bewegungsaufgabe gelöst.
- Die **Vorbereitungsphase** soll optimale Voraussetzungen zur Bewältigung der Hauptphase bereitstellen. Vorbereitungsphasen findet man **in oder entgegen der Richtung der Hauptbewegung** ausgeführt. In Richtung der Zielbewegung verlaufen z. B. Anlauf-, Anschwung oder Angleitbewegungen, entgegen der Zielbewegung Ausholbewegungen, wie sie sich zur Verbesserung der Anfangskraft oder zur Bereitstellung optimierter Winkelverhältnisse besonders in den technischen Disziplinen der Leichtathletik finden. In Sportarten mit hohem individuell-taktischen Anteil wie etwa den Sportspielen, den Kampfsportarten oder den Rückschlagspielen können Vorbereitungsphasen gut zur **Täuschung** verwendet werden, indem man sie weitgehend unterdrückt oder ohne ein Anhängen der Hauptphase ausführt. Beispiele sind der schnelle Wurf im Handball fast ohne Ausholbewegung oder die Wurffinte im Basketball.
- Nach Ablauf der Hauptphase dient die **Endphase** einer Bewegung dazu, das Gleichgewicht zu sichern oder eine optimale Ausgangshaltung für nachfolgende Bewegungen zu finden. Beispiel einer Bewegungsendphase ist das Abfangen der Bewegung nach dem Speerwurf, um nicht zu übertreten.

Mit dem Dreiphasenmodell nach Meinel können verschiedene Bewegungsabläufe erfasst werden.

- Gut eignet es sich für die Beschreibung **azyklischer Bewegungen**, die nach Bewältigung der Hauptphase in einer Endphase zur Ruhe kommen. Beim Handball-Sprungwurf z. B. besteht die Vorbereitungsphase aus dem dreischrittigen Anlauf, der nach einer Amortisation zur Hauptphase, dem Sprung mit Wurf überleitet. Endphase der Bewegungsfolge ist die Landung.

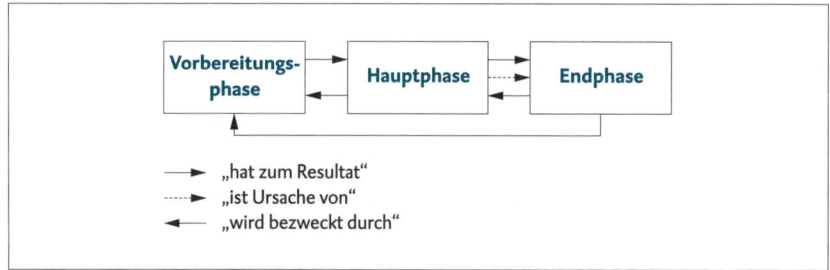

Abb. 62: Modell einer phasengegliederten azyklischen Bewegung (nach Schnabel, 1998)

- Bei **zyklischen Bewegungen**, die durch die fortlaufende Wiederholung gleicher Bewegungsmuster gekennzeichnet sind, ist die klare Trennung zwischen der Endphase eines Zyklus und der Vorbereitungsphase des nächsten oft nicht klar. Man spricht hier von einer Phasenverschmelzung. Phasenverschmelzungen findet man auch, wenn Bewegungskombinationen ausgeführt werden. Eine typische Sportart hierfür ist das Turnen. Als Beispiel kann etwa die Kombination Radwende mit nachfolgendem Flick-Flack betrachtet werden, wo die bremsende Endphase der Radwende der Amortisation und damit der Erhöhung der Anfangskraft zum Absprung in den Flick-Flack dient.

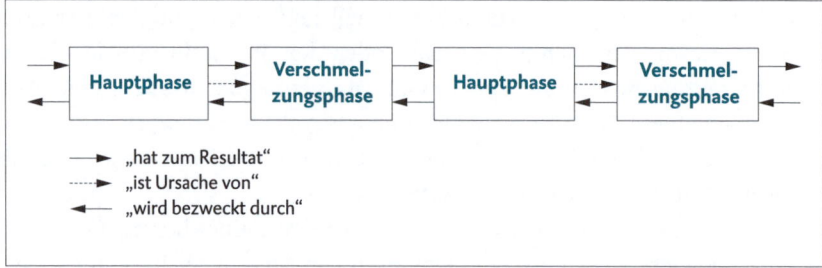

Abb. 63: Modell einer phasengegliederten zyklischen Bewegung (nach Schnabel, 1998)

- **Zyklisch alternierend** sind Bewegungen, in denen zyklische Teilbewegungen einer Körperpartie mit vergleichbaren zyklischen Teilbewegungen anderer im Wechsel ausgeführt werden. Dabei ist besonders der Wechsel der die Gesamtbewegungsfolge fördernden Hauptphasen zu beachten. Typische Beispiele liefern das Kraul- und Rückenkraulschwimmen, wo sich die Zug- und Druckphasen des rechten und linken Armes stetig abwechseln und so für einen kontinuierlichen Antrieb sorgen.

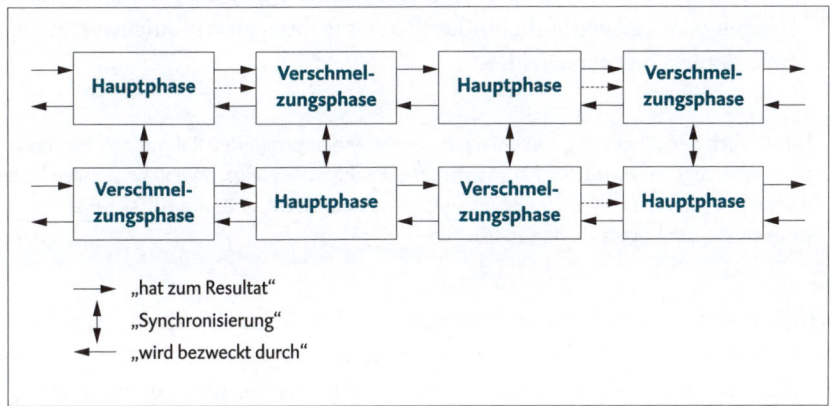

Abb. 64: Modell einer phasengegliederten zyklisch alternierenden Bewegung (nach Schnabel, 1998)

4.2 Funktionsanalyse nach Göhner

Das auf Göhner zurückgehende Modell der Funktionsanalyse von Bewegungen lenkt den Mittelpunkt der Aufmerksamkeit weg von zeitlichen Gesichtspunkten und stellt – dem Namen entsprechend – funktionale Gesichtspunkte in den Mittelpunkt. Es fragt also nicht nur nach Abläufen, sondern auch nach dem Zweck von Teilbewegungen zum Erreichen des Ganzen. Dabei wird berücksichtigt,

- welche **Bewegungsziele** unter welchen **Regeln** erreicht werden sollen.
- welche **Movendum-Attribute** eine Rolle spielen, wobei man unter einem Movendum das bewegte Objekt versteht, an dessen Bewegungsbahn sich erkennen lässt, ob Bewegungsziele erreicht sind.

  Movenda können als Sportgeräte wie Bälle, Speere oder Kugeln passiv-reaktiv, als Kampfpartner im Ringen oder Judo aktiv-reaktiv und schließlich in Gestalt des Sportlerkörpers aktiv-selbstbewegend sein.

- welche **Bewegerattribute** auftreten, also welche Bedingungen, unter denen der Sportler seine Bewegungen ausführt.

Hier unterscheidet man grundsätzlich „natürliche Bewegung" wie beim
Schwimmen von „instrumentell unterstützter Bewegung" wie beim Radfahren, „partnerunterstützter Bewegung" wie in der Akrobatik oder „geg-
nerbehinderter Bewegung" wie in Kampfsportarten.

Daraus werden noch einmal Mischformen bildbar wie etwa „partnerunter-
stützte, gegnerbehinderte Bewegungen" in den Ballsportarten.

- welche **Umweltbedingungen** vorliegen, wobei man normierte Umgebungen wie Spielfelder von bewegungsunterstützenden Umgebungen wie Ski-
Hängen oder bewegungsbehindernden Umgebungen wie aufgeweichte Rad-
cross-Strecken unterscheidet.

> Hinsichtlich der Gliederung von Bewegungen unter den genannten Rahmenbedingungen
> unterscheidet man **Hauptfunktionsphasen**, die die Bewegungsaufgabe wesentlich lösen
> und so nur von der Funktion im Bewegungsgefüge bestimmt sind, von **Hilfsfunktions-
> phasen**, die der Hauptfunktion zuarbeiten.

Hilfsfunktionen werden hierarchisiert in solche erster Ordnung, welche unmittelbar die Hauptfunktionsphase einleitend, begleitend, abschließend oder
überleitend unterstützen, sowie zweiter und höherer Ordnung, die jeweils optimale Bedingungen für höherrangige Hilfsfunktionsphasen herstellen. Funktionsphasen zweiter Ordnung unterstützen also Hilfsfunktionsphasen erster
Ordnung, solche dritter Ordnung diejenigen zweiter Ordnung und so weiter.

Beispiele
- Beim Handballsprungwurf wird der Wurf als entscheidend angesehen,
  also die Phase von der Wurfauslage bis zu dem Zeitpunkt, wo der Ball
  die Hand verlässt. Die zugehörigen Teilbewegungen bilden hier also die
  Hauptfunktionsphase.
  Hilfsfunktionsphase erster Ordnung ist der Absprung verbunden mit
  der Ausholbewegung zum Wurf. Eine Hilfsfunktionsphase erster Ordnung mit überleitender Funktion auf folgende Bewegungen bildet die
  Landung mit dem Abfangen des Körpers nach dem Wurf. Die Anlauf-
  schritte vor dem Absprung stellen eine Hilfsfunktionsphase zweiter
  Ordnung dar.
- Der Kippaufschwung (Kippe) am Reck ist definiert durch seine Hauptfunktionsphase, die Kippbewegung. Ziel dieser Hauptfunktionsphase
  ist eine Erhöhung des Körperschwerpunktes verbunden mit einer Über-
  führung des Sportlers vom Hang in den Stütz. Mittel der Hauptfunktionsphase ist eine Streckung der Hüfte nach vorne oben, die etwa im

tiefsten Punkt der Rückwärts-Rotation eines Schwunges im Langhang ausgelöst wird. Die zur Einleitung dieser Hüftstreckung notwendige Ausgangsstellung ist der durch das starke Anbeugen des Körpers in der Hüfte gekennzeichnete Kipphang, dessen Vorbereitung zuvor unmittelbar nach Erreichen des vorderen Umkehrpunktes des Schwunges begonnen wird.

Das Anbeugen des Körpers in den Kipphang ist somit vorbereitende Hilfsfunktionsphase erster Ordnung. Günstige Voraussetzungen für diese Hilfsfunktion erster Ordnung werden erreicht, wenn der Sportler bereits im Vorschwung die Hüfte weit nach vorne bringt. Das weite Vorstrecken der Hüfte ist somit Hilfsfunktionsphase zweiter Ordnung. Das Schwingen selbst lässt sich hier schließlich als Funktionsphase dritter Ordnung begreifen, dessen Einleitung in die vierte Ordnung führt.

Das Funktionsphasenmodell nach Göhner ist dem Meinelschen Phasenkonzept in den Bereichen **Flexibilität und Feinheit der Beobachtung** überlegen, denn die Anzahl der Bewegungsphasen ist nicht an einen groben Dreischritt gebunden, sondern offen. Gelegentlich aber gibt es **Schwierigkeiten**, die **Hierarchie der Bewegungsphasen festzulegen**.

piel

Beim Weitsprung etwa ist – bei optimaler Durchführung des Bewegungsablaufs – die Geschwindigkeit des Anlaufs entscheidendes Leistungskriterium. Eine mangelnde Amortisation unmittelbar vor dem Absprung kann aber auch einen optimal schnellen Anlauf ebenso in einen schlechten Weitsprung münden lassen wie unzweckmäßige Führungsmöglichkeiten der Beine in der Flugphase, die je nach Fehler zu einer Landung fast im aufrechten Stand oder zu einer Landung auf dem Gesäß führen mögen. Frage: Wo legt man die Hauptfunktionsphase fest?

Ein Weit*springer* sagt: Ganz klar ist der Absprung Hauptfunktionsphase.

Der *Weit*springer meint dagegen: Der Anlauf trägt am meisten zu meinem Erfolg bei, deshalb ist die Hauptfunktion im Anlauf zu suchen.

Der Pragmatiker sagt: Es gibt mehrere wesentliche Funktionen. Bei sukzessiv angeordneten Bewegungsfolgen identifiziere ich mehrere Hauptfunktionen und verzichte auf die Hierarchisierung.

Zusammenfassung

Zur Gliederung sportlicher Bewegung werden im Wesentlichen folgende zwei Modelle herangezogen:

- **Phasenanalyse nach Meinel:** Dieses Modell berücksichtigt vor allem die zeitliche Reihenfolge einer Bewegung. Es wird zwischen einer Vorbereitungs-, einer Haupt-, und einer Endphase unterschieden.
  Mit diesem Modell können azyklische, zyklische und zyklisch alternierende Bewegungsabläufe beschrieben werden.

- **Funktionsanalyse nach Göhner:** Dieses Modell stellt die Funktion, den Zweck der einzelnen Teilbewegungen in den Mittelpunkt. Es wird zwischen Hauptfunktions- und Hilfsfunktionsphasen (erster, zweiter, usw. Ordnung) unterschieden.

Aufgaben

25. Interpretieren Sie die Sportarten Wasserball, Radfahren, Karate und Hockey hinsichtlich
    - ihrer Zielsetzungen,
    - ihrer Movendum-Attribute,
    - ihrer Beweger-Attribute und
    - ihrer Umweltbedingungen.

26. Analysieren Sie – wo möglich – die folgenden Bewegungsfolgen sowohl nach der Phasenanalyse als auch nach der Funktionsanalyse.
    a) Weitsprung   b) Hochsprung   c) Speerwerfen

27. Die Abbildungsreihe zeigt eine Bewegungsfolge aus dem Bodenturnen. Beschreiben Sie diese morphologisch-phänografisch.

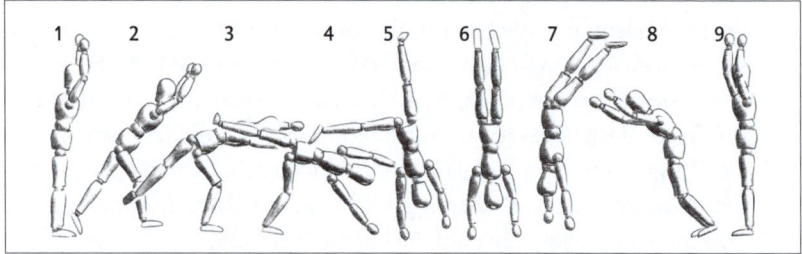

Abb. 65: Bewegungsfolge beim Bodenturnen

28. Beschreiben Sie morphologisch-phänografisch die Hürdenüberquerung beim Hürdensprint.

5 Beobachtungskriterien

Bei der Beschreibung von Bewegungsphasen werden diese sinnvollerweise in zeitlicher Reihenfolge (Querschnitt) dargestellt. Da aber eine bloße unzusammenhängende Beschreibung der einzelnen Bilder einer Serie zu wenig brauchbare Informationen liefert, sind auch einzelne Teilkörperbewegungen in der Kontinuität zu würdigen (Längsschnitt).

- Die Betrachtung im **Querschnitt** berücksichtigt in jedem zeitlichen Abschnitt die **Position** des Kopfes, der Arme, des Rumpfs, der Beine, sofern es jeweils dazu etwas zu bemerken gibt.
- Bei der Betrachtung im **Längsschnitt**, die mehr das Ganzheitliche der Bewegung im Blick hat, richtet man sich nach **Bahnen** ausgesuchter Punkte, beispielsweise der Hand, des Kopfes, des Fußes, besonders aber der Bewegungsbahn des Körperschwerpunktes.

Eine morphologisch-phänografische Bewegungsbeschreibung setzt ihre Beobachtungsschwerpunkte auf besondere Bewegungsmerkmale (nach Meinel/ Schnabel), die im Folgenden erläutert werden.

5.1 Bewegungsumfang

Unter dem Bewegungsumfang versteht man die **räumliche Ausdehnung** von Bewegungen. Das Optimum des Bewegungsumfangs ist stark von der Zielstellung der Bewegung abhängig. Wie man aus den Betrachtungen zum „Prinzip des optimalen Beschleunigungsweges" der Biomechanik weiß, ist im Sinne einer Impulsmaximierung in der Regel ein maximaler Bewegungsumfang, etwa eine Tiefkniebeuge als Vorbereitung eines Absprungs, nicht sinnvoll. Umgekehrt ist auch ein Absprung ohne vorherige Beugung der Knie nicht realisierbar. Bei Täuschbewegungen in den Sportspielen verhält es sich ähnlich: Zu klein ausgeführt ist die Täuschung nicht realistisch und verführt deshalb nicht zur gewünschten gegnerischen Fehlreaktion, bei zu großem Bewegungsumfang destabilisiert sie den täuschenden Spieler und schränkt seine Handlungsfähigkeit ein.

5.2 Bewegungstempo

Das Bewegungstempo lässt sich auf verschiedene Arten dokumentieren:
- Bei azyklischen Bewegungen interessiert die **Gesamtdauer** des Bewegungsvorgangs.

- Bei zyklischen Bewegungen ist die Dauer eines Zyklus wichtig und damit die **Bewegungsfrequenz.**
- Häufig ist es interessant, die **Geschwindigkeit einzelner Körperteile** im Vergleich zu anderen oder im Vergleich zur Geschwindigkeit des Gesamtkörpers zu betrachten. Typisch ist hier etwa das Anreißen des Schwungbeines beim Absprung mit dem anschließenden Stoppen zur Impulsübertragung, das Schwungbein weist also in der Phase des Anreißens im Vergleich zum Gesamtkörper ein größeres Bewegungstempo auf, in der Phase des Stoppens ein geringeres.

5.3 Bewegungsrhythmus

Unter Bewegungsrhythmus versteht man die **zeitliche Ordnung** einer motorischen Handlung. Besonders deutlich ist er bei zyklischen Bewegungsfolgen ausgeprägt, wenn sich rhythmische Muster stetig wiederholen, aber er ist auch bei azyklischen Bewegungen nachweisbar, wenn etwa ein rhythmischer Sprechtext eine Bewegung begleiten kann.

Ein Bewegungsrhythmus kann akustisch, optisch oder auch taktil von außen wahrgenommen werden und wird intern durch einen Wechsel von Muskelspannungen und -entspannungen, damit durch einen Wechsel von Krafteinsätzen realisiert. Die Rhythmisierung einer Bewegung ist dann als gelungen zu bezeichnen, wenn ein **optimales Verhältnis von Anspannung und Entspannung** vorliegt und – bei zyklischen Bewegungen – **Gleichmäßigkeit** erzielt wird.

5.4 Bewegungsstärke

Änderungen des Bewegungsumfangs sowie des Bewegungstempos sind verursacht durch Krafteinsätze während der Ausführung der Bewegung. Die Bewegungsstärke ist ein Kennwort für das Maß des **Krafteinsatzes** während einer Bewegung oder eines Bewegungsdetails. Auch hier unterscheidet man die globale Sicht, in welcher der Krafteinsatz der Gesamtbewegung beschrieben wird, von der Fokussierung auf das Bewegungsdetail, z. B. also den Hopser vom hohen Absprung, den geringen vom starken Schwungbeineinsatz.

Ein wichtiger Gesichtspunkt ist die Würdigung des **optimalen Krafteinsatzes**, der sich oft vom maximalen unterscheidet.

5.5 Bewegungskopplung

Jede Bewegung eines Körperteils wirkt sich stark auf benachbarte und mittelbar auch auf weiter entfernte Körperteile aus. In diesem Zusammenhang nennt man bewusste Bewegungen eines Körperteils, die erwünschte Bewegungen anderer Körperteile oder des Gesamtkörpers auslösen, Bewegungskopplungen.

- Bei der **Impulsübertragung** kommt durch Abbremsen eines mit dem Gesamtkörper in gleicher Richtung beschleunigten Körperteils dessen Teilkörperimpuls dem Gesamtimpuls des Körpers zugute. Typisches Beispiel ist das Anreißen und nachfolgende Abstoppen der Arme bei einer Absprungbewegung oder in gleicher Situation der Schwungbeineinsatz.

- Bewegungsphasen können einen **zeitlich gestaffelten Beginn** haben. Ein Beispiel findet sich in den typischen Verwringungen des Körpers während Auswurf- bzw. Ausstoßbewegungen der Leichtathletik. Besonders beim Speerwurf, wo im Rahmen der Bogenspannung des Körpers zunächst der untere Rumpf in Wurfrichtung gedreht wird, dann der Brustbereich und schließlich erst Schulter und Arm folgen, zeigt sich die zeitliche Verschiebung deutlich.

- Bei der **Kopfsteuerung** von Bewegungen ist weniger gemeint, dass die Haltung des Kopfes unmittelbar Bewegungen anderer Körperteile auslöst, sondern dass der Kopf einerseits durch die optische Orientierung eine Führungsrolle erhält, andererseits durch die zentrale Wichtigkeit im Gesamtkörpersystem Reflexe auslöst, die eine Bewegung unterstützen. Ein Beispiel findet sich in der Schwimmlage beim Rückenschwimmen, wo der Kopf, wenn er zu stark zur Brust gebeugt wird, häufig eine Rumpfbeugung mit ungünstiger Sitzhaltung im Wasser auslöst, aber nicht auslösen muss. Es gelingt unter Konzentration durchaus, eine gute Wasserlage zu wahren, auch wenn der Kopf nicht in idealer Normallage gehalten wird. Eine Kopfhaltung geradeaus wie im aufrechten Stand lässt die günstige Schwimmlage aber wie von selbst entstehen. Die Steuerungsfunktion des Kopfes zeigt sich auch deutlich in den Überschlagbewegungen des Gerätturnens, wo etwa beim Flick-Flack im Bereich der Anfängerschulung eine Rückwärtsbeugung des Rumpfes durch eine Rückwärtsorientierung des Kopfes eingeleitet wird. Im Leistungsturnen wird beim Flick-Flack auf das Rückwärtsführen des Kopfes verzichtet, was wieder verdeutlicht, dass Kopfsteuerung unbewusst reflexartig Bewegungen steuern kann, mechanisch aber nicht notwendig ist.

5.6 Bewegungsfluss

Unter Bewegungsfluss versteht man den Grad der Kontinuität im Ablauf einer Bewegung, also die Beherrschung eines **kontinuierlichen Krafteinsatzes** und damit kontinuierlicher Geschwindigkeitsänderungen, ohne dass ungewollt eckige Richtungsänderungen oder gar Bewegungsunterbrechungen auftreten, die durch falschen oder unangemessenen Krafteinsatz in Teilbewegungen ausgelöst werden.

Biomechanisch betrachtet bedeutet Bewegungsfluss eine optimale Abstimmung der Stärke der wirkenden Impulse, optimale zeitliche Koordination der Einzelimpulse, die Einhaltung eines optimalen Beschleunigungsweges, im Wasser die Bewahrung des Prinzips des kontinuierlichen Antriebs. Optimaler Bewegungsfluss ist insgesamt ein Indikator für die Beherrschung einer Bewegung. Ein flüssiger Laufstil ist beispielsweise bestimmt durch die Gestaltung des Bremskraftstoßes bei der Landung des vorderen Stützfußes, die Dauer der Stützphase, die Kompensation der einbeinigen Stütze im Bereich des unteren Rumpfes und die Art und Richtung des Armeinsatzes.

5.7 Bewegungspräzision

Bewegungspräzision ist das Merkmal der Ziel- oder auch der Ablaufgenauigkeit. Häufig ist hier besonders die **Genauigkeit bei gleichzeitig hoher Bewegungsschnelligkeit** gemeint. Typisch sind etwa Bewegungen in fernöstlichen Kampfsportarten, wo es darum geht, sich in kürzester Zeit sehr genau zu bewegen, sei es, dass wie im Kata-Training der Bewegungsablauf selbst sehr schnell und exakt ausgeführt werden muss, sei es, dass im Kampf Treffer erzielt werden sollen. Weitere Beispiele sind etwa Auf- und Schmetterschläge im Volleyball oder der Abschlag im Golf. Allgemein wird eine besondere Bewegungspräzision an Übereinstimmungen der gerade ausgeführten Bewegung mit Idealbildern gemessen. Biomechanisch lassen sich einzelne Indizien wie etwa das Kappa-Verhältnis beim Absprung zur exakt gemessenen Bewertung heranziehen.

5.8 Bewegungskonstanz

Bewegungskonstanz ist das Merkmal der **Wiederholungsgenauigkeit**, gibt also den Grad der Übereinstimmung wiederholt ausgeführter zyklischer oder azyklischer Bewegungen oder die Übereinstimmung einzelner Zyklen in einer zyklischen Bewegungsfolge an. Dabei wird mehr auf die Konstanz der Bewe-

gungsergebnisse als auf die absolute Gleichheit in jedem Bewegungsdetail ge-
achtet, weil eine Bewegungsvariabilität in gewissen Grenzen immer erhalten
bleibt. Sportpraktische Beispiele für in diesem Sinne verstandene Bewegungskonstanz sind Folgen immer gleich effektiver Armzüge beim Kraulschwimmen, lange Serien verwandelter Freiwürfe beim Basketball oder die Anzahl der
Pedalumdrehungen beim Radfahren in der Ebene. Bewegungskonstanz ergibt
sich als Ergebnis eines lang dauernden Trainingsprozesses zwangsläufig, muss
also nicht unbedingt als eigenes Ziel des Trainings angesteuert werden, sollte
aber auf der Basis verlässlicher Techniken erreicht werden. Mit zunehmender
Bewegungskonstanz stellt sich in der Regel auch eine zunehmende Bewe-
gungsökonomie ein.

5.9 Bewegungsharmonie

Dieses Bewegungsmerkmal ist analytisch kaum zu greifen, da es stark von den
persönlichen Vorlieben des Betrachters abhängt. Hinter der subjektiven Sichtweise verbirgt sich aber doch der Wunsch nach „vollkommener Arbeitsweise
unseres Nervensystems" (Meinel/Schnabel), der **optimalen Abstimmung
sämtlicher genannter Kriterien**.

Zusammenfassung

Bei der morphologischen Beschreibung von Bewegungen kann nach einem Katalog
mit folgenden Kriterien vorgegangen werden:
- Bewegungs**umfang:** räumliche Ausdehnung
- Bewegungs**tempo:** Gesamtdauer, Bewegungsfrequenz, Geschwindigkeit einzel-
  ner Körperteile
- Bewegungs**rhythmus:** zeitliches Verhältnis der Bewegungsdetails zueinander
- Bewegungs**stärke:** (optimaler) Krafteinsatz
- Bewegungs**kopplung:** Impulsübertragung, zeitlich gestaffelter Beginn von Be-
  wegungsphasen, Kopfsteuerung
- Bewegungs**fluss:** kontinuierlicher Krafteinsatz
- Bewegungs**präzision:** Genauigkeit bei gleichzeitig hoher Bewegungsschnellig-
  keit
- Bewegungs**konstanz:** Wiederholungsgenauigkeit
- Bewegungs**harmonie:** optimale Abstimmung sämtlicher genannter Kriterien

29. Bewegungskriterien

Eine künstlerische Darstellung von Bewegungen, etwa die Darstellung des Laufens durch einen Pantomimen, verfremdet die dargestellte Bewegung einerseits, bringt aber typische Aspekte deutlich zum Vorschein. Erläutern Sie, wie sich Bewegungen so in

- Bewegungsumfang,
- Bewegungstempo,
- Bewegungsrhythmus,
- Bewegungsstärke,
- Bewegungskopplung,
- Bewegungsfluss,
- Bewegungspräzision,
- Bewegungskonstanz

ändern können.

30. Bewegungskopplung

a) Vergleichen Sie die Kopfsteuerung bei den turnerischen Überschlagsbewegungen

- Handstützüberschlag vorwärts (Handstandüberschlag),
- Handstützüberschlag rückwärts (Flick-Flack),
- Salto vorwärts,
- Salto rückwärts.

b) Welche Schwierigkeiten hinsichtlich der Kopfsteuerung können auftreten, wenn Übungsverbindungen von Rollbewegungen und dem Handstützüberschlag vorwärts eingeübt werden?

31. Bewegungskopplung vs. Phasenverschmelzung

Stellen Sie Verbindungen zwischen den Begriffen „Phasenverschmelzung" und „Bewegungskopplung" her. Belegen Sie Ihre Überlegungen mit Beispielen aus dem Schwimmsport.

Biologisch-medizinische Grundlagen der Bewegungskoordination

„Bewegungskoordination" ist einer der vielschichtigsten Begriffe der Sportwissenschaft. Allgemein kann er folgendermaßen definiert werden:

> Unter Bewegungskoordination versteht man die Organisation von Bewegungen.

Der Begriff „Bewegungskoordination" umfasst zwei Komponenten, eine umweltbezogene äußere, die sich mit der sichtbaren Bewegung auseinandersetzt, und eine personenbezogene innere, die Motorik, die Funktionen des Organismus und der psychischen Steuerung im Blick behält.

6   Das Nervensystem

Eine gelungene Motorik ist besonders von der Leistungsfähigkeit des Nervensystems abhängig, das in folgende zwei Bereiche gegliedert ist:
- das **Zentrale Nervensystem** (ZNS): Gehirn und Rückenmark
- das **Periphere Nervensystem**: Nerven, die im Rückenmark entspringen und Muskeln und Organe des Körpers mit dem ZNS verbinden

Das Gehirn

Das Gehirn ist der im Kopf liegende Teil des ZNS. Es besteht aus dem Großhirn/Endhirn, dem Zwischenhirn, dem Kleinhirn und dem Hirnstamm.
Das Großhirn wird längs durch eine große Furche in zwei Hemisphären geteilt. Diese kooperieren permanent über den sogenannten Balken miteinander, setzen aber unterschiedliche Schwerpunkte in ihrer Arbeitsweise. Die linke Seite ist besonders für Lesen, Rechnen, Vernunft und Logik, Regeln und Gesetze, die Konzentrationsfähigkeit, die Analysefähigkeit und die genaue Betrachtung von Details zuständig, die rechte Seite für Raum- und Zeitempfinden, Körper- und Bildersprache, für Intuition, Gefühl, Kreativität und Spontanität, künstlerische Ausdrucksfähigkeiten, Spiel- und Risikobereitschaft und ganzheitliche Betrachtungsweisen.

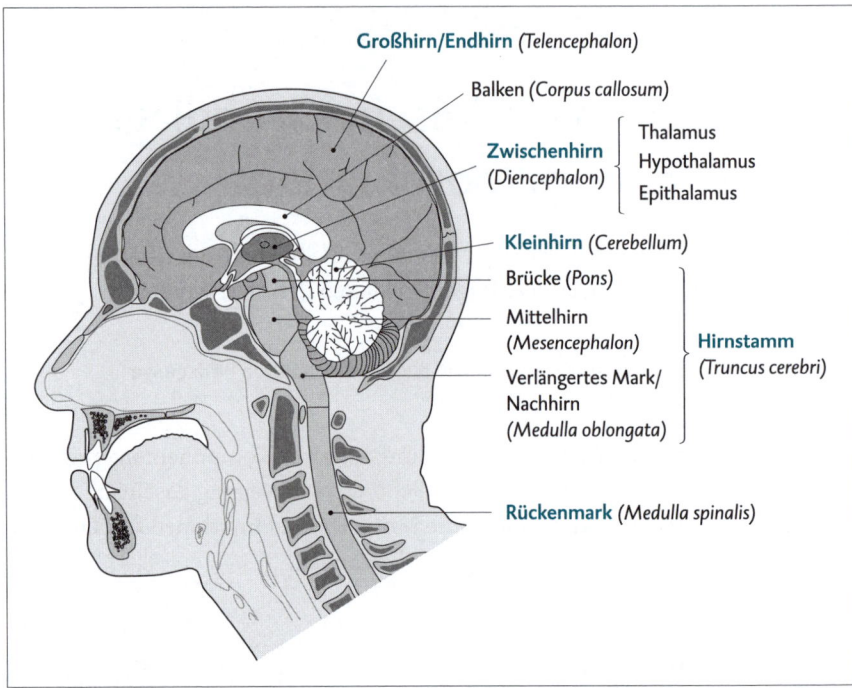

Abb. 66: Teile des Zentralen Nervensystems

Auf der Großhirnrinde (Cortex) befinden sich die sogenannten Rindenfelder. Ihnen können bestimmte Funktionen zugeordnet werden.

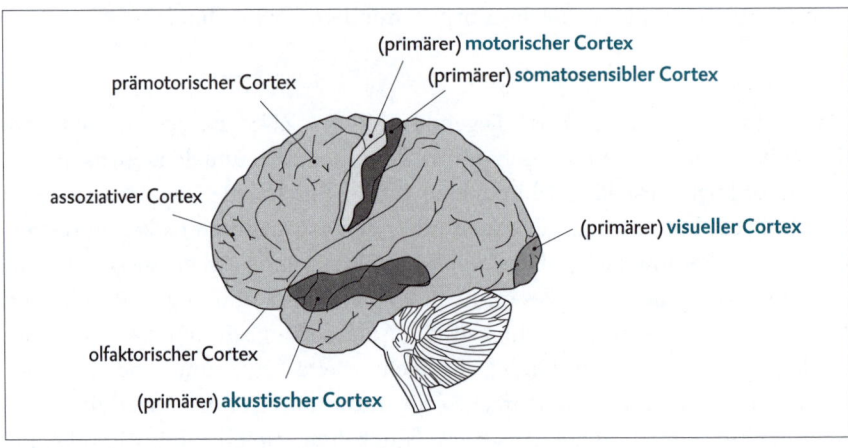

Abb. 67: Die wichtigsten Rindenfelder

Die Arbeitsteilung im Gehirn ist jedoch weniger strikt als die Grafik glauben macht. Es gibt zwar bestimmte Bereiche, in denen eine Aufgabe schwerpunktmäßig bewältigt wird, doch im Allgemeinen werden die Funktionen des Gehirns durch vielfältige Vernetzungen verschiedener Areale wahrgenommen.

Das Rückenmark

Ergänzend zu den vorigen anatomischen Abbildungen des Gehirns folgt hier noch eine optische Orientierung zum Verlauf der Nervenbahnen durch das Rückenmark. Je nachdem, ob die Bahnen zum Gehirn hin- oder von ihm wegführen, wird zwischen afferenten und efferenten Bahnen unterschieden.

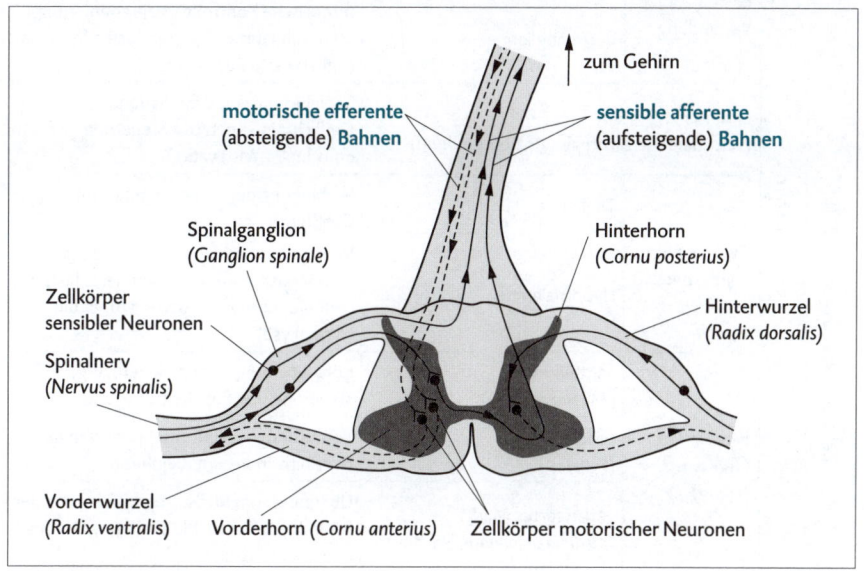

Abb. 68: Das Rückenmark

In den motorischen Vorderhornzellen des Rückenmarks entspringen die motorischen Nerven (Motoneuronen), die zu den Muskeln führen. Ein motorischer Nerv zusammen mit den von ihnen angesprochenen Muskelfasern wird als **motorische Einheit** bezeichnet

Aufgaben des Nervensystems

Die folgende Tabelle gibt eine Orientierung, welche Schwerpunkt-Aufgaben in welchen Arealen des Nervensystems erfüllt werden:

Teile des Nervensystems				Funktion
Zentrales Nervensystem (ZNS)	Gehirn	Großhirn/ Endhirn (Telencephalon) rechte/linke Hemisphäre Balken-Verbindung	Groß-hirnrinde (Cortex)	motorischer C. — willkürliche Bewegungssteuerung prämotorischer C. — Vorbereitung/Koppelung von Bewegungen akustischer C. — Hören visueller C. — Sehen somatosensibler C. — Fühlen olfaktorischer C. — Riechen assoziativer C. — Denken
			Basalganglien	motorische Kontrolle, Programmierung, Steuerung des extrapyramidalen Systems (unbewusste Bewegungen)
		Limbisches System (verschiedene Hirnregionen übergreifend)		Speicherung von Informationen, Gedächtnis, vegetative Steuerung, Emotionen, Motivation
		Zwischenhirn (Diencephalon)	Thalamus	Verbindung der Sinnesorgane zum Großhirn
			Hypothalamus	Wachen und Schlafen, Stoffwechsel, Temperaturempfinden, Schmerz, Tastsinn, Gefühle, Hormonsteuerung (über die Hypophyse)
		Hirnstamm (Truncus cerebri)	Mittelhirn (Mesencephalon)	Körperhaltung, Hören, Sehen, Augen-steuerung und Pupillenbewegung
			Brücke (Pons)	Vermittlung von Informationen von der Großhirnrinde zum Kleinhirn
			verlängertes Mark (medulla oblongata; Nachhirn)	Übergang zum Rückenmark, Kreuzung der Pyramidenbahnen, Blutkreislauf, Atmung, Schlucken, Erbrechen, Niesen
		Kleinhirn (Cerebellum)		Gleichgewicht, Muskelkoordination
	Rückenmark	Pyramidenbahnen		efferente Nervenbahnen vom Großhirn zu den motorischen Nerven; bewusste Bewegungen
		Sensible Bahnen		afferente Nervenbahnen von den peripheren Nerven zum Gehirn
		Bahnen des extrapyramidalen Systems		efferente Nervenbahnen vom Mittel- und Zwischenhirn zu den motorischen Nerven; automatisiert, unbewusste Bewegungen
periphere Nerven		afferente Nerven		Reize von der Peripherie über die Hinter-hörner des Rückenmarks zum ZNS
		efferente Nerven		Reize vom ZNS über die Vorderhörner des Rückenmarks zur Peripherie

Zusammenfassung

- Grundlage der menschlichen Bewegungen ist das Nervensystem, durch das Informationen aufgenommen und verarbeitet sowie Bewegungen gesteuert werden. Es besteht aus zwei Teilen, dem **Zentralen Nervensystem (ZNS)** und dem **Peripheren Nervensystem**.
- Das **Zentrale Nervensystem** umfasst Gehirn und Rückenmark:

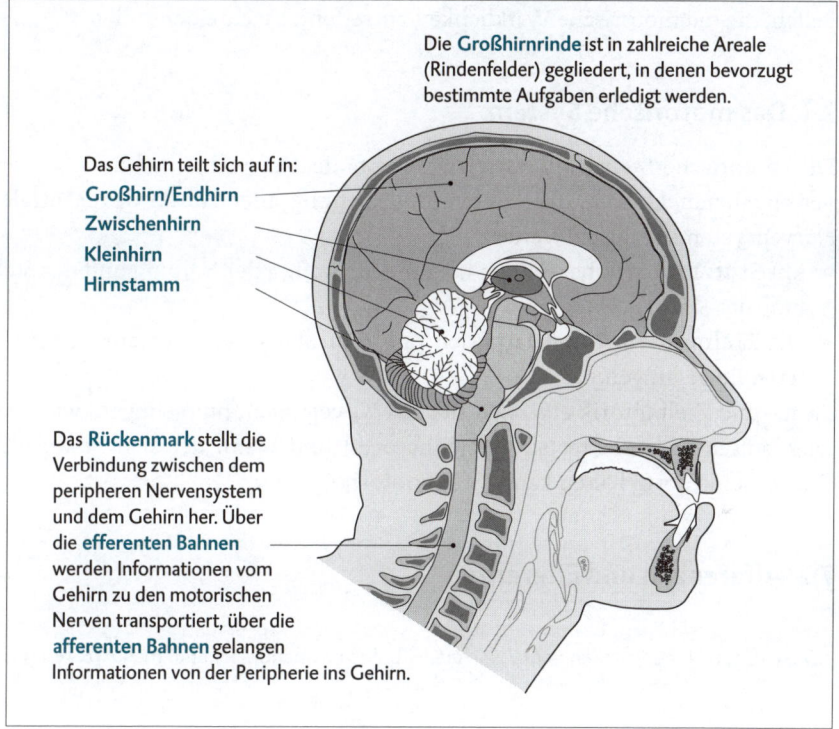

Die **Großhirnrinde** ist in zahlreiche Areale (Rindenfelder) gegliedert, in denen bevorzugt bestimmte Aufgaben erledigt werden.

Das Gehirn teilt sich auf in:
Großhirn/Endhirn
Zwischenhirn
Kleinhirn
Hirnstamm

Das **Rückenmark** stellt die Verbindung zwischen dem peripheren Nervensystem und dem Gehirn her. Über die **efferenten Bahnen** werden Informationen vom Gehirn zu den motorischen Nerven transportiert, über die **afferenten Bahnen** gelangen Informationen von der Peripherie ins Gehirn.

Abb. 69: Die Teile des Zentralen Nervensystems

gaben **32.** Vollziehen Sie anhand der Übersicht auf S. 92 nach, wie das Nervensystem ein bewusstes Strecken des Beines steuert.

7 Die motorische Steuerung

Während in den Kapiteln zur Biomechanik und zu den morphologisch-phänographischen Betrachtungsweisen eine Außensicht auf die Bewegungen eingenommen wurde, geht es in den folgenden Kapiteln um die Frage, wie man sich die Koordinationsarbeit von innen vorstellt. Die Motorik wird also als Resultat von Nerventätigkeit erklärt. Dabei wird einerseits auf die Neurophysiologie zurückgegriffen, andererseits aber behilft man sich auch mit Modellen, die die motorische Wirklichkeit zutreffend beschreiben sollen.

7.1 Das motorische System

Die motorische Steuerung hat zwei Hauptaufgaben wahrzunehmen, die auf verschiedenen Ebenen, aber unter Einbeziehung aller Areale des Zentralen Nervensystems realisiert werden.

- Mit **Stützmotorik** bezeichnet man die Steuerung der Haltung und der Stellung des Körpers im Raum.
- Die **Zielmotorik** beschäftigt sich mit vom Menschen nach außen gerichteten Bewegungen.

Stütz- und Zielmotorik ergänzen sich, da Bewegungen nur gelingen, wenn sie nach außen zielgerichtet sind (Zielmotorik) und wenn der sich bewegende Körper seine Form halten kann (Stützmotorik).

7.2 Afferenzen und Efferenzen

> Die von den Sinnesorganen dem ZNS zugeleiteten Informationen nennt man **Afferenzen**.

Afferenzen sind physikalische Reize auf das Nervensystem, typischerweise Licht, Schall oder Druck. Die Aufnahme solcher Signale wird als Sensorik bezeichnet.

Rezeptoren

Die aufnehmenden Stellen von Informationen sind Rezeptoren, die folgendermaßen kategorisiert werden können:

- **Propriozeptoren** liefern statico-dynamische und kinästhetische Informationen über den Halte- und Bewegungsapparat, z. B. zum Gleichgewicht, der Muskeldehnung und -spannung und der Lage und dem Bewegungszustand aller Körperteile.

Die Nervenbahnen der Propriozeptoren sind die sensiblen Nerven, deren Leitgeschwindigkeit und Übertragungskapazität höher sind als die zu anderen Rezeptoren gehörigen Nervenbahnen.

- **Interorezeptoren** nehmen Informationen zum Zustand der Organe auf. Wenn einem etwa das Herz vor Aufregung bis zum Halse schlägt und man das merkt, kommt die ursprüngliche Information dazu von Interorezeptoren.
- **Exterorezeptoren** liegen in der Haut und geben Informationen über Schmerzen, Tastergebnisse oder Temperatur weiter.
- **Telerezeptoren** vermitteln Informationen von außerhalb des Körpers, die zum Beispiel visueller, akustischer, gustatorischer oder olfaktiver Art sein können. 90 % der eingehenden Informationen stammen aus der visuellen Sensorik.

Analysatoren

Die wahrgenommenen physikalischen Signale sind in der Vorstellung dessen, der die Signale empfängt, keine Schall- oder Lichtwellen, sondern haben eine Bedeutung, wobei diese je nach Empfänger individuell sein kann. Das bedeutet, dass die eingehenden sensorischen Roh-Daten nicht nur empfangen, sondern weiter aufbereitet werden.

> **Analysatoren** arbeiten die von außen zum ZNS eingehenden, für die Bewegungserfassung wichtigen Informationen entsprechend ihrer sensorischen Eigenart auf.

Je nach Art der eingehenden Information werden folgende Analysatoren unterschieden:

- Durch den **kinästhetischen Analysator** sowie den **statico-dynamischen Analysator** werden die propriozeptiven Informationen kontrolliert.
- Der **visuelle Analysator** bereitet optische Informationen auf, die über die Augen aufgenommen werden.
- Der **akustische Analysator** erhält Informationen durch das Gehör. In diesen Bereich fällt besonders auch die Aufnahme von Sprache.
- Der **taktile Analysator** analysiert mechanische Reize wie etwa Druck auf der Haut.

Aufgrund ihrer besonderen Bedeutung für den Sport – ein Großteil der Informationen wird so aufgenommen – widmen sich die beiden folgenden Abschnitte vertiefend der visuellen und der kinästhetischen Informationsaufnahme.

Visuelle Afferenzen

Von Gegenständen ausgehende Lichtreize werden durch das Auge aufgenommen. Sie fallen durch die Pupille in das Auge ein und erzeugen auf der Netzhaut *(Retina)*, die die Innenwand des Auges auskleidet, ein auf dem Kopf stehendes Bild. Zwei Stellen der Netzhaut sind besonders erwähnenswert: Der sogenannte gelbe Fleck mit der Stelle des schärfsten Sehens *(Fovea)*, wo also am besten Farben und Details wahrgenommen werden können, und die *Papille*, die Stelle, wo die Sehnervenfasern das Auge verlassen, und wo man aufgrund des Fehlens von Lichtrezeptoren blind ist. Dass man diese Blindheit im Regelfall nicht wahrnimmt, liegt daran, dass einerseits der Lichteinfall in beide Augen niemals gleichzeitig beide blinde Flecke trifft, und dass andererseits das visuelle System Bilder ergänzt.

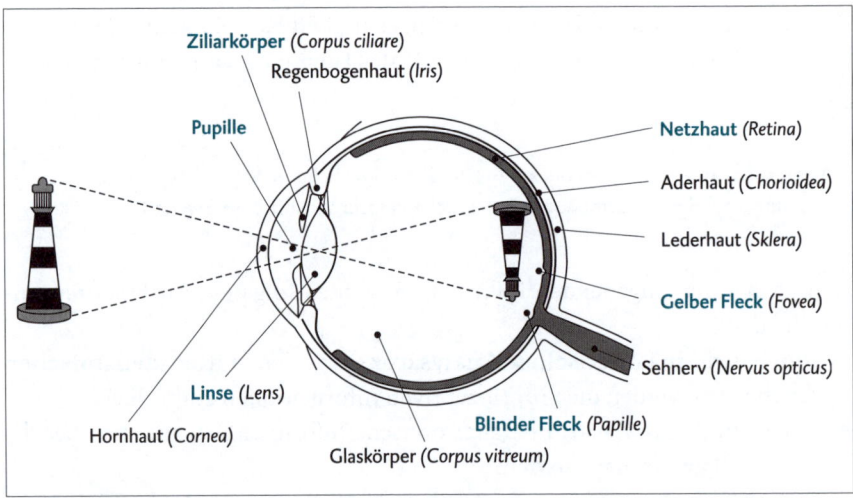

Abb. 70: Das Auge

Wegen ihrer scharfen Sehfähigkeit und ihrer geringen Abdeckung des gesamten Gesichtsfeldes von nur etwa 2° von insgesamt rund 200° ist die *Fovea* der gesuchte Punkt der visuellen Aufmerksamkeit. Einige grundsätzliche Einstellungen berücksichtigen diesen knappen Bereich des scharfen Sehens besonders:

- Der ringförmige Ziliarmuskel, der über Bänder an die elastische Linse angreift, kann die Form und damit die Brennweite der Linse so beeinflussen, dass das Bild wahlweise auf Gegenstände in kurzer bzw. in langer Distanz scharf eingestellt werden kann. Der Mechanismus ist dort so konstruiert, dass bei kontrahiertem Ziliarmuskel die Bänder zur Linse erschlafft sind und dadurch die Linse eine stärkere Wölbung erfährt, also für das Sehen auf kurze Distanz eingestellt (akkomodiert) ist und umgekehrt.
- Auch das ruhige Betrachten eines größeren Gegenstandes ist im Bereich der Augen von großer Aktivität begleitet. Nacheinander werden interessierende Detailpunkte des Objektes in den Bereich der besonderen Sehfähigkeiten des gelben Flecks und damit der *Fovea* gerückt. Dabei wird ein Punkt für etwa 0,2 bis 0,6 Sekunden fixiert, dann wird schnell und ruckartig zu einem nächsten attraktiven Punkt gesprungen. Diese typischen ruckartigen Augenbewegungen nennt man Sakkaden. Die Häufigkeit der Sakkaden steigt bei Betrachtung bewegter Gegenstände.
- Bewegungen werden durch zwei verschiedene Mechanismen gesehen. Einmal wird als Bewegung interpretiert, wenn sich bei feststehendem Auge ein Bild auf der Retina bewegt oder seine Größe verändert, ein andermal, wenn das Bild auf der Retina zwar am selben Platz verbleibt, aber nur durch Augenverfolgung dort gehalten werden kann.

Am Rande des Gesichtsfeldes, also in den Bereichen der Retina, die weit vom gelben Fleck entfernt sind, kann man keine Bewegungen erkennen. Jedoch löst ein sich in der Peripherie des Gesichtsfeldes bewegendes Objekt einen Reflex aus, der die Augen so drehen lässt, dass sich das Objekt im zentralen Gesichtsfeld wiederfindet.

Kinästhetische Afferenzen

Afferente kinästhetische Informationen werden folgendermaßen zum ZNS übertragen:

- In den Hinterstrangbahnen werden Daten zur Propriozeption – im Großen und Ganzen „Hintergrundinformationen", z. B. zur Stellung der Gelenke, der Länge sowie Spannung der Muskeln und zu weiteren feinen Tast- und Berührungsempfindungen, zum Thalamus und Kleinhirn übertragen. Vordringliche, grobe Informationen zu Schmerz, Temperatur, sowie Druck- und Tastempfindungen sind dagegen der Übertragung durch die Vorderseitenstrangbahnen vorbehalten.
- In der Großhirnrinde werden die eingehenden Informationen in spezialisierten Bereichen somatotrop angeordnet, das heißt, benachbarte Körperregionen sind auch im Gehirn benachbart abgebildet. Allerdings stimmen

die Größenverhältnisse nicht überein. Feinmotorisch orientierte Bereiche wie die Hände oder das Gesicht benötigen wesentlich mehr Speicherplatz als etwa die vergleichsweise grobmotorischen Beine. Bildet man den Körper den Größenverhältnissen im somatosensorischen Feld des Gehirns, also dem Bereich des Körpergefühls, entsprechend ab, ergibt sich ein Zerrbild des Körpers, der sensorische Homunculus.

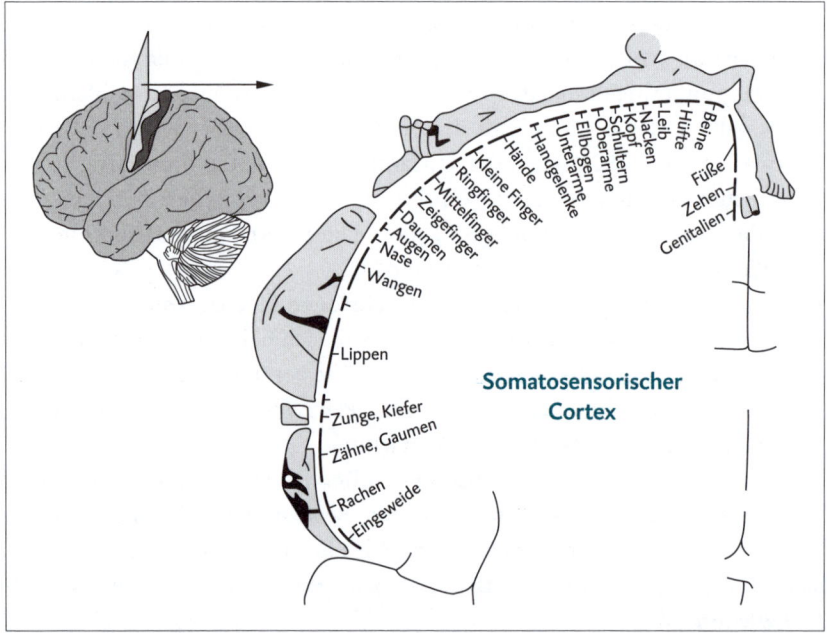

Abb. 71: Der sensorische Homunculus

Efferenzen

Betrachtet man den umgekehrten Nerven-Weg, also die Informationsübermittlung vom Zentralen Nervensystem zu den Organen des Körpers, spricht man von Efferenzen. Man unterscheidet folgende Arten von Efferenzen (Bewegungsantworten):

- **Lernantworten** lösen willkürlich durch das Großhirn gesteuerte Bewegungen aus.
- **Sofortantworten** sind Efferenzen, die nicht auf der obersten Bewusstseinsebene gesteuert werden, aber erlernte Bewegungen auslösen. Unter Sofortantworten fallen automatisierte Bewegungen, unzählige Male ausgeführte Bewegungstechniken wie das Gehen. Unter Stresseinfluss wird die Steuerung eigentlich automatisierter Bewegungen oft ins Bewusstsein zu-

rückgenommen, wobei sie – eigentlich unverständlich – misslingen können. Das Gehen auf einem schmalen Träger in großer Höhe mag dafür ebenso ein Beispiel sein wie das Verwerfen eines spielentscheidenden Freiwurfs im Basketball durch einen sonst fast perfekten Freiwurf-Schützen.

- **Bedingte Reflexantworten** sind Efferenzen, die unwillkürliche, aber erlernte Reaktionen der Motorik auf Reize auslösen, welche unter Einbeziehung der Großhirnrinde geschaltet werden, weil sie an das Gedächtnis gebunden sind. Das klassische Beispiel für bedingte Reflexantworten ist der Pawlowsche Hund. Dieser hat gelernt, dass nach einem Signal Futter zu erwarten ist. Ertönt das Signal, dann setzt bei ihm verstärkter Speichelfluss ein, unabhängig davon, ob es wirklich Futter gibt oder nicht. Im Sport kann man Körperreaktionen eines Sportlers vor dem Start, z. B. einen erhöhten Puls als bedingte Reflexe interpretieren.

- **Unbedingte Reflexantworten** sind Efferenzen, die unwillkürliche, angeborene motorische Reaktionen auslösen. Unbedingte Reflexantworten sind z. B. der Kniesehnenreflex oder das Schließen des Auges bei Berührung durch einen Fremdkörper.

Im motorischen Feld des Großhirns finden die Efferenzen ähnlich wie die Afferenzen im somatosensorischen Feld ein somatotropes Abbild (S. 98). Die Veranschaulichung des efferenten Abbildes heißt motorischer Homunculus.

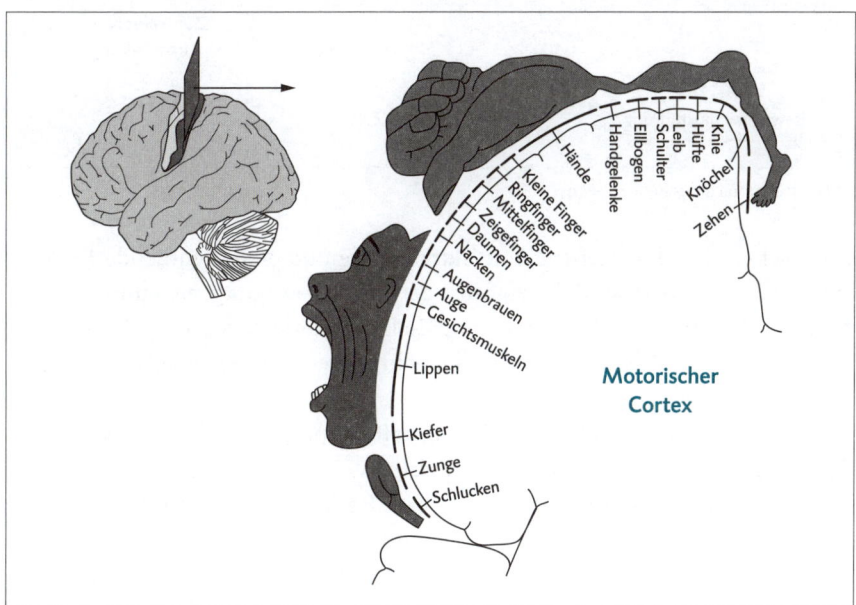

Abb. 72: Der motorische Homunculus

Verfolgt man den Weg motorischer Efferenzen aus dem Zentralen Nerven-system weiter, entdeckt man, dass sich im Hirnstamm die Nervenbahnen zur bewussten motorischen Steuerung, die Pyramidenbahnen, kreuzen, das heißt, dass die linke Gehirnhälfte die rechte Körperseite steuert und umgekehrt. Linkshändigkeit beruht also auf einem Schwerpunkt der Steuerung durch die rechte Gehirnhälfte.

7.3 Reflexe

Reflexe sind schnelle, stereotype, unwillkürliche Reaktionen des Nerv-Mus-kelsystems auf Reize. Man unterscheidet „Reine" **Reflexe**, die angeboren sind, und **reflexartige Reaktionen**, die zwar ebenfalls unwillkürlich gesteuert wer-den, aber erlernt sind. Reflexe und reflexartige Reaktionen werden oft direkt spinal, also über das Rückenmark ausgelöst. Die Mehrzahl der Reflexe und reflexartigen Reaktionen benötigt aber neben den spinalen Bereichen auch supraspinale Areale, also Gegenden des ZNS oberhalb des Rückenmarks. Das Schema eines Reflexbogens wird in der folgenden Abb. dargestellt:

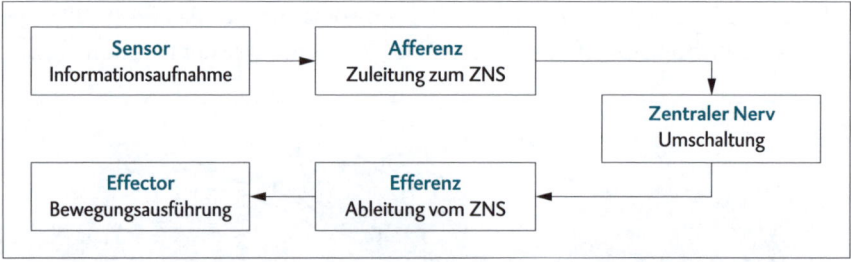

Abb. 73: Schema eines Reflexbogens

Zu beachten ist, dass Reflexe eine aktivierende und eine hemmende Efferenz aussenden. Aktiviert wird der Agonist der Reflexbewegung, gehemmt der An-tagonist. Ist etwa die Beinstreckung Ziel der Reflexbewegung, werden die beinstreckenden Muskeln aktiviert, die Beinbeuger erfahren eine Hemmung.

Eigenreflexe (monosynaptische Dehnungsreflexe, propriozeptive Reflexe)
Eigenreflexe lösen ohne Steuerung durch das Bewusstsein innerhalb von 30 bis 50 ms eine stereotype, nicht variierbare Reaktion aus, die nicht willentlich unterdrückt werden kann. Die übergeordnete Funktion eines Eigenreflexes besteht in der unbewussten Konstanthaltung der Muskellänge einzelner Mus-keln.

Der Schaltkreis eines Eigenreflexes nimmt Informationen über die Muskelspindeln und die Golgi-Sehnenorgane auf. Muskelspindeln sind spezielle Muskelfasern, welche feststellen, wie stark der entsprechende Muskel gerade gedehnt ist. Die Golgi-Sehnenorgane messen, wie stark der Muskel gerade gespannt ist. Diese Informationen werden über Typ-Ia-Nervenfasern dem Rückenmark zugeleitet. Die Schnelligkeit des Eigenreflexes beruht darauf, dass das eingehende Signal unmittelbar im Rückenmark nur einmal von afferent auf efferent umgeschaltet wird. Die Bezeichnung „monosynaptisch" wird so verständlich, denn es wird nur eine Synapse, also nur eine Umschalt-Verbindung von einer afferenten zu einer efferenten Nervenfaser genützt. Die Efferenz übernimmt das Axon eines motorischen Nervs (Motoneuron), der den ausführenden Muskel innerviert. Da der auslösende Reiz sensorisch von dem Organ, dem Muskel also, aufgenommen wird, wo sich auch die Efferenz hinwendet, nennt man monosynaptische Reflexe auch „Eigenreflex" oder „propriozeptiver Reflex". Ein Eigenreflex hat also Rückkopplungscharakter. Die obige Reflexbogendarstellung übersetzt auf die jetzige Situation zeigt sich beispielsweise so:

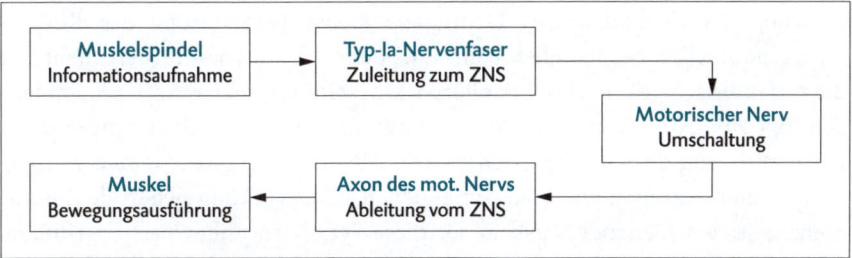

Abb. 74: Schema bei Eigenreflexen

Ein typischer monosynaptischer Reflex ist der Kniesehnen-Reflex. Ganz wichtige, wenn auch oft unbemerkte Beiträge liefern Eigenreflexe zur Bewahrung der Körperhaltung. Allerdings sind Eigenreflexe auf einen einzelnen Muskel und dessen zugehörige Nerven beschränkt und stellen damit lokale Ereignisse dar, die im komplexen Anforderungsbereich zur Abstimmung der Körperhaltung nur Zulieferer-Dienste übernehmen.

Fremdreflexe (polysynaptische Reflexe)

Fremdreflexe tragen ihren Namen, weil deren Efferenz an einer anderen Stelle Wirkungen auslöst als dort, wo der auslösende Reiz aufgenommen wird. Polysynaptisch heißen solche Reflexe deshalb, weil sie nicht einfach über eine einzige Synapse geschaltet sind, sondern über mehrere Verbindungen im Nervensystem, sogenannte Interneurone, laufen. Die komplexere Verschaltung ermöglicht den Eingriff höherer Ebenen des Nervensystems auf den Reflexeffekt. Die Wirkung eines Fremdreflexes ist nicht auf einen Muskel beschränkt, sondern komplex. Die Stärke der Reflexwirkung ist ebenso wie seine Reflexzeit von der Stärke des Reizes abhängig. Typische Fremdreflexe sind z. B. das Wegziehen eines Körperteils, wenn ein plötzlicher Schmerz auftritt, etwa bei Berührung eines heißen Gegenstandes oder beim barfüßigen Tritt auf eine Spitze, wo der Reiz über die Tast- und Schmerzrezeptoren aufgenommen wird. Der Effekt des Reflexes besteht darin, dass das schmerzende Körperteil weggezogen wird, was meistens durch ein Beugen der betroffenen Extremität erreicht wird. Entsprechend heißen die Fremdreflexe auch Beuge- und Schutzreflexe. Weitere Reflexe dieser Art sind der Lidschlussreflex bei Reizung der Hornhaut des Auges, der Hustenreflex bei Reizung der Atemwege oder der Schluck- bzw. Würgreflex bei Berühren des hinteren Rachens.

Long-Loop-Reflexe (transkortikale Dehnungsreflexe)

Long-Loop-Reflexe ergänzen und koordinieren die Eigenreflexe bei der Bewahrung der Körperhaltung. Denn jede kleine Veränderung des Körperschwerpunktes, sei es lediglich beim Ein- oder Ausatmen, erfordert nicht nur die reflektorische Kontraktion isolierter Muskeln durch Eigenreflexe, sondern benötigt eine Anpassung und Abstimmung der Rumpf- und Beinmuskulatur zur Bewahrung des Gleichgewichtes. Die Abstimmung dieser feinen Körperreaktionen nennt man posturale Synergien, d. h. die Haltung sichernde Zusammenarbeit verschiedener Muskeln. Da diese Synergien unbewusst stattfinden, führt man sie unter dem Begriff Reflex. Andererseits aber sind posturale Synergien erlernte Vorgänge, was dem Begriff „Reflex" zuwiderläuft. Da die Reaktionszeiten bis zur Einstellung einer posturalen Synergie mit 50 bis 80 ms knapp doppelt so lange zu veranschlagen sind wie die für Eigenreflexe, muss man von einer Verarbeitung in Ebenen des Nervensystems oberhalb des Rückenmarks (supraspinal) ausgehen. Die Regionen des Hirnstamms übernehmen hier zentrale Aufgaben. Die entsprechend langen Nerven-Schleifen, die durch den motorischen Kortex (transkortikal) führen, rechtfertigen den Namen Long-Loop-Reflex. Auffällig ist, dass Long-Loop-Reflexe auch per Antizipation, also in Erwartung einer Störung des Körpergleichgewichts ausgelöst werden können.

Rhythmische Bewegungsmuster

Rhythmische Bewegungsmuster wie Gehen, Laufen oder Kauen sind gekennzeichnet durch zyklische Bewegungen, also durch häufige Wiederholungen ähnlicher oder gleicher Bewegungsphasen in Folge. Eine rhythmische Handlungskette wird willkürlich begonnen und beendet. Sie ist außerdem willentlich in ihrem Ablauf steuerbar. Die auszuführenden Bewegungen sind erlernt. Trotzdem haben rhythmische Bewegungsmuster auch Eigenschaften von Reflexen, denn sie sind allein über das Rückenmark gesteuert. Neugeborene etwa führen Gehschritte aus, wenn sie mit den Füßen leicht über eine Unterlage gezogen werden, ohne jedoch wirklich gehen zu können. Die rhythmische Bewegungsgestaltung ist nämlich von Geburt an reflektorisch angelegt. Die nötige Körperstabilisierung geht den Säuglingen aber noch ab, weil sie nicht reflektorisch über das Rückenmark, sondern erlernt über den Hirnstamm gesteuert wird.

Motorische Sofortantworten

Besonders gut eingeübte erlernte Bewegungen, für die klar ist, dass sie nach Auslösung durch einen spezifischen Reiz eingefordert werden, weisen eine recht kurze Reaktionszeit von 80 bis 120 ms auf. Typisches Beispiel ist der Start beim Sprint: Ein Sprinter hat genau eine Bewegungsantwort auf das Signal des Startschusses trainiert und durch häufige Wiederholungen die Abfolge Startschuss/Start genau verinnerlicht. Bei einer solchen Anforderung werden zwar alle Sparten des motorischen Systems in Anspruch genommen, doch erweist es sich als reaktionsbeschleunigend, dass keine Auswahl aus mehreren Reaktionsalternativen nötig ist.

Willkürbewegungen

Willkürbewegungen haben einen Zweck, besitzen ein Ziel, sind erlernt und durch Wiederholung verbesserbar. Die Reaktionszeiten nach dem auslösenden Reiz liegen bei 120 bis 180 ms; diese Zeitspanne bis zur Auslösung einer Willkürbewegung nennt man einfache Reaktionszeit. Vergleicht man diese Reaktionszeiten mit den früheren, schließt man, dass auf dieser Ebene der Bewegungssteuerung das komplette motorische System einbezogen und eingesetzt wird. Willkürbewegungen benötigen somit bis zu ihrer Ausführung deshalb mehr Zeit als motorische Sofortantworten, weil die Bewegungsantwort auf einen Reiz nicht nur eine Möglichkeit offen lässt, sondern aus mehreren Alternativen ausgewählt wird.

Zusammenfassung

- Die motorische Steuerung hat zwei Hauptaufgaben, wobei die eine nach innen, die andere nach außen gerichtet ist: **Stützmotorik** (Haltung und Stellung des Körpers) und **Zielmotorik** (nach außen gerichtete Bewegungen).
- Im ZNS werden sowohl Informationen von außen aufgenommen als auch nach außen gesendet:

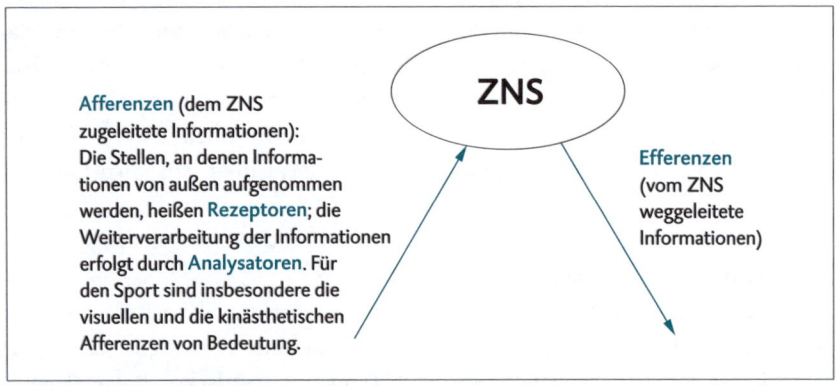

Afferenzen (dem ZNS zugeleitete Informationen):
Die Stellen, an denen Informationen von außen aufgenommen werden, heißen **Rezeptoren**; die Weiterverarbeitung der Informationen erfolgt durch **Analysatoren**. Für den Sport sind insbesondere die visuellen und die kinästhetischen Afferenzen von Bedeutung.

Efferenzen (vom ZNS weggeleitete Informationen)

Abb. 75: Afferenzen und Efferenzen

- Unwillkürliche Reaktionen des Körpers auf Reize werden als Reflexe bezeichnet. Die „reinen" Reflexe sind angeboren, reflexartige Reaktionen erlernt. Je nach Art der Reaktion wird unterschieden zwischen:
Eigenreflexe: unbewusst, auf einzelne Muskeln beschränkt, lokale Ereignisse
Fremdreflexe: unbewusst, Wirkung an einer anderen Stelle als dort, wo der Reiz aufgenommen wurde
Long-Loop-Reflexe: erlernt, ergänzen und koordinieren die Eigenreflexe
Rhythmische Bewegungsmuster: bewusst begonnen und beendet, aber allein über das Rückenmark gesteuert; rhythmische Bewegungsgestaltung angeboren
Motorische Sofortantworten: gut erlernte Reaktionen
Willkürbewegungen: erlernt

Aufgaben 33. Ordnen Sie typische Bewegungen in einem Boxkampf reflektorischen und anderen Arten der Bewegungssteuerung zu.

Bewegungshandlungen

Die elementarste im Bereich der Sportwissenschaften verwendete Definition der Bewegungshandlung stammt von Hacker:

> Handlung ist „die kleinste psychologische Einheit der willentlich gesteuerten Tätigkeit. Die Abgrenzung dieser Handlung erfolgt durch das bewusste Ziel, das die mit einem Motiv verbundene Vorwegnahme des Ergebnisses darstellt.“

Bewegungshandlungen haben einen **Beginn**, einen **Verlauf** und ein **Ende** und verfolgen ein eigenständiges **Ziel**. Nach der Definition von Hacker sind sportliche Bewegungsäußerungen wie der Pass zum Mitspieler, eine Rolle vorwärts oder ein Startsprung Bewegungshandlungen. Keine Handlungen sind z. B. das Beinstrecken beim Kniesehnenreflex, ein Eigentor nach versehentlichem Umlenken des Balls oder das Stolpern nach einem Stoß, denn diese Reflexe bzw. Bewegungen werden nicht willentlich ausgelöst.

Regulationsebenen

Die Planung und Realisierung einer Bewegungshandlung erfolgt nach Hacker auf drei **Regulationsebenen**, die sich im Grad des Bewusstseins unterscheiden.

- **Sensomotorische Regulationsebene:** Auf dieser Ebene werden elementare kleinste einfache Bewegungen, deren Muster im Zentralen Nervensystem abgelegt sind, unbewusst und nicht beeinflussbar reguliert. Ein Beispiel ist etwa die Armstreckung beim Boxschlag, die, einmal ausgelöst, nicht weiter bewusst korrigiert wird.
- **Perzeptiv-begriffliche Regulationsebene:** Um eine Bewegung optimal realisieren zu können, muss ein Sportler im Vorfeld eine genaue Vorstellung von ihr haben. Erst durch eine umfassende Verbindung optischer Abbilder mit kinästhetischen Erfahrungen oder auch sprachlichen Codierungen der Bewegung ergibt sich offensichtlich eine Speicherung der Bewegungen.
Die perzeptiv-begriffliche Regulationsebene arbeitet enger am Bewusstsein als die sensomotorische Ebene. Die Informationen dieser Ebene sind bewusst, müssen aber nicht immer im Bewusstsein aktiviert werden, um eine Bewegung oder Bewegungsfolge erfolgreich zu absolvieren. Für eine Bewegung werden Komplexbausteine, sogenannte Schemata ausgewählt.

- **Kognitiv-intellektuelle Regulationsebene:** Auf dieser Ebene werden sportmotorische Handlungen durch das Bewusstsein entworfen. Bewegungen werden in ihren Einzelheiten durchdacht, analysiert, passende Einzelstücke werden bewusst zusammengesetzt, synthetisiert, Handlungspläne werden entworfen. Dabei ist zu beachten, dass ein Können von Bewegungen nicht unbedingt an Wissen gebunden ist und dass Wissen über Bewegungen nicht unbedingt dazu führt, sein Können zu verbessern. Es gibt also Spitzensportler, die nicht recht sagen können, wie sie ihre meisterhaft vorgeführten Komplex-Bewegungen koordinieren. Andererseits gibt es Personen, die sehr viel über gewisse Bewegungsfolgen wissen, aber weit davon entfernt sind, sie zu beherrschen.

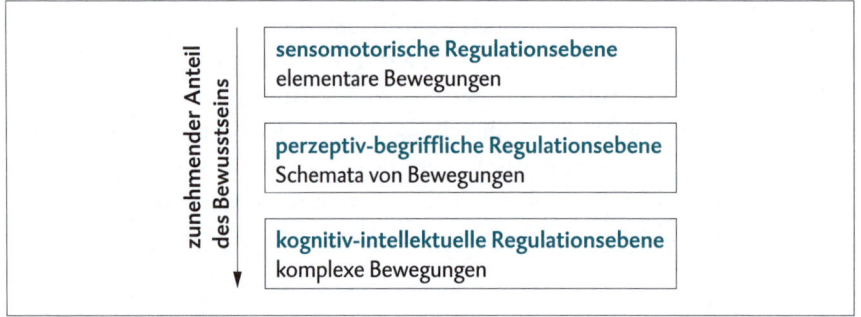

Abb. 76: Regulationsebenen (nach Hacker)

8 Bewegungsmodelle und Kontrolltheorien

Zur Beschreibung und Erklärung von Bewegungshandlungen gibt es verschiedene Modelle.

8.1 Phasenmodell einer Bewegungshandlung

Ein sehr einfaches Modell unterscheidet fünf Abschnitte, die aufeinander aufbauen und sich gegenseitig beeinflussen.
- **Antriebsteil:** Zu Beginn stehen die Motive des Sportlers (Interessen, Bedürfnisse, Ängste usw.), die in der Summe seine Motivation ergeben.
- **Orientierungsteil:** Ein oder mehrere Handlungspläne werden entworfen.
- **Entscheidungsteil:** Unter Berücksichtigung verschiedener Faktoren (eigene Leistungsfähigkeit, Gegner, Zielsetzung, äußere Umstände) erfolgt die Entscheidung für einen bestimmten Handlungsplan.

- **Ausführungsteil:** Der ausgewählte Handlungsplan wird in die Tat umgesetzt. Dies geschieht unter ständiger Kontrolle des Sportlers, der die Teilergebnisse mit dem gesetzten Ziel vergleicht und darauf reagiert.
- **Ergebnisteil:** Durch Eigen- und/oder Fremdanalyse wird die Handlung und das Ergebnis analysiert und bewertet.

Nach diesem Modell spielt sich der erste Teil auf der emotionalen Ebene ab. Beim zweiten und dritten kommt eine kognitive Komponente hinzu, die schließlich ab dem vierten durch die sensomotorische ergänzt wird, so dass am Schluss alle Ebenen beteiligt sind. Alle Ebenen der Handlung sind an einem **Bewegungsziel** orientiert.

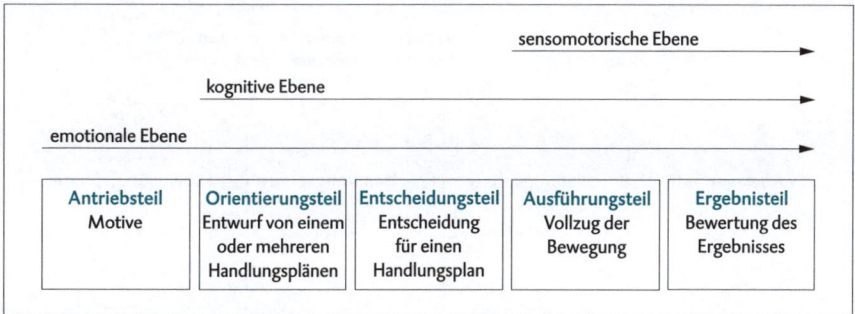

Abb. 77: Phasen einer Bewegungshandlung

8.2 Rubikonmodell der Handlungsphasen

Vier Phasen werden bei dem aus der Psychologie stammenden Rubikon-Handlungsmodell von Heckhausen und Gollwitzer unterschieden. Der Name „Rubikon" stammt vom italienischen Fluss Rubikon, dessen Überschreitung durch Cäsar im Jahre 49 vor Christus eine Kriegserklärung an Rom bedeutete. So wie damals gibt es auch bei einer sportlichen Handlung nach der Auslösung kein Zurück mehr. Folgende Phasen werden unterschieden:

- **Abwägephase:** Zunächst werden verschiedene Handlungsalternativen miteinander abgewogen. Es geht in erster Linie um die Frage, was man machen und erreichen möchte. In dem Moment, in dem eine Entscheidung fällt (die Intention also gebildet wird), wird der „Rubikon" überschritten.
- **Planungsphase:** In dieser Phase wird über die Frage der Umsetzung nachgedacht, also wie die Ziele erreicht werden können.
- **Handlungsphase:** Beginnt man zu handeln (wird die Intention initiiert) tritt man in die Handlungsphase ein (die Intention wird realisiert). Die Handlung wird umgesetzt.

- **Bewertungsphase:** Auf das Ende der Handlung (die Intention wird des-
aktiviert) folgt die Bewertungsphase. Die Handlung und ihre Ergebnisse
werden analysiert und mit der ursprünglichen Zielsetzung verglichen und
Gründe für den Erfolg bzw. Misserfolg gesucht.

In der ersten und letzten Phase überwiegt die theoretische (aber durchaus auch
emotional geprägte) Auseinandersetzung mit den Zielen und Handlungen. In
der Planungs- und Handlungsphase hingegen geht es um die konkrete Handlung und deren Umsetzung. Daher werden zwei Bewusstseinslagen unterschieden, die motivationale (die Motivation betreffend) und die volitionale
(den Willen betreffend).

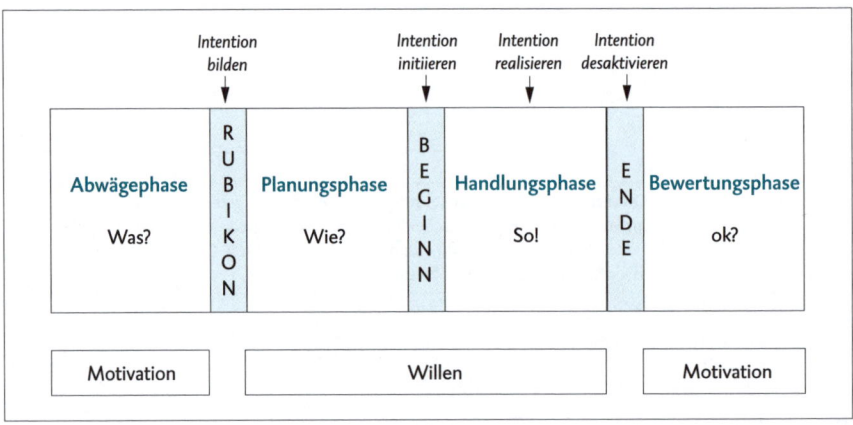

Abb. 78: Rubikonmodell (nach Heckhausen und Gollwitzer)

8.3 Open-loop- und Closed-loop-Kontrolle

Bewegungen können grundsätzlich auch danach unterschieden werden, ob sie
in ihrem Verlauf ständig kontrollierbar sind oder nicht.

Open-loop-gesteuerte Bewegungen

In ihrem Ablauf nicht beeinflussbar sind die kleinsten Handlungseinheiten
nach Hacker, aber auch besonders schnell ausgeführte zielgerichtete Bewegungsfolgen. Letztere bezeichnet man als offene Steuerketten oder open-loop-
gesteuerte Bewegungen. Ein besonderes Kennzeichen open-loop-gesteuerter
Bewegungen ist damit, dass deren Erfolg oder Misserfolg erst nach Abschluss
der Bewegungsphase erfahrbar ist. Der Pass beim Basketball oder der Schmetterschlag beim Volleyball sind typische open-loop-gesteuerte Beispiele. Die
Bewegungshandlung läuft selbst dann ab, wenn man noch, kurz bevor der Ball

die Hand verlässt, bemerkt, dass die Aktion das gewünschte Spielziel nicht erreichen wird. Open-loop-gesteuerte Bewegungen sind also vor Bewegungsbeginn festgelegt, das Ergebnis muss nicht mit dem ursprünglichen Ziel der Bewegung übereinstimmen.

Closed-loop-gesteuerte Bewegungen

Systeme mit laufender Kontrolle und möglichem korrigierenden Eingriff werden als **Regelkreise** dargestellt, als sogenannte Closed-loop-Modelle oder
kybernetische Modelle. Ihre Eigenart ist – im Gegensatz zu den Open-loop-
Modellen –, dass sie nicht beginnen, nicht enden, sondern dass sich alle beteiligten Instanzen in einem gegenseitigen Wechselspiel befinden. Ändert sich
eine Komponente des Regelkreises, hat dies Auswirkungen auf die anderen,
deren Anpassung dann wieder auf die zuerst genannte Komponente zurück-
wirken mag, welche sich dann letztlich selbst beeinflusst. Closed-loop-Modelle passen sowohl auf die unbewusst als auch auf die bewusst gesteuerte
Koordination:

- **Unbewusst** läuft die reflektorisch gesteuerte Koordination ab. So kann z. B.
  ein solcher Regelkreis bei der Kontrolle der Muskellänge aussehen:

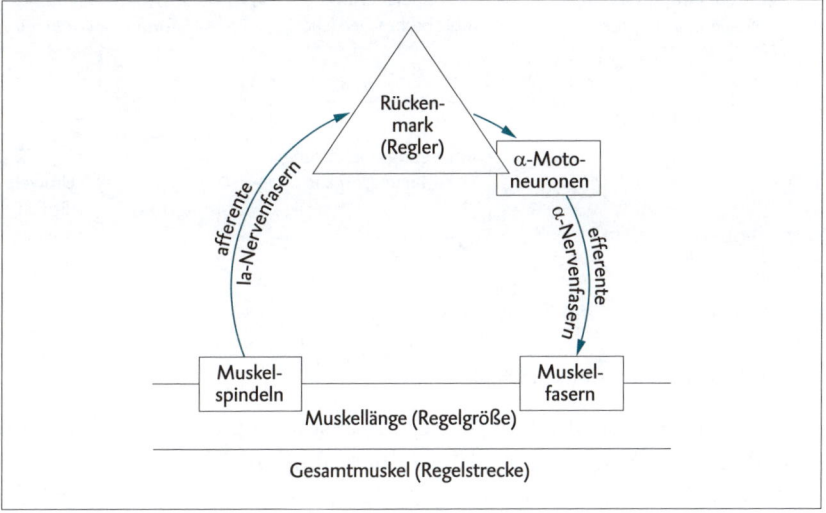

Abb. 79: Regelkreis zur Kontrolle der Muskellänge

Der Regelkreislauf besteht aus einer Regelstrecke (= Regelort), hier dem Ge-
samtmuskel, einer Regelgröße, hier der Muskellänge, und einem Regler,
hier dem Rückenmark. Der Regler hat einen „Soll-Wert" der Regelgröße gespeichert. Weicht aufgrund einer von außen kommenden Störgröße der

„Ist-Wert" von diesem „Soll-Wert" ab, kommt es zu einer Regulierung. Die im Muskel sitzenden Muskelspindeln geben die Information über den „Ist-Wert" mittels der afferenten Ia-Nervenfasern an das Rückenmark weiter. Dieses schickt über die α-Motoneuronen und die davon ausgehenden efferenten α-Fasern einen Befehl an die Muskelfasern, den „Soll-Wert" wiederherzustellen.

- Für **bewusst** laufende Bewegungskoordination hat Schnabel ein komplexeres Regelkreismodell entworfen:

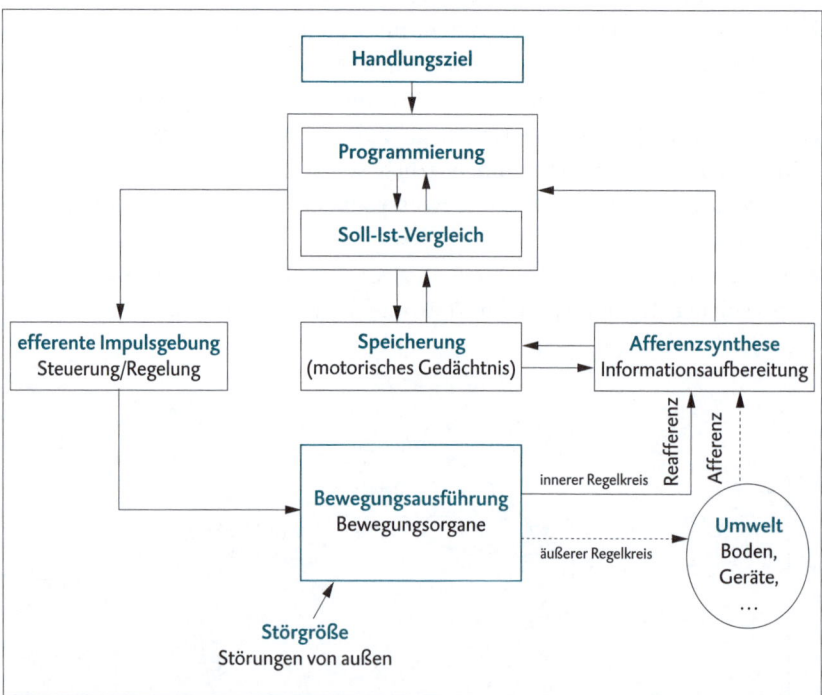

Abb. 80: Regelkreismodell (nach Schnabel)

Im Schnabel-Modell ist die Bewegungsausführung die zu regelnde Größe und das Handlungsziel die höchste Kontrollinstanz. Das Modell unterscheidet zwischen einem inneren Regelkreis, der die propriozeptiven kinästhetischen und statico-dynamischen Sinnesinformationen erfasst und einem äußeren Regelkreis, wo über die optischen und akustischen Sinne Informationen von außen aufgenommen werden.

Unter **Reafferenz** versteht man eine afferente Information, die dem Zentralen Nervensystem mitteilt, wie eine gerade ausgelöste Bewegung verläuft. Reafferenzen sind damit ein wichtiges konstituierendes Merkmal bewusster Bewegungskontrolle und grenzen somit das Closed-loop-Modell vom Open-loop-Modell ab. Den Mechanismus einer Reafferenz stellt man sich so vor: Vor dem Durchführen einer Bewegung wird eine Kopie der beabsichtigten Bewegungsfolge gespeichert (Efferenzkopie), sodass, wenn etwa durch Signale von den Muskelspindeln Rückmeldungen zur Bewegungsausführung eintreffen, eine Vergleichsmöglichkeit da ist.

Gegenüberstellung des Open-loop- und Closed-loop-Modells

Sehr schnelle Bewegungen lassen sich nur über das Open-loop-Modell erklären, da das Feedback-System des Closed-loop-Modells zu viel Zeit in Anspruch nehmen würde. Denn komplexe Absprachen im Nerv-Muskelsystem bedeuten Zeitaufwand, da mindestens 30 bis 50 ms für eine Übermittlung und die nachfolgende Reaktion erforderlich sind. So benötigt eine der bewussten Closed-loop-Steuerung zuzuordnende Schaltung wie die Auswertung einer visuellen Information bis zur Bewegungskorrektur oder zum Bewegungsabbruch etwa 200 ms. Diese **Zeitspanne von 200 ms** zwischen Reizaufnahme und Bewegungsreaktion wird auch herangezogen, um **langsame von schnellen Bewegungen** zu unterscheiden. Ist im Bewegungsablauf niemals 200 ms Zeit, auf einen externen Reiz zu reagieren, handelt es sich um eine rein open-loop-gesteuerte Bewegungsfolge. Darunter fällt etwa ein kraftvoller Tennisaufschlag. Bei Bewegungsfolgen, die zwischenzeitlich 200 ms-Reaktionszeiten erlauben, kann Closed-loop-Kontrolle hinzutreten, muss aber nicht. Folgerichtig stellt man auch fest, dass während der ersten rund 200 ms einer Bewegung nur Open-Loop-Kontrolle vorliegen kann.

8.4 Motorische Programme (GMP und Schemata)

Bislang wurde sich auf die Aussage beschränkt, dass eine Open-loop-Bewegung willentlich angestoßen wird und dann bis zu ihrem Ende abläuft, ohne dass zwischenzeitlich eingegriffen werden müsste oder könnte. Wie aber kommt der Ablauf zustande?

Die Bewegungswissenschaft nimmt an, dass fest vorgegebene Bewegungsfolgen, sogenannte motorische Programme, gespeichert sind, die bei Bedarf abgerufen werden.

> **Motorische Programme** sind Folgen von Befehlen an die Muskulatur, die vor dem eigentlichen Bewegungsbeginn schon festliegen und ohne laufende Rückinformation ausgeführt werden.

Zur Begründung der Existenz motorischer Programme wird angegeben, dass aus der Beobachtung schwer an den Nerven verletzter Personen bekannt ist, dass Bewegungen ohne Rückmeldung ablaufen können, dass es also eine davon unabhängige Steuerung geben muss. Außerdem müssten hoch kontrollierte, also closed-loop-gesteuerte Bewegungen aufgrund der benötigten nervösen Kommunikation langsamer sein, als man es tatsächlich bei schnellen, aber dennoch komplizierten Bewegungen beobachtet. Schließlich kann man feststellen, dass komplexe Bewegungen, die ungewohnt sind, eine wesentlich höhere Reaktionszeit benötigen als komplexe Bewegungen, die bereits bekannt sind.

Die Begriffsbildung des motorischen Programms allein reicht nicht, um die Ausführung schneller Bewegungen zu erklären. Denn es bleiben zwei Probleme offen:

- **Kapazitätsproblem:** Die Kapazität des Gehirns ist nicht unendlich groß, so dass sein Speicherplatz möglicherweise nicht ausreicht, jede jemals erfolgte Bewegung detailliert abzubilden. Denn auch im Prinzip gleiche Bewegungen werden immer, und sei es nur minimal, unterschiedlich ausgeführt, so dass jedesmal ein Programm abgelegt werden müsste. Außerdem würde der Zugriff auf unendlich viele gleichartige Programme zunehmend aufwendiger.
- **Neuigkeitsproblem:** Unter der Annahme, dass nur „fertige" gespeicherte Programme zur Abwicklung kommen, gelingt es nicht zu erklären, wie eine neue Bewegungsfamilie gelernt wird.

Generalisierte motorische Programme (GMP)

Von Schmidt stammt eine Idee, die das Kapazitätsproblem löst. Er nimmt die Existenz von Programm-Schablonen an, die an spezielle Situationen angepasst werden können und die er als generalisierte motorische Programme (GMP) bezeichnet. So könnte es z. B. eine Bewegungsschablone „Einbeiniger Absprung" geben, die für alle einbeinigen Absprünge vom Hopser bis zum Hochsprung die Vorlage bilden.

> Ein **generalisiertes motorisches Programm** ist eine Bewegungsvorlage, die zu einer Bewegungsfamilie ein Grundgerüst stellt, in konkreten Anforderungssituationen aber angepasst werden kann und muss.

Dieses Grundgerüst einer Bewegungsfamilie ist im Rahmen der **Impuls-Timing-Hypothese** festgelegt. Diese besagt, dass ein bestimmtes generalisier-

tes motorisches Programm (GMP) durch die invarianten Merkmale Sequenzierung *(order of elements)*, relative Zeiten *(relative timing)* und relative Kräfte
(relative forces) bestimmt wird. Ein generalisiertes Programm muss allerdings
durch weitere variable Parameter an eine konkrete Ausführungssituation angepasst werden.

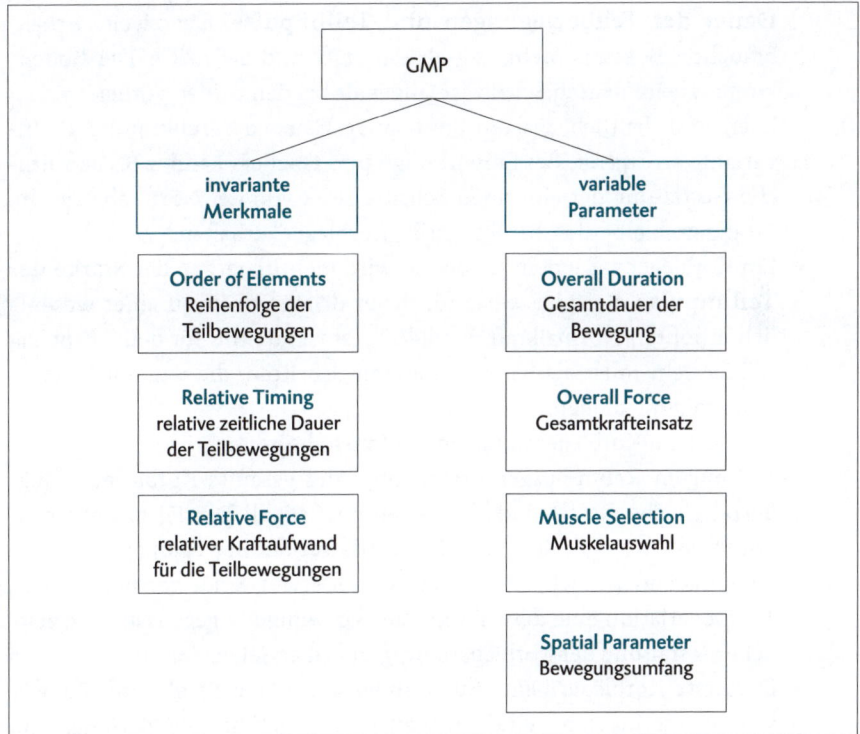

Abb. 81: Invariante Merkmale und variable Parameter der Impuls-Timing-Hypothese

Selbst wenn eine Bewegung mit veränderten Parametern ausgeführt wird,
bleibt sie, da sie über dynamisch-zeitliche Relationen definiert ist, in ihrer
Form erhalten und wird nur in ihrer Gesamtheit gestaucht oder gedehnt. In
diesem Zusammenhang spricht man daher auch von der **Formkonstanz-
Hypothese**.

spiel   Im Basketball wird der Korbleger aus einem Dribbling in zusammen drei
Laufschritten realisiert. Im Rahmen der **Impuls-Timing-Hypothese**
kann diese Schrittfolge folgendermaßen betrachtet werden:

- Ein Korbleger aus einem Dribbling wird identifiziert an der Reihen-folge, der **Sequenzierung** seiner Teilbewegungen. Die Schrittfolge ist geregelt. Das eine Dribbling leitet über zur Ballannahme. Es folgt der zweite lange Schritt. Der dritte Schritt dient der Sprungvorbereitung durch das Stemmen. In der Flugphase folgt der Wurf.
- Ein Korbleger aus einem Dribbling wird identifiziert an der **relativen Dauer der Teilbewegungen und Teilimpulse**. Der zweite Schritt braucht z. B. etwas mehr Zeit als der erste und der dritte. Der Boden-kontakt beim dritten Schritt ist länger als bei den beiden vorher.
  Hier wird deutlich, warum die relative Dauer der Teilimpulse als In-variante strittig ist. Bei Einwirkung eines Gegners kann z. B. die zeitli-che Gestaltung der einzelnen Schritte stark von der Norm abweichen. Trotzdem bleibt die Charakteristik „Korbleger" erhalten.
- Ein Korbleger aus einem Dribbling wird identifiziert an der **Stärke der Teilimpulse**. Beispielsweise führt der dritte Schritt zu einer wesent-lich erhöhten Normalkraft, weil der Bremskraftstoß für den Absprung stärker sein muss als bei den anderen Schritten, die der Vorwärtsbe-schleunigung dienen.

Variabel ist ein Korbleger in folgenden Einstell-Größen:

- Auf engem Raum ausgeführt benötigt der gesamte Korbleger – annä-hernd gleiche Geschwindigkeit auf unterschiedlichen Distanzen ange-nommen – weniger Zeit. Die **Gesamtdauer** der Bewegung variiert un-ter Umständen auch, wenn der Angreifer im Spiel versucht, durch Tempovariation eine dem Tempo der Verteidigung gegensätzliche zeit-liche Gestaltung der Korblegerbewegung zu erzielen.
- Der erste Korbleger beim Aufwärmen vor einem Spiel wird mit we-sentlich geringerem **Kraftaufwand** durchgeführt als derjenige im Spielgeschehen, dessen Ziel es ist, mit der ballführenden Hand höher als die verteidigende Hand zu kommen.
- Varianten der Korbleger-Bewegung, die dazu dienen, an einem Vertei-diger geschickt vorbeizukommen, erfordern den Einsatz verschiedener **Muskeln**. Ebenso kann man bei fortschreitender Spieldauer beobach-ten, dass ermüdete Muskelpartien von anderen zunehmend entlastet werden.
- Je nach Einwirkung der Verteidigung wird der Korbleger mehr oder weniger nach seitlich ausgelenkt, sodass der **Bewegungsumfang** un-terschiedlich ausfällt.

Schemata

Zur Lösung des Neuigkeitsproblems integriert Schmidt die Möglichkeit einer closed-loop-orientierten Steuerung in das Konzept der generalisierten motorischen Programme und verbindet so die Open- und Closed-loop-Strukturen in einem übergeordneten Modell. Er sieht zwei voneinander unabhängige Speichervorgänge im motorischen Gedächtnis, deren Ablage man ein Schema nennt, als maßgeblich an:

- **Recall-Schema (Wiedergabe-Schema):** Ein Recall-Schema hält situativ passende Einstellgrößen zu einem generalisierten motorischen Programm bereit und gibt diese Einstellungen beim Eintreten passender Situationen frei. Dadurch können Bewegungen in Situationen, zu denen Erfahrungen vorliegen, im Sinne einer Open-loop-Kontrolle ausgeführt werden – also schnell, aber auch ohne die Möglichkeit der begleitenden Rückmeldung während der Bewegungsausführung. Im Einzelnen enthält ein Recall-Schema Informationen zu
  - den Ausgangsbedingungen vor der Bewegungshandlung;
  - den dazu passenden Einstellungen der Parameter des generalisierten motorischen Programms;
  - dem Bewegungsergebnis, das aus dieser Situation mit diesen Parametereinstellungen erzielt werden kann.

Im Laufe eines Übungsprozesses stellt sich ein Bewegungsoptimum in Abstimmung zwischen den Ausgangsbedingungen, den Parametersetzungen und den Bewegungsergebnissen her.

Beim Basketball-Korbleger aus einem Dribbling besteht das Recall-Schema im Gedächtnis des angreifenden Spielers aus Informationen, wie etwa Verteidiger stehen sollten, damit er an eine erfolgreiche Umsetzung des Korblegers denken kann. Tatsächlich beobachtet man, dass ungeübte Spieler noch nicht einmal eine Situation 1-0 erkennen oder auch in völlig aussichtslose Situationen mit der Korblegerbewegung einsteigen, dass andererseits erfahrene Spieler Verteidigungslücken für sich sehen, die auch ein Beobachter von außen nicht wahrnehmen konnte. Dass nach Abruf der Bewegung in Richtung Korb eine Steuerung im Detail nicht mehr möglich ist, zeigt sich etwa in Situationen, wo ein vorher nicht beachteter Verteidiger in den Weg des Korblegers einspringt und – ohne Verteidiger-Foul – ein Auflaufen des Angreifers, also ein Offensiv-Foul provoziert, ohne dass der Angreifer noch etwas ändern könnte.

- **Recognition-Schema (Wiedererkennungsschema):** Der Name „Wiedererkennungsschema" deutet an, dass eine sensorische Afferenz vor, während und nach der Bewegungshandlung mit gespeicherten Vorlagen verglichen wird. Für den Sportler bedeutet dieser Afferenzvergleich, dass er im Verlauf der Bewegung merkt, ob alles wie erwartet abläuft. Dabei spielen die Informationen des kinästhetischen Analysators, der besonders für die Reafferenzen im inneren Regelkreis, also das Bewegungsgefühl, zuständig ist, eine wichtige Rolle. Zum Modell der generalisierten motorischen Programme wird also eine Facette ergänzt, aus der heraus Bewegungserfolge bewertet, aufgetretene Fehler erkannt und Korrekturmaßnahmen ausgelöst werden können. Damit werden Möglichkeiten, wie sie sonst nur in Closed-Loop-Situationen anzutreffen sind, ergänzt.

  Über Recognition-Schemata ist es somit möglich, sensorische Konsequenzen schon vor der Bewegungsausführung vorzufühlen, um eine Vergleichsmöglichkeit bei der Bewegungsausführung zu erhalten. Ein Recognition-Schema enthält folgende Informationen, die zur Korrektur der Ausführung von Bewegungen benötigt werden:
  - den Ausgangsbedingungen der Bewegung (wie beim Recall-Schema)
  - den sensorischen Konsequenzen während und nach der Bewegungsausführung (anders als beim Recall-Schema)
  - das Bewegungsergebnis (wie beim Recall-Schema)

Kritik an der Theorie der motorischen Programme

Die in den 70er- und 80er-Jahren des 20. Jahrhunderts entwickelte Theorie der motorischen Programme war bis Anfang/Mitte der 90er-Jahre maßgeblich. Seitdem aber regen sich Widersprüche, die teilweise bis zu einer völligen Ablehnung der Idee der motorischen Programme reichen.

Dabei sind die Gegenargumente in weltanschaulichen Unterschieden verwurzelt, greifen den Sinn der Schematheorie innerhalb der Betrachtungen zu motorischen Programmen an und/oder stehen unter dem Eindruck neuerer Forschungen in allen Wissenschaften, die sich unter dem Oberbegriff der „Untersuchung komplexer Systeme" zusammenfassen lassen. Hier einige Kritikpunkte an der Zweckmäßigkeit des Modells der motorischen Programme:

- Im Grunde ist durch die unüberschaubar vielen Möglichkeiten, über Recall-Schemata Parameter in motorischen Programmen setzen und über Recognition-Schemata Erwartungen zu Bewegungsgefühlen abrufen zu können, das Kapazitätsproblem nicht gelöst, sondern über den Umweg der Schemata wieder hineingebracht worden.

- Die Theorie der generalisierten motorischen Programme gibt letztlich keine Erklärung, wie Motorikprogramme ursprünglich entstehen, sodass auch die Lösung des Neuigkeitsproblems in Frage gestellt ist.
- Die Theorie der motorischen Programme gibt keine Hinweise, wie ein Motorikprogramm von einem anderen abzugrenzen ist, wie fein oder wie grob eine Bewegungsklasse von anderen zu differenzieren ist, ob sich motorische Programme im Mikrobereich der Elementarbewegungen oder auf der Ebene der Komplexbewegungen unterscheiden. Diskutiert wird in diesem Zusammenhang auch, ob – die Existenz motorischer Programme vorausgesetzt – Komplexbewegungen als eigene motorische Programme oder durch Überlagerung elementarer Programme entstehen.

Der letzte Punkt weist schon auf den Streit nach der „richtigen" Erklärungsweise von Bewegungen hin, der zwischen den analytischen Methoden („vom Detail zur Erklärung des Ganzen") und der ganzheitlichen Methode („Betrachtung der Ganzheit") entbrannt ist. Der Kontrast zwischen diesen beiden Methoden ist bereits aus dem Bereich der Bewegungsbeobachtung und -beschreibung bekannt, wo die biomechanisch-analytische der morphologisch-phänographisch-ganzheitlichen Methode gegenübersteht.

Die Befürworter der ganzheitlichen Betrachtungsweise üben folgende Kritik an der analytischen Methode und deren Theorie der motorischen Programme:

- Versuche, die Stellen der Speicherung motorischer Programme, etwa im motorischen Cortex, exakt zu lokalisieren, haben zu keinem eindeutigen Ergebnis geführt. Bei der Realisierung von Bewegungen scheinen grundsätzlich viele verknüpfte Areale gleichzeitig aktiv zu sein.
- Die bisher betrachteten Modelle der Bewegungskoordination entstammen dem Bereich der Informatik. Auch die Begrifflichkeit – etwa „Bewegungsprogramme" – orientiert sich deutlich an dieser Richtung. Gegner dieser Ansicht stellen die Vergleichbarkeit der biologischen Steuerung mit einer Computersteuerung in Frage.

Zum einen vermutet man hochgradige Systemunterschiede, wenn auf der biologischen Seite wesentlich bessere Arbeitsergebnisse in der Bewegungssteuerung erzielt werden, als es die Summe der wesentlich schnelleren und zuverlässigeren Chips der Computer zu leisten vermag. Man stelle sich nur einen Roboter als Ausdruckstänzer vor. Zum anderen gibt es Stimmen, die sich aus anthropologischer oder pädagogischer Sicht gegen einen direkten Vergleich Mensch-Maschine sträuben. Beide Argumente stammen aus unterschiedlichen Denkwelten und treffen sich doch in der Feststellung, dass der Mensch, bzw. seine Motorik, in der Summe viel mehr bedeutet als die

Addition der Einzelteile, dass an Stelle einer analytischen Betrachtungsmethode eine ganzheitliche Betrachtung des motorischen Systems zu treten habe.

Praktikabel ist das Modell der motorischen Programme jedoch in jedem Fall, weil viele Erscheinungen der Motorik auf seiner Basis gut darzustellen sind. Auch sind die Argumente, welche auf den Konflikt zwischen ganzheitlicher und analytischer Sichtweise hinweisen, nicht so stark, weil letztlich durch verschiedene Modellansätze verschiedene Verkürzungsverfahren auf dem Weg zum Modell gewählt sind.

Im Ganzen dreht sich der Streit um die richtige Innensicht von Bewegungen vielmehr um die Frage der Genauigkeit, denn etwa die Impuls-Timing-Setzungen zur relativen Stärke und relativen Zeit von Bewegungsabschnitten in Bewegungsfolgen, die ja als invariant angenommen sind, halten einer exakten rechnerischen Überprüfung sicher nicht stand. Das Verhältnis wird nur ungefähr gleich sein – der Analytiker ist damit nicht recht froh. Aber doch hat z. B. jeder eine bestimmte Art, sich zu bewegen – viele Personen erkennt man leicht an ihrem Gangbild oder ihrem Laufstil –, sodass die Idee der Invarianten in der Bewegungsausführung im Groben nicht von der Hand zu weisen ist und nur die exakte Messbarkeit im Kleinen nicht gegeben zu sein scheint. Also wird man sinnvoll um Toleranzrahmen diskutieren müssen.

8.5 Systemdynamische Modelle

Das Besondere an hochkomplexen Systemen ist, dass sich ihr Verhalten häufig nicht so darstellt, wie man es naiv erwartet. Besonders fällt ins Auge, dass regelmäßig winzige Änderungen an System-Bausteinen nicht etwa nur kleine Änderungen, sondern außerordentlich große Konsequenzen im Systemverhalten nach sich ziehen können. Dabei gibt es natürlich Zeiten stabilen Systemverhaltens, wo eine Gleichmäßigkeit und relative Unempfindlichkeit gegen Störungen gegeben scheint, aber eben auch labile Systemzustände, die zu chaotischem Verhalten neigen.

Beispiele

- Ein routinierter Skifahrer in der Abfahrt gleitet im Normalfall sicher dahin. Kommt er auf Eis oder trifft auf Unebenheiten der Fahrbahn, gerät er unter Umständen in eine labile Phase, wo nicht abzusehen ist, ob er sich im Stand halten wird oder (eventuell sogar schwer und gänzlich unkontrollierbar) stürzt. Wenn der Fahrer vor der Abfahrt von dieser riskanten Stelle weiß, wird er sicher mit einer gewissen Rücksichtnahme auf die besondere Situation einfahren, aber ebenso sicher ist auch, dass er trotz gleicher Einfahrtechnik nicht voraussehen kann, ob er stürzt oder nicht.

– Im Handball kommt es gelegentlich zu Schulterverletzungen, wenn im Moment des Abwurfes zum Tor in den Wurfarm gegriffen und dadurch der Wurf verhindert wird. Die Verletzung tritt besonders dann ein, wenn der Werfer seine ursprünglich vorgesehene Bewegungsrichtung nicht halten kann und so ausgelenkt wird, dass die Beweglichkeit des Schultergelenks überfordert wird. Hat er aber genügend Kraft aufgewendet, dass er die blockierende Hand überwinden kann, verläuft der Eingriff des Verteidigers in der Regel glimpflich. Der Kraft-Unterschied zwischen „kann den Wurf durchziehen" und „bleibt in der Verteidigung hängen" unterscheidet sich im Grenzbereich kaum. Ebenso knapp unterscheidet sich in diesem Grenzbereich der Unterschied zwischen „Beweglichkeit des Schultergelenks reicht aus" und „Beweglichkeit des Schultergelenks ist überfordert".

Das wesentliche, nicht kalkulierbaren komplexen Zuständen zugrunde liegende Problem ist, dass es nicht gelingt, sehr viele bei Bewegungen gleichzeitig auftretende unabhängige Größen auch gleichzeitig zu kontrollieren (aus Sicht der sich bewegenden Person) oder zu kalkulieren (aus Sicht des analysierenden Beobachters oder Wissenschaftlers). Dieses Problem der nicht beherrschbaren Vielfältigkeit motorischer Elemente nennt man nach seinem Erforscher das **Bernstein-Problem**.

piel

Angenommen, die vier Räder eines Autos sind unabhängig voneinander lenkbar. Schon das Geradeausfahren würde ziemlich schwierig sein. Wie wäre es aber erst, wenn man rückwärts einparken wollte? (Daugs, Olivier, Wiemeyer, Panzer).

Umso erstaunlicher ist es, dass der Mensch mit seinen rund 210 Knochen, knapp 800 Muskeln, etwa 10^{11} (100 Milliarden) Neuronen und etwa 10^{14} (100 Billionen) Synapsen überhaupt gezielte Bewegungen realisieren kann.
Die Lösung zum Problem des auf vier Rädern lenkbaren Autos ist technisch so geregelt, dass die Hinterachse nicht lenkbar konstruiert ist und die lenkbaren Vorderreifen miteinander gekoppelt sind, was bedeutet, dass dann das System Autolenkung wesentlich weniger Einstellmöglichkeiten aufweist oder, wie man sagt, **weniger Freiheitsgrade** hat. Übertragen auf den Sport könnte man

interpretieren, dass die Beherrschung von Bewegungen gleichzusetzen sei mit der Beseitigung überflüssiger Freiheitsgrade. Das ist einleuchtend, wenn man die geschätzten 2^{127} Kombinationsmöglichkeiten des menschlichen Motoriksystems berücksichtigt.

Tatsächlich beobachtet man besonders bei Personen, die sich in einer Bewegung unsicher sind, dass sie häufig und zunächst sogar verkrampft versuchen, möglichst wenig Freiheitsgrade zuzulassen. So kann man sich vorstellen, dass bei einer schwierigen Anforderung im Bereich der Beinkoordination durch Hochziehen der Schultern und Festdrücken der Arme am Körper versucht wird, möglichst viele Körperbereiche ruhig zu stellen, um die Anzahl der zu steuernden Körperteile herabzusetzen. Bei zunehmendem Können aber findet man, dass Freiheitsgrade zwar dort, wo es nötig ist, beschränkt bleiben, aber doch auch anderweitig wieder Freiheitsgrade zugelassen werden, weil die Hauptaufgabe zunehmend gelingt – ein Indiz für souveränen Umgang und erfolgreiche Programmierung.

Dabei fällt unter dem Gesichtspunkt der Genauigkeit auf, dass tatsächlich bei zunehmendem Können der gewünschte Effekt von Bewegungen auch zunehmend genauer erreicht wird, dass aber gerade bei weit fortgeschrittenen Sportlern im Detail die wieder zugelassenen Freiheitsgrade stark ausgenutzt werden. Im kleinen Detail treten bei Könnern zunehmende Schwankungen in der Bewegungsausführung auf, die Konstanz des Ganzen, das zuverlässige Erreichen des Bewegungszieles also, nimmt aber trotzdem zu. Man spricht hierbei von „Stabilität durch Variabilität" oder „Ordnung durch Schwankung". Semmler berichtet in diesem Zusammenhang von Messreihen bei Wasserspringern, die es schaffen, gleichmäßig spritzerarm einzutauchen, das gewünschte Bewegungsziel also zu erreichen, obwohl Anlauf, Absprung und nachfolgend andere Parameter in den Rotationen der Sprünge stark variierend gemessen wurden. Es liegt in diesem Zusammenhang allerdings auf der Hand, dass die zur Stabilität im Großen führende Variabilität im Kleinen auch ihre Grenzen hat. Überstarke Auslenkungen im Detail können vom Gesamtsystem nicht verdaut werden. Erfolgreiche Bewegungsausführung findet also in einem Variabilitäts-Spielraum, dem **Möglichkeitsraum** statt.

Beispiel

Beim Basketball-Sprungwurf aus der Distanz sind Grundgesichtspunkte wie „Fußspitzen zeigen zum Korb vor dem Absprung" oder „Ellenbogen unter den Ball vor dem Abwurf" vereinbart. Trotzdem wird es gerade in der Spielsituation unter Einwirkung von Gegnern von Wurf zu Wurf Unterschiede in der Fußstellung und der Ellenbogenführung geben, ohne dass das Wurfergebnis darunter leidet. Sinnvolle, das heißt eine normale

Trefferquote hervorrufende Variation der genannten Bewegungselemente findet aber sicher schon ihre Grenzen vor der 90°-Stellung der Füße zur Wurfrichtung oder vor der 90°-Abweichung des Ellenbogens zur Seite. Auch der Ellenbogen kann gegebenenfalls ein wenig seitlich unterhalb des Balls befinden.

Die Motorik-Forschung arbeitet schon seit Jahren als Reaktion auf solche Überlegungen, die das Konzept der motorischen Programme in einer strengen Auslegung fragwürdig erscheinen lassen, an neuen Modellen, um Bewegungen schlüssig zu erklären. Ein zentrales Element der Gedanken hierzu ist, dass die Rolle des motorischen Zentrums beschnitten wird. Zwei deutliche Zitate Bernsteins in diesem Zusammenhang: „Der motorische Effekt des zentralen Impulses kann nicht im Zentrum im Voraus entschieden sein." „Eine Bewegung ist nur dann möglich, wenn eine ganz subtile, kontinuierliche, zuvor nicht vorhersehbare Abstimmung der zentralen Impulse mit der in der Körperperipherie ablaufenden Erscheinungen stattfindet." Insbesondere das zweite Zitat deutet darauf hin, dass die sportwissenschaftliche Forschung auf der Suche nach neuen Ergebnissen einem ganzheitlichen Ansatz folgt, wie man ihn aus anderen Wissenschafts-Disziplinen, die sich mit komplexen, unüberschaubaren, interaktiven Systemen beschäftigen, kennt. Beispiele mögen die Netzwerke der Informatiker, mehrgelenkig verbundene Systeme der Physiker oder die Untersuchungen zu neuronalen Netzen der Neuro-Wissenschaften sein, wo ebenfalls nicht endgültig kalkulierbare Zustände mit teils chaotischem, teils stabilem Verhalten beobachtet werden. Wir greifen zwei **wesentliche Kennzeichen komplexer dynamischer Systeme** heraus:

- **Ambivalenz zwischen linearem Verhalten und nicht linearem Verhalten:** Beeinflussen kleine Veränderungen im Detail das Gesamtsystem nur gering, bleibt also das System stabil, spricht man von „linearem Verhalten". Führen hingegen diese kleinen Veränderungen zu großen Veränderungen im Gesamtsystem, spricht man von „nicht linearem Verhalten".
Für den Bereich der Sportmotorik identifizieren wir Bereiche linearen Verhaltens mit dem vorher eingeführten Begriff des Möglichkeitsraums für Bewegungen. Innerhalb der dort vorgesehenen Abweichungen im Detail wird ein Bewegungsziel erreichbar, kleine Änderungen innerhalb des Möglichkeitsraums belassen die Systemstabilität. Übergänge von einem stabilen Zustand in einen anderen sind gekennzeichnet durch nichtlineares Verhalten. Häufig ist es der Parameter Bewegungsgeschwindigkeit, der Übergänge zwischen Systemzuständen auslöst.

Beispiel Stellt man eine Person auf ein Laufband und fährt dessen Tempo allmählich hoch, so wird sie zunächst gehend dem Laufbandtempo folgen und sich vom langsamen zum schnellen Gehen anpassen, immer im Bereich der Möglichkeiten des stabilen Bewegungsmusters „Gehen". Wenn das Tempo für Gehen allmählich zu schnell wird, folgt eine labile Phase des unruhigen „Noch-Gehens" bis plötzlich in den Trab gewechselt werden muss. Es sind nur winzige Geschwindigkeitsunterschiede, die den Übergang vom Gehen zum Traben erzwingen. Merkwürdigerweise findet der vergleichbare Wechsel auf dem Weg vom Trablauf zum Gehen bei einem anderen Tempo statt als umgekehrt, weil man offenbar möglichst in seinem aktuellen Bewegungszustand verharren möchte.

- **Stabilisierung durch Selbstregulation:** Instabile Zustände komplexer Systeme stabilisieren sich selbst durch Interaktion ihrer in Verbindung stehenden Komponenten. Das bedeutet für das motorische System, dass nicht nur allein das motorische Zentrum im Großhirn eine Stabilisierung in einem Bewegungszustand bestimmt, sondern alle mit ihm verbundenen Funktionsbestandteile wie unterschiedliche Partien des Zentralen Nervensystems, Muskelspindeln, oder motorische Einheiten in einem ständigen Kommunikationsprozess.

Beispiel Beim Gehen bzw. Traben auf dem Laufband ist es durchaus möglich, auch bei Geschwindigkeiten, die noch durch Gehen zu bewältigen wären, willentlich zu traben. Andererseits aber kann auch unter der Vorgabe, bei zunehmender Geschwindigkeit des Laufbandes möglichst lange ein Gehen aufrecht zu erhalten, das Umschalten vom Gehen zum Traben durch andere Komponenten als der willentlichen Steuerung umgesetzt werden.

Sieht man Bewegungen so unter dem Gesichtspunkt der komplexen Vernetzung, wird sich kaum eine kompakte Modellrepräsentation der inneren Vorgänge zu ihrer Darstellung finden lassen, weil zu viele Bauteile und erst recht zu viele Kombinationen ihrer möglichen Interaktionen zu berücksichtigen sind. Also wendet sich der Blick weg von der unüberschaubaren Vielfalt der Körpersysteme hin zu dem sich zeigenden Bewegungsergebnis als Ausgangspunkt der Untersuchungen. Rockmann-Rüger (1991, S. 48) schreibt dazu: „Während Modelle der Informationsverarbeitung zum Beispiel in einem heranfliegenden Tennisball die visuelle Information sehen und danach fragen, wie diese vom Spieler aufgenommen wird, ob in Abhängigkeit von der Ballgeschwindigkeit unterschiedliche motorische Programme initiiert werden, ob bei der Bewegungsausführung noch Feedbackmechanismen regulativ wirksam werden können, betrachten die systemdynamischen Modelle hingegen den korrekt ausgeführten Schlag und fragen, auf Grund welcher allgemeiner Prinzipien es dem Sportler gelingt, die korrekte Position zur richtigen Zeit einzunehmen."

Vorläufige Antworten, allerdings dem ganzheitlichen Ansatz entsprechend ohne analytisch vollständige Erklärung, liefern Kriteriensysteme, nach denen Bewegungen ablaufen können. Im Folgenden werden zwei solcher Systeme angedeutet:

- Aus physikalischer Sicht bzw. aus der Perspektive eines Ingenieurs sind für eine Bewegungskoordination z. B. folgende Optimierungsaufgaben zu lösen, wobei diese zu unterschiedlichen Konsequenzen führen können, was eine erneute Abstimmung notwendig macht: Minimierung der Gesamt-Bewegungszeit durch gezieltes Einsetzen und Nachlassen der Muskelkraft, Minimierung des Impulses durch Vermeidung maximaler Geschwindigkeiten, Minimierung der Energie, Minimierung des Rucks zur Schonung der Gelenke, Minimierung der Drehmomentänderung, Maximierung des Komforts durch Einnahme günstiger Gelenkwinkel.

- Aus Sicht der psychologischen Forschung kommt die Lehre der Gestalttheorie im Zusammenhang mit dynamischen komplexen motorischen Systemen häufig ins Gespräch. Ursprünglich beschäftigt sich diese Theorie stark mit der optischen Wahrnehmung von komplexen Gebilden. Ausgehend von deren komplexen Erscheinungsbildern, die sie aus der Masse bzw. vom Hintergrund abheben, ihrer Gestalt, untersucht man Betrachtungsprinzipien, welche die Wahrnehmung organisieren. Dabei tauchen Gesichtspunkte auf, die frappierend hier gefundenen Gedanken ähneln. Die zentralen Gesichtspunkte der Gestalttheorie, in die Welt der Motorik transferiert, können lauten:

  - Das Gesamte ist mehr als die Summe seiner Teile.
  - Die Gesamtbewegung ist mehr als die Summe der zugehörigen Elementarbewegungen.
  - Ein tänzerischer Ausdruck ist mehr als die Ausführung von Arm-, Bein- oder Rumpfbewegungen.

Zusammenfassung

- Eine Handlung ist nach Hacker die kleinste psychologische Einheit der willentlich gesteuerten Tätigkeit. Sie hat einen Beginn, einen Verlauf, ein Ende und ein Ziel. Die Kontrolle der Handlungen erfolgt nach Hacker auf drei **Regulationsebenen** (sensomotorische, perzeptiv-begriffliche, kognitiv-intellektuelle), die sich nach dem Grad der bewussten Steuerung unterscheiden.
- Ein **einfaches Bewegungsmodell** unterscheidet: Antriebsteil, Orientierungsteil, Entscheidungsteil, Ausführungsteil, Ergebnisteil. Das **Rubikonmodell** unterscheidet: Abwägephase, Planungsphase, Handlungsphase, Bewertungsphase.
- Bewegungen, die während ihres Ablaufs nicht beeinflusst werden können, werden als **open-loop**-gesteuert bezeichnet, Bewegungen, bei denen ein korrigierender Eingriff (bewusst oder unbewusst) möglich ist, als **closed-loop**-gesteuert.
- Zur Erklärung von schnell ausgeführten komplexen Bewegungen werden **motorische Programme** angenommen, die eine Folge von Befehlen an die Muskulatur enthalten, die vor Bewegungsbeginn bereits vorliegen und ohne Rückmeldung durchgeführt werden. Diese Annahme wirft zwei Probleme auf:

	Kapazitätsproblem	Neuigkeitsproblem
Lösung	**Generalisierte motorische Programme** (GMP) stellen ein Grundgerüst für eine ganze Bewegungsfamilie dar. Es werden dabei invariante Merkmale und variable Parameter unterschieden (Impuls-Timing-Hypothese).	**Recall-Schemata** speichern Einstellgrößen für GMP. Recognition-Schemata dienen dem Vergleich der laufenden Bewegung mit dem gespeicherten Bewegungsgefühl oder anderen sensorischen Daten.
Kritik	Schemata lösen aufgrund ihrer Komplexität das Kapazitätsproblem nicht; keine Erklärung, wie motorische Programme entstehen; kein Hinweis, wie die motorischen Programme voneinander abzugrenzen sind	

- **Systemdynamische Modelle** betrachten eine Bewegung in ihrer Gesamtheit. Erfolgreiche Bewegungsausführungen finden in einem Möglichkeitsraum statt. Zu den wesentlichen Kennzeichen komplexer dynamischer Systeme zählen die Ambivalenz zwischen linearem und nicht linearem Verhalten und die Stabilisierung durch Selbstregulation.

Aufgaben

34. Identifizieren Sie die aus einem Regelkreismodell der Technik stammenden Begriffe Soll-Wert, Regler, Regelgröße, Regelstrecke, Rückkopplung und Störgröße mit der sportlichen Situation „Start beim Sprint".

35. Erläutern Sie das Schnabel-Modell anhand des Starts eines 100-m-Sprints.

9 Koordinative Fertigkeiten und Fähigkeiten

Der Begriff „koordinative Fähigkeit" wird umgangssprachlich häufig mit dem Beherrschen sportlicher Technik identifiziert. Tatsächlich ist ein enger Zusammenhang nicht zu leugnen. Dennoch muss man stärker differenzieren und manche Aspekte ergänzen.

- Eine **Technik** ist ein Verfahren, eine sportartspezifische Bewegungsaufgabe zweckmäßig zu lösen. Sie ist unmittelbar von außen beobachtbar. Basis der Beherrschung von Techniken ist neben den Steuerungsfähigkeiten des zentralen Nervensystems das konditionelle Niveau des Sportlers.
- **Koordinative Fertigkeiten** (motorische Fertigkeiten, *motor skills*) zeigen sich in der Steuerung und Beherrschung bestimmter Bewegungen, sind also an eine isolierte Technik gebunden. Als das innere Abbild von Techniken sind sie nicht von außen beobachtbar, sondern nur „per Indiz" wahrzunehmen, wenn entsprechende sportartspezifische Techniken ausgeführt werden. Man unterscheidet elementare, im Alltag benötigte koordinative Fertigkeiten, wie z. B. Gehen, Laufen, Heben oder Tragen von sportmotorischen Fertigkeiten wie Salto, Sprungwurf oder Schmetterschlag.
- Auf der Basis vielfältiger Fertigkeiten aus verschiedensten Bereichen entwickelt sich die **koordinative Fähigkeit** (motorische Fähigkeiten, *motor abilities*, Gewandtheit), die allgemeine übergreifende, nicht an bestimmte Bewegungen und Übungen gebundene Fähigkeit, Bewegungen sicher und ökonomisch zu beherrschen und relativ schnell zu erlernen. Die koordinative Fähigkeit erweist sich in vielfältigen Situationen, kann sich aber auch in nur einem Formenkreis sportlicher Bewegungen zeigen. Man spricht dann von **spezieller koordinativer Fähigkeit** bzw. spezieller Gewandtheit. Häufig findet man solche begrenzte Ausprägungen der Gewandtheit bei Spielern, in Wassersportarten oder im turnerisch-gymnastischen Bereich. Dem Gewandtheitstraining wird seit einigen Jahren vermehrt Aufmerksamkeit zuteil, denn:
  - Eine breite koordinative Grundlage ist Basis einer verbesserten motorischen Lernfähigkeit, ist also in Sportarten wie dem Kunstturnen, deren Leistungsprofil wesentlich durch ständiges Neu-Erlernen von Bewegungstechniken geprägt ist, unerlässlich.
  - Vielfältiges Training im Jugendbereich – besonders auch in anderen Sportarten als der eigentlich betriebenen – scheint für die Entwicklung der individuellen Spitzenleistung wichtig zu sein. Paradebeispiel ist die Tennisspielerin Martina Hingis, die betont polysportiv aufgebaut worden ist.

- Ein breit angelegtes Gewandtheitstraining verringert die Gefahr der Verletzung durch einseitige Überbelastung.
- Sportler des Höchstleistungsbereiches, die sich so weit belasten, dass eine Mehrbelastung ohne schwerwiegende körperliche Schädigung mit nachfolgender Sportunfähigkeit nicht mehr machbar scheint, können durch vielfältigeres Training noch Belastungsreize setzen, die in der Spezialdisziplin nicht mehr möglich sind. So sind z. B. lange Trainingseinheiten mit dem Schwerpunkt Radfahren für Marathonläufer eine willkommene Gelegenheit, den Fettstoffwechsel zu trainieren, ohne durch einen weiteren überlangen Lauf die Gelenke zu belasten.

Die folgende Tabelle zeigt, welche positiven Auswirkungen man sich durch ein Koordinationstraining in einzelnen Sportartengruppen erwartet:

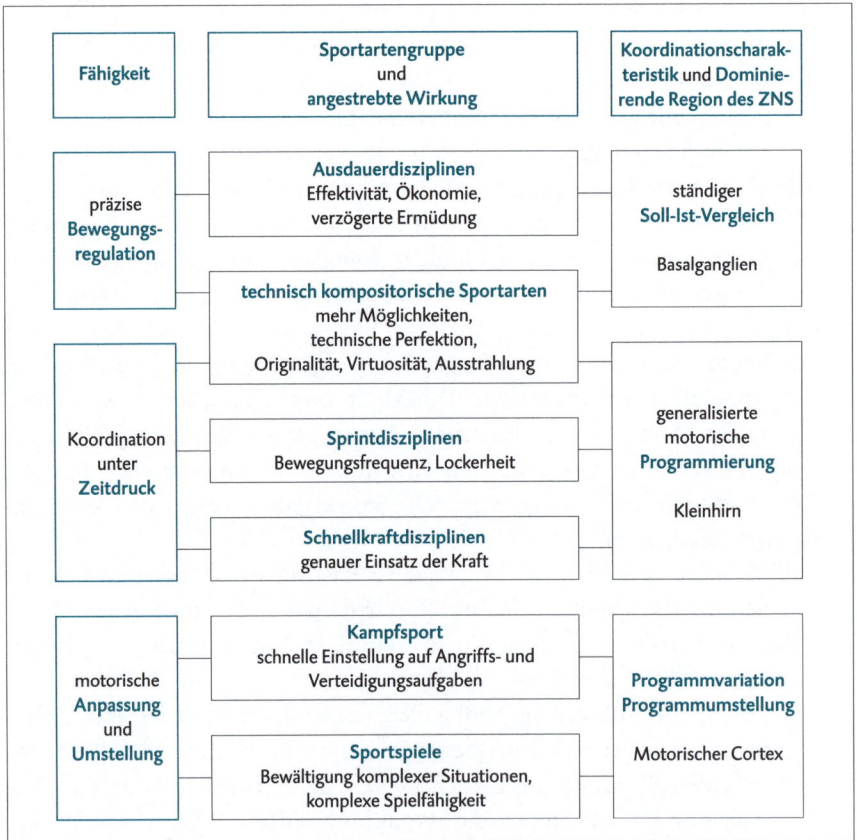

Abb. 82: Auswirkungen auf die Fähigkeiten durch Training in einzelnen Sportarten (nach Hirtz)

9.1 Grundlegende koordinative Fähigkeiten

Unabhängig von den Detailanforderungen der einzelnen Sportarten listet man folgende grundlegende Komponenten der koordinativen Fähigkeit auf. Beispiele ergänzen die Aufzählung.

- Die **Kopplungsfähigkeit** bezeichnet die Fähigkeit zur Verknüpfung von Teilkörperbewegungen zur Sicherung eines Bewegungszieles im Ganzen. Kopplungsfähigkeit erweist sich besonders beim Lernen zusammengesetzter Bewegungen als nützlich. So kann z. B. die Grundbewegung des Korblegers im Basketball mit zusätzlichen Elementen wie der Möglichkeit zu einer Pass- oder Wurffinte oder zu Richtungswechseln während der an sich geradlinigen Bewegung ergänzt werden. Die Kopplungsfähigkeit wird besonders durch die Fähigkeiten des kinästhetischen und des statico-dynamischen Sinns gefördert.

- Die **Differenzierungsfähigkeit** dient der Feinabstimmung von Teilkörperbewegungen und damit der Bewegungsgenauigkeit. Sie ist die Fähigkeit, einzelne Muskeln und Muskelgruppen, ihre Arbeit und Spannungszustände voneinander zu differenzieren, was durch die Leistungsfähigkeit des kinästhetischen Sinns gesichert wird. Differenzierungsfähigkeit ist besonders wichtig bei Sportarten, die eine große Bewegungspräzision erfordern. Damit ist sie z. B. in den technischen Disziplinen der Leichtathletik oder dem Wasserspringen unmittelbar leistungsbestimmend, liefert aber auch einen Beitrag etwa in Ausdauerdisziplinen, wo die Fähigkeit zu hoher Präzision auch unter Ermüdung einen entscheidenden Vorsprung bedeuten und vor Verletzungen schützen kann. Begriffe wie „Ballgefühl" oder „Wassergefühl", die der Sportpraxis entstammen, sprechen besondere Differenzierungsfähigkeiten an.

- Die **Gleichgewichtsfähigkeit** soll das Gleichgewicht halten (statische Gleichgewichtskontrolle) bzw. wiederherstellen (dynamische Gleichgewichtskontrolle). Die Gleichgewichtsfähigkeit ist in vielen Disziplinen dominierend: Typische Beispiele sind das Turnen auf dem Schwebebalken, das Bergsteigen oder die Angleitbewegung beim Kugelstoßen. Aber auch in den Ballsportarten ist die Erhaltung bzw. schnelle Wiederherstellung des Gleichgewichts nach Reaktionen auf gegnerische Maßnahmen unerlässlich, um die Spielkontrolle nicht aus der Hand zu geben. Das Nervensystem unterstützt die Gleichgewichtsfähigkeit durch den besonderen Einsatz des kinästhetischen und des statico-dynamischen Sinns und ist auch gefordert, wenn reaktive Muskelspannungen blitzschnell Gleichgewichtabweichungen korrigieren müssen. Diese reaktiven Muskelspannungen erkennt man gut etwa beim Ein-Bein-Stand an den vielen kleinen Korrekturen der Fußstell-muskulatur.

- Die **Orientierungsfähigkeit** hilft, eigene Bewegungen auf die Umgebung und auf Fremdbewegungen dadurch einzustellen, dass die Lage und die Veränderungen der Lage im sportlichen Umfeld zuverlässig erkannt werden. Orientierungsfähigkeit ist das zentrale Moment der Spielfähigkeit in den großen Ballsportarten. Die optischen, akustischen, taktilen und kinästhetischen Wahrnehmungsfähigkeiten unterstützen die Orientierungsfähigkeit.
- Die **Rhythmusfähigkeit** gibt die Möglichkeit, einen Bewegungs-Rhythmus von außen zu erfassen bzw. einen inneren Rhythmus in Bewegung umzusetzen. Rhythmusfähigkeit ist naturgemäß in allen Sportarten, die an der Umsetzung von Musik in Bewegung arbeiten, unabdingbar. Daneben sind auch manche Techniken wie etwa der Korbleger und der Anlauf zu anderen Wurfvarianten im Basketball so stark rhythmisch geprägt, dass sich eine rhythmische Schulung aufdrängt. Die Wendung „Ich habe keinen Rhythmus gefunden.", die oft von Ausdauersportlern zur Erklärung misslungener Wettkampfleistungen herangezogen wird, gibt jedoch einen Hinweis darauf, dass besonders bei zyklischen Bewegungen die Rhythmisierung hilft, Distanzen zu meistern. Augenscheinlich wird die Rhythmisierung beim Schwimmen in Kraullage, wo der Atemrhythmus die Bewegungsfolge charakterisiert.
- Die **Reaktionsfähigkeit** garantiert schnelle motorische Reaktionen auf äußere Signale. Man unterscheidet die Reaktionsfähigkeit auf einfache akustische, optische oder taktile Signale wie einen Startschuss von der Fähigkeit, auf komplexe Situationen zu reagieren, wie man es typisch in den Ballsportarten findet. Das Nervensystem ist hier besonders durch optische, akustische oder taktile Signalaufnahme und den Einsatz der kinästhetischen Fähigkeiten gefordert.
- Die **Anpassungs- und Umstellungsfähigkeit** ermöglicht die schnelle Änderung geplanter Bewegungen beim Eintreten einer neuen Situation. Die Umstellungsfähigkeit äußert sich immer dann, wenn Bewegungen stark von äußeren Bedingungen abhängen, etwa beim Radfahren bei Wind, Störungen durch Publikum, besonders aber in den Ballsportarten, wo die Situation oft schon auf Sekunden im Voraus unberechenbar wird. Das Nervensystem ist hier komplex gefordert: Zutreffende Wahrnehmung und Antizipation sichern diese Fähigkeit.

9.2 Allgemeine motorische Fähigkeiten

Schnabel hebt von den grundlegenden koordinativen Fähigkeiten drei übergeordnete allgemeine Fähigkeiten ab, die in unmittelbarer Wechselbeziehung zueinander stehen:

- Die **Motorische Lernfähigkeit** ist ein Komplex aller sieben koordinativer Fähigkeiten, wobei diese je nach Sportart unterschiedlich ausgeprägt sind.
- Kern der **Steuerungsfähigkeit** ist die genaue Bewegungsdurchführung. Sie ist typisch für technisch dominierte Sportarten, z. B. die leichtathletischen Disziplinen, wo es darauf ankommt, gegebene Bewegungsabläufe mit hoher Präzision und Konstanz immer wieder zu reproduzieren. Man spricht von Sportarten mit geschlossenem Anforderungsprofil.
- Die **Adaptionsfähigkeit** spiegelt die Besonderheit der Spiel- und Kampfsportarten wider, wo wechselnde Situationen eine ständige Neuanpassung erfordern. Diese Sportarten sind gekennzeichnet durch ein offenes Anforderungsprofil.

Das Schaubild zeigt, wie die koordinativen Fähigkeiten den allgemeinen Fähigkeiten motorische Lernfähigkeit, Steuerungsfähigkeit und Adaptionsfähigkeit zugeschrieben werden können.

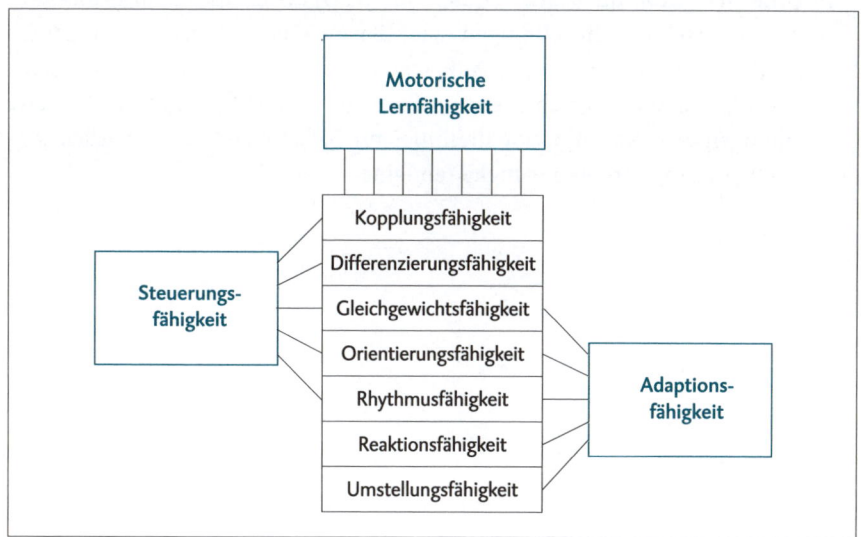

Abb. 83: Bezug zwischen den koordinativen Fähigkeiten und den allgemeinen Fähigkeiten (nach Schnabel)

Zusammenfassung

- Eine **Technik** ist ein Verfahren, sportartspezifische Bewegungsaufgaben zweckmäßig zu lösen. Sie ist unmittelbar von außen beobachtbar.
- **Koordinative Fertigkeiten** sind innere Abbilder sportartspezifischer Techniken. Sie sind also nicht unmittelbar beobachtbar, zeigen sich aber bei Ausführung entsprechender Bewegungstechniken.
- **Koordinative Fähigkeiten** umfassen die Fähigkeit, Bewegungen sicher zu beherrschen und schnell zu erlernen.
  Grundlegende koordinative Fähigkeiten: Kopplungsfähigkeit, Differenzierungsfähigkeit, Gleichgewichtsfähigkeit, Orientierungsfähigkeit, Rhythmusfähigkeit, Reaktionsfähigkeit, Anpassungs- und Umstellungsfähigkeit
- Allgemeine **motorische Fähigkeiten**: Motorische Lernfähigkeit, Steuerungsfähigkeit, Adaptionsfähigkeit

Aufgaben

36. Erläutern Sie Ausprägungen der Steuerungs- und Adaptionsfähigkeit am Beispiel des Geländelaufs.

37. Unter das „Koordinationstraining" für Ballsportler fasst man grundsätzlich unterschiedliche Übungen wie „Balancieren auf instabilem Untergrund wie Wackelbrettern", Aufgaben aus dem Lauf-ABC und ballorientierte Drills unter verschiedensten Bedingungen. Differenzieren Sie diese Übungen des „Koordinationstrainings für Ballsportler" unter Berücksichtigung der angestrebten Fähigkeiten feiner.

Lernen

Der Begriff „Lernen" kann folgendermaßen definiert werden:

Lernen ist ein erfahrungsbedingter Prozess, der zu einer relativ beständigen Veränderung des Verhaltens führt und/oder das Verhaltensrepertoire der lernenden Person erweitert.

Man unterscheidet:
- **implizites** (unbewusstes) und **explizites** (bewusstes) Lernen
- **inzidentelles** (zufälliges) und **intentionales** (beabsichtigtes) Lernen

Lernen deckt nicht nur den kognitiven Bereich ab, bedeutet also z. B. nicht nur, sich schulisches Faktenwissen anzueignen, sondern deckt auch das Aneignen von Emotionen sowie aus sozialem Blickwinkel die persönliche Übernahme von Regeln des Zusammenlebens ab. Außerdem führt der Begriff des Lernens auch in den Bereich der Motorik.

Ergebnis des **motorischen Lernens** ist die Veränderung des Bewegungsverhaltens oder des Bewegungsrepertoires aufgrund von Erfahrungen, kurz: Der Erwerb motorischer Fertigkeiten. Schnabel (1998) definiert ergänzend: „Unter motorischem Lernen verstehen wir die Aneignung – die Entwicklung, Anpassung und Vervollkommnung – von Verhaltensweisen und -formen, speziell von Handlungen und Fertigkeiten, deren Hauptinhalt die motorische Leistung ist." Dabei ist es gerade mit Blick auf die motorische Entwicklung nötig, Lernen von anderen Veränderungsvorgängen abzugrenzen: Lernen ist nicht Reifung, z. B. nicht die naturgegebene Zunahme von motorischen Fähigkeiten, und ist nicht Wachstum als rein quantitative Gewichts- und Größenzunahme.

Das Gedächtnis

Eine zentrale Rolle für das Lernen spielt das Gedächtnis, das in der Regel nach der Dauer der Informationsspeicherung in drei Instanzen unterschieden wird:
- **Sensorisches Gedächtnis:** Neue Informationen werden über die Sinnesorgane aufgenommen und an das sensorische Gedächtnis weitergeleitet. Dort bleiben sie nur einen Bruchteil von Sekunden und werden dann entweder gelöscht oder an das Arbeitsgedächtnis weitergereicht.

- **Arbeitsgedächtnis:** Informationen, die hierher gelangen, werden bewusst verarbeitet. Das Arbeitsgedächtnis zeichnet sich dadurch aus, dass es nur sehr wenige Informationen („Chunks") aufnehmen kann, die dort bis zu einigen Minuten verbleiben können. Anschließend werden sie entweder gelöscht oder in das Langzeitgedächtnis überführt.
- **Langzeitgedächtnis:** In diesem Teil des Gedächtnisses werden die Informationen dauerhaft gespeichert. Vergessen erfolgt höchstens durch Vermischung (Interferenzen) mit anderen Informationen. Das Langzeitgedächtnis hat im Gegensatz zu den anderen beiden Instanzen keine begrenzte Kapazität, kann also ein Leben lang neue Informationen aufnehmen.

Je nach Art der Inhalte unterscheidet man beim Langzeitgedächtnis zwischen deklarativem (explizitem) und nicht deklarativem (implizitem) Gedächtnis. Im **deklarativen Gedächtnis** werden allgemeines Faktenwissen (semantisches Gedächtnis) und persönliche Erfahrungen (episodisches Gedächtnis) gespeichert. Ort der Speicherung ist die Großhirnrinde (Cortex), die Wiedergabe seiner Inhalte kann also nur bewusst geschehen, seine Inhalte lassen sich deshalb auch leicht in Worte fassen (deklarativ). Dagegen sind Inhalte des **impliziten Gedächtnisses** im Wesentlichen an anderen Hirnorten gespeichert; seine Inhalte können unbewusst wiedergegeben und erworben werden, bzw. sich unbewusst zeigen, und lassen sich nicht einfach in Worte fassen (nicht deklarativ). Das implizite Gedächtnis ermöglicht die Entwicklung manueller und intellektueller Geschicklichkeit bei der Durchführung von wiederkehrenden Aufgaben. Das implizite Gedächtnis kann noch feiner unterschieden werden:

- Im prozeduralen Gedächtnis sind elementare, früher erlernte Fertigkeiten (Skills) wie Gehen oder Skifahren, Schreiben und Routinearbeiten, die jetzt ohne Nachzudenken ausgeführt werden können, angelegt.
- Im perzeptuellen Gedächtnis ist die Fähigkeit zum Wiedererkennen gespeichert: Auch in verschiedenster Ausführung wird z. B. aufgrund der Leistung dieses Gedächtniszweiges ein Handstand als Handstand erkannt.
- Der Effekt des Primings ist das Erkennen und Ergänzen von Dingen, die nur in kleinen Ausschnitten wahrgenommen werden. Man ergänzt also z. B. das Bild des Familienautos, wenn man nur schon sein typisches Fahr-Geräusch hört.

Der Übergang vom expliziten in das implizite Gedächtnis ist insbesondere im Bereich des motorischen Gedächtnisses fließend. Neu erlernte Bewegungen werden zunächst bewusst ausgeführt und benötigen eine erhöhte Aufmerksamkeit, bis sie zunehmend unbewusst ausführbar werden.

10 Allgemeine Lerntheorien

Von den Versuchen der Vergangenheit, eine allgemeine und umfassende Lerntheorie zu entwickeln, ist man heute inzwischen abgekommen. Dennoch enthalten die früher entwickelten Lerntheorien viele interessante Aspekte, die den komplexen Vorgang des Lernens zumindest in Teilen verstehen helfen.

Lerntheorien werden häufig in Hierarchien angeordnet. Die folgende Abbildung zeigt eine Auflistung klassischer Lerntheorien, wobei unten die einfachste und oben die komplexeste Theorie angeführt sind.

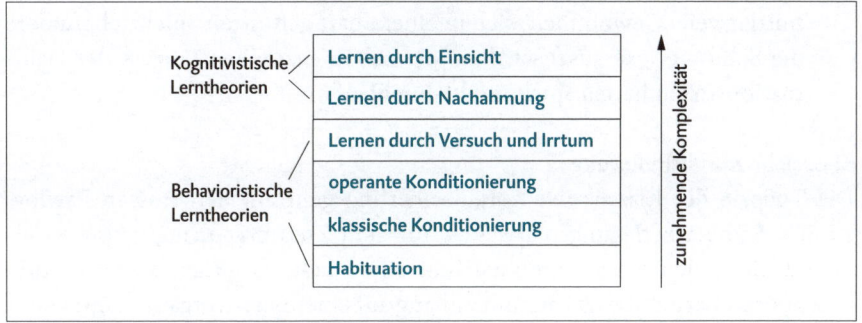

Abb. 84: Überblick über die klassischen Lerntheorien

10.1 Behavioristische Lerntheorien

Behavioristische Lerntheorien untersuchen, auf welche Weise das menschliche Gehirn gereizt werden muss, damit es gewünschte Verhaltensweisen auslöst. Diese Theorien lassen dabei die Betrachtung der Vorgänge im Gehirn außer Acht und untersuchen nur, welche äußeren Reize welche äußeren Reaktionen erzielen. Diese Sicht des Lernens war in den 60er-Jahren des 20. Jahrhunderts vorherrschend. Heute wird das Lernen als komplexer Prozess betrachtet, der ohne Berücksichtigung der internen Gehirn-Vorgänge nicht verstanden werden kann.

Habituation
Lernen durch Habituation (Gewöhnung) ist die elementarste Form des Lernens. Hier geht es darum, der lernenden Person **unbedingte Reflexe abzugewöhnen**, indem man sie vielfach Reizen aussetzt, die den Reflex herbeiführen.

Beispiel

Im Schulsport Volleyball spielen regelmäßig Vereinsspieler und völlig ungeübte Anfänger zusammen. Die Vereinsspieler sind es gewohnt, im Angriff harte Bälle zu schlagen und gehen in der Verteidigung ohne Scheu in
die Bahn selbst der härtesten Schmetterschläge des Gegners. Dagegen sind
Anfänger oft in solchen Situationen überfordert, was sich dadurch zeigt,
dass sie den härtesten Schlägen fluchtartig ganz ausweichen, die Hände
ohne Rücksicht auf das Spielgeschehen nur zum Schutz des eigenen Körpers verwenden oder einen ungeschickten Mix aus Bewegungen zum
Selbstschutz und zur Spielbeteiligung ausführen. Auch die beteiligten
Vereinsspieler waren einmal in der Rolle des Anfängers, für sie ist es aber
mittlerweile Gewohnheit, sich in einem hart geführten Spiel zu befinden,
die Schutzreflexe auszuschalten. Sie haben also einen Prozess der Habituation an ein hartes Spielumfeld durchlaufen.

Klassische Konditionierung

Die Theorie der Klassischen Konditionierung geht auf den Russen Pawlow
zurück. Seine Überlegungen basieren auf dem Zusammenhang zwischen einem auslösenden Reiz (Stimulus) und einer dadurch ausgelösten Reaktion
(Response). Beruht dieser Zusammenhang auf einem Lernvorgang, dann nennt
man ihn konditioniert, der Reiz heißt dann konditionierter Stimulus, die
Reaktion konditionierte Response (andernfalls sind Stimulus und Response
unkonditioniert bzw. angeboren). Durch diesen Zusammenhang heißt das Lernen nach klassischer Konditionierung oft auch **Reiz-Reaktions-Lernen**.

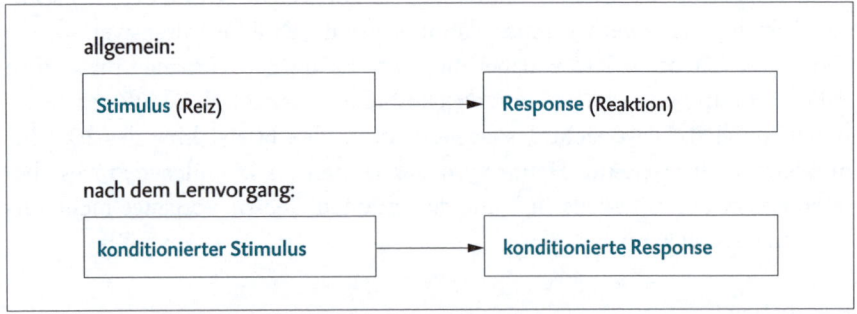

allgemein:

| Stimulus (Reiz) | → | Response (Reaktion) |

nach dem Lernvorgang:

| konditionierter Stimulus | → | konditionierte Response |

Abb. 85: Die Klassische Konditionierung

Beispiel

Das Paradebeispiel zur Klassischen Konditionierung ist der Pawlowsche
Hund. Ihn hatte man soweit gebracht, dass sein Speichelfluss-Reflex, der
beim Anblick einer Hunde-Mahlzeit einsetzte, auch ausgelöst wurde, wenn
eine Glocke ertönte.

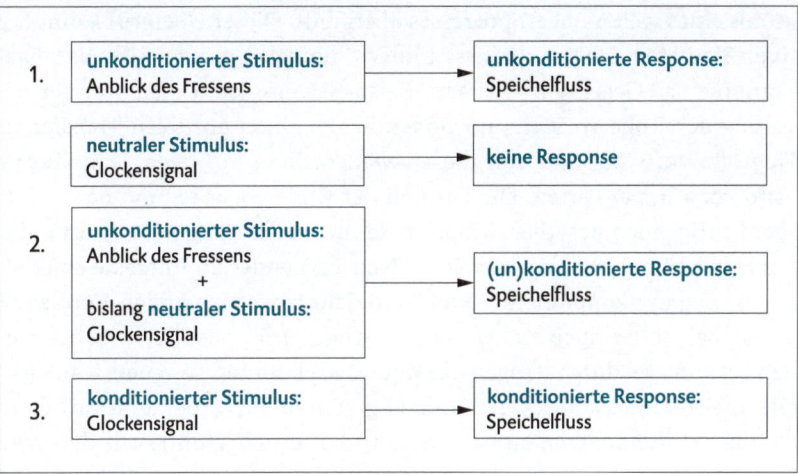

Abb. 86: Die Konditionierung des Pawlowschen Hundes

1. Vor dem Lernprozess gab es folgende Ausgangslage: Der Anblick des Fressens (unkonditionierter Stimulus) löste den Speichelfluss (unkonditionierte Response) des Hundes aus, während auf das alleinige Ertönen des Glockensignals keine Reaktion erfolgte (neutraler Stimulus).
2. Während des Lernprozesses wurde das Glockensignal (bislang neutraler Stimulus) mit dem Anblick des Fressens (unkonditionierter Stimulus) verknüpft. Durch mehrmaliges Wiederholen dieser Kombination wurde das Glockensignal zum konditionierten Stimulus.
3. Nach dem Lernprozess löste das Glockensignal (konditionierter Stimulus) nun alleine den Speichelfluss (konditionierte Response) des Hundes aus. Der Lernprozess war abgeschlossen.

Auch zum Verlernen macht das Lernschema der Konditionierung Aussagen. Denn folgt dem konditionierten Stimulus dauerhaft nicht mehr der eigentlich erwünschte unkonditionierte Stimulus, wird die erlernte Reaktion wieder gelöscht. Dieser Vorgang heißt **Extinktion**. Erhält der Hund also auf Dauer keine Mahlzeit mehr, wenn das Glockensignal ertönt, wird auch der Speichelfluss auf das Glockensignal hin wieder ausbleiben. Gibt es für eine besondere Trainingsanstrengung kein außergewöhnliches Lob des Trainers mehr, dann reicht eben auch die um einige Prozent reduzierte Anstrengung.

Reagiert eine lernende Person auch auf Stimuli, die dem konditionierten Stimulus ähneln, spricht man von **Reizgeneralisierung**. Hier findet sich die Basis für das **Transferlernen**, bei dem ein vorhandenes Lernergebnis auf das Ergebnis eines weiteren Lernprozesses übergreift. Dieser Übergriff kann als **positiver Transfer** den Lernprozess fördern, umgekehrt aber auch als **negativer Transfer** das Gegenteil bewirken. Beispielsweise kann man von der Beherrschung der Rolle vorwärts im Bodenturnen einen positiven Transfer auf die Flugrolle vorwärts und von dieser wieder einen positiven Transfer auf den Salto vorwärts erwarten. Die Formen der Rolle vorwärts und der Salti haben aber häufig einen negativen Transfer auf die Ausführung des Handstandes und des Handstützüberschlages, weil ein Neu-Lernender im Interesse einer günstigen Bewegungskopplung bei Roll- und Saltobewegungen den Kopf zur Brust zieht – bei Rollen auch ziehen muss –, wogegen Handstützüberschläge in frühen Lernphasen durch Beugen des Kopfes nach hinten gesteuert werden.

Die meisten methodischen Formen gestalten ihr Programm so, dass eine Übung auf der anderen aufbaut, eine früher durchgeführte auf die später erlernte eine positive Transferwirkung hat. In diesem Fall spricht man von **proaktivem Transfer**. Es kann aber durchaus auch vorkommen, dass eine später gelernte Übung die Ausführung früherer Fertigkeiten beeinflusst. In diesem Falle spricht man von **retroaktivem Transfer**.

Operante Konditionierung

Bedingt-reflektorische Verknüpfungen werden in der Regel durch die Anwendung von Belohnung (positiver und negativer Verstärkung) bzw. durch Bestrafung erzielt.

| | | Verhalten wird | |
		gefördert	unterdrückt
angenehmer Reiz	wird hinzugefügt	Positive Verstärkung	–
	wird entfernt	–	Bestrafung Typ II
unangenehmer Reiz	wird hinzugefügt	–	Bestrafung Typ I
	wird entfernt	Negative Verstärkung	–

Beispiele

Im Training treten die genannten Formen des Belohnens und Bestrafens regelmäßig auf.

Positive Verstärkung erfährt ein Schüler bzw. ein Sportler durch Lob, gute Noten, Anerkennung oder Beifall. Negative Verstärkung ergibt sich, wenn etwa eine Sanktion aufgehoben oder eine große Trainingsanstrengung vermeidbar werden kann oder „Wenn der nächste Ausdauertest zufrieden stellend ausfällt, entfallen die Sonder-Trainingseinheiten".

Bestrafungen vom Typ II treten etwa dann auf, wenn bei schlechter Trainingsleistung auf die Mannschaftsfete verzichtet werden muss oder bei Konditionsrückstand ein gerne besuchtes Turnier nicht besucht wird. Bestrafungen vom Typ I arbeiten durch Zugabe unangenehmer Erlebnisse, etwa 5×10 Liegestütze für den Verlierer im Trainingsspiel oder Strafrunden bei Nichterfüllen von Normen.

Operantes Konditionieren (nach dem amerikanischen Psychologen B. F. Skinner) erweitert die klassische Konditionierung insofern, dass nicht reflektorisches Verhalten, sondern bewusst ausgeführte **Handlungen** eine Belohnung erhalten, wenn sie dem gewünschten Lernziel entsprechen. Viele Autoren ordnen operantes Konditionieren als „Lernen durch Bestärkung" ein, sehen die Belohnungs- und Bestrafungs-Mechanismen als sein wesentliches Merkmal an. Dabei ist es nicht unbedingt so, dass Handlungen von außen vorgegeben sein müssen, sondern im Zuge der Aktivitäten einer Person können sich selbst gefundene Handlungsvarianten ergeben, die besonders gut Bedürfnisse befriedigen und deshalb gelernt werden.

Bei Lernmethoden, die mit operantem Konditionieren arbeiten, liegt ein besonderes Augenmerk auf der geschickten Auswahl der Handlungsverstärker, seien es **primäre**, unkonditionierte **Verstärker** wie Essen oder Trinken, seien es **sekundäre**, konditionierte **Verstärker** wie Geld, gute Noten in der Schule oder Statussymbole, die als Belohnung für erwünschte Handlungen ausgesetzt werden. Auch von der Lernperson angestrebte Handlungen sind wesentliche Verstärker, z. B.: „Wenn du deine Hausaufgaben gemacht hast, darfst du danach spielen gehen."

In der Regel wird das **Shaping**, die Haupt-Methode der operanten Konditionierung, angewandt, das schrittweise an eine gewünschte Verhaltensweise heranführt. Ein Beispiel aus der Medizin macht genau deutlich, dass Shaping funktioniert, indem gezielt kleine Schritte in die richtige Richtung gefördert werden (Wolf u. a.).

Ein autistischer dreijähriger Junge weigerte sich, eine für ihn unbedingt notwendige Brille zu tragen. Man brachte das Kind durch mehrere Lernschritte dazu, die Brille doch zu tragen. Zunächst wurde eine Spielzeugmaschine, die ein typisches Klicken produzierte, als positiver Verstärker konditioniert, indem das Klicken mit der Gabe von Süßigkeiten in Verbindung gebracht wurde. Im Laufe des Lernprozesses wurde das Klicken gestuft eingesetzt: In der ersten Lernstufe ertönte das verstärkende Klicken bereits, wenn das Kind ein Brillengestell ohne Gläser auch nur anfasste, später nur, wenn es das Gestell in der Hand behielt, noch später, wenn es die Brille in Richtung Kopf führte. In einem Lernprozess, der über mehrere Wochen verlief, lernte das Kind schließlich, das Brillengestell über Stunden zunächst noch schief, später dann aber auch richtig zu tragen.

In der Vermittlung von sportlichen Bewegungen haben sich zahlreiche dem Shaping entsprechende methodische Vorgehensweisen durchgesetzt. Konzepte methodischer Übungsreihen (vgl. S. 156 f.) lassen sich dieser Lerntheorie unterordnen.

Operantes Konditionieren im klassischen Sinne verfolgt also das Ziel, einer lernenden Person von außen Ziele und Lerninhalte vorzugeben und kann damit als fremdgesteuerte Vermittlung motorischer Programme angesehen werden.

Lernen durch Versuch und Irrtum

Auf der Basis von sich ergebenden Verstärkungen arbeitet auch eine Variante des operanten Konditionierens, das Lernen durch Versuch und Irrtum *(trial and error)*. Hierbei reagiert die lernende Person zunächst zufällig auf eine ihr unbekannte Situation, probiert verschiedenes Verhalten aus. Das Lernen beruht dann auf einem Abgleich: Wenn das folgende Handlungsergebnis mit dem gewünschten Handlungsziel nicht übereinstimmt, schließt man, dass die Problemlösung unzutreffend war und probiert weiter. Entsprechen erprobte Verhaltensweisen eher dem Handlungsziel, wird das erfolgreiche Verhalten verstärkt und in das Verhaltensrepertoire aufgenommen. Im Vergleich zum fremdbestimmten Konditionieren ist hier die Eigenaktivität des Lernenden deutlich vorherrschend. Der Lerneffekt beruht neben der Befriedigung typisch menschlicher Bedürfnisse wie Neugier oder Wissensdurst stark darauf, dass so auf lange Sicht vielfach erfahrene Varianten im Gedächtnis gespeichert werden können, im Sinne des Bewegungslernens also ein breiter Vorrat an Bewegungsmustern gespeichert ist und so die kinästhetischen Sinnesfähigkeiten zunehmen. Im Sport hat dieses Lernverhalten seinen Platz, wenn ein Fußballer im Training oder im Spiel versucht, einen verteidigenden Gegenspieler auf seine Schwächen hin auszutesten.

Programmiertes Lernen

Programmiertes Lernen ist eine konsequente Umsetzung behavioristischer Lerntheorien in die Unterrichtspraxis. Ihre Ursprünge haben diese Techniken in den 60er- und 70er-Jahren des 20. Jahrhunderts. Heute noch findet man vergleichbare Umsetzungen in Selbstlernprogrammen für Computer. Charakteristisch für das programmierte Lernen ist die Abfolge vorher festgelegter Lernschritte, die vom Lernenden sukzessive abgearbeitet werden und ihn so zum Lernziel führen; diese Abfolge nennt man ein **Lernprogramm**. Bei der Gestaltung eines Lernprogramms zu komplexen Bewegungen kommt es darauf an, die Schlüsselsequenzen zu vermitteln. Schlüsselsequenzen sind diejenigen Detailbewegungen, die das Besondere der neuen Bewegungskopplung ausmachen. Um die Schlüsselsequenzen herum muss das Lernprogramm aufgebaut werden. Von **programmierter Instruktion** spricht man dann, wenn Lernenden das Lernprogramm medial zur Verfügung gestellt wird, sei es auf Lernkarten, sei es auf andere Art, und die Schüler sich anhand der Lernmedien selbstständig dem Lernziel nähern. Die Rolle des Lehrers verändert sich dabei weg vom Anbieter und Vermittler des Lernstoffes und hin zum fachkundigen Berater der Schüler und Beurteiler des Erreichens der Teillernziele.

Medial dargebotene Lernprogramme können im Wesentlichen auf zwei Arten organisiert sein. Man unterscheidet lineare und verzweigte Programme.

- Bei **linearen Programmen** (nach Skinner) wechseln sich regelmäßig Informationsschritte und Arbeitsschritte ab. Jeder Teilnehmer einer Lerngruppe durchläuft genau das gleiche Programm. Damit alle Schüler am Ziel ankommen können, ist es nötig, sehr kleine Lernschritte zu entwerfen. Das bedeutet zwangsläufig, dass sich leistungsfähigere Schüler langweilen. Andererseits aber haben solche Programme den Vorteil, dass – theoretisch zumindest – bei angemessener Programmierung alle Schüler das Lernziel erreichen.

- Bei **verzweigten Programmen** (nach dem amerikanischen Psychologen N. A. Crowder) werden die Lernenden je nach auftauchendem Fehler auf verschiedenen Wegen zum Ziel geleitet. Bei kognitiven Lerninhalten lassen sich Lernalternativen aus Antworten in einem Multiple-Choice-Verfahren entwerfen. Bei bewegungstechnischen Inhalten muss es einen fachkundigen Beobachter geben, etwa den Lehrer, der das Ausmaß des Lernerfolges ebenso wie aufgetretene Fehler einordnen kann. Verzweigte Programme helfen, die Monotonie der linearen Programme zu durchbrechen, indem sie dem pädagogischen Prinzip der Differenzierung Rechnung tragen. Jeder Schüler lernt in seinem Tempo und in für ihn angemessenen Lernschritten. Bei einem komplexen Lernstoff sind jedoch verzweigte Lernprogramme hoher Qualität schwierig zu entwerfen.

Zur Erstellung und Durchführung von Lernprogrammen wird folgendes Vorgehen gewählt:

1.	**Analyse der Lerngruppe**
2.	**Festlegen des Lernzieles**
3.	**Untersuchung der Lernvoraussetzungen**
4.	**Planung der Lernschritte** Bestandteile eines jeden Lernschritts a) Informationsteil b) Angabe des zu lösenden Problems c) Festlegung der Kontrollnorm (Bekräftigungsteil)
5.	**Wahl der Medien**
6.	**Erprobung der Lernschritte**
7.	**Umsetzen der Lernschritte**

Das **sensomotorische Lernen** (nach Ungerer) ist eine konsequente Umsetzung der Theorie der programmierten Instruktion auf das Bewegungslernen. Zunächst wird eine Bewegung auf kleinste lernrelevante Bausteine, die sensomotorischen Sequenzen, analysiert. Diese werden oft mit Elementarbewegungen (Heben des Armes nach vorne-oben, Kicken des Beines) gleichgesetzt, von denen man annehmen kann, dass der Trainierende über ein ausreichendes Repertoire verfügt. Sensomotorisches Lernen wird dann als simultane (gleichzeitige) oder sukzessive (aufeinanderfolgende) Kopplung sensomotorischer Sequenzen verstanden. Jede neue Kopplung stellt einen Lernerfolg dar. Die Vermittlung der Sequenzen geschieht über kleine Anweisungen, die jede eine sensomotorische Sequenz bezeichnet, die **Basaltexte**. Im Folgenden sind mögliche Basaltexte zur Hitchkick-Technik beim Weitsprung aufgeführt:

Basaltext	
1	Springe ab!
2	Kicke beim Absprung das Schwungbein!
3	Führe das Schwungbein rückwärts!
4	Führe das Schwungbein zur Landung!
5	Führe das Sprungbein zur Landung!
6	Nimm die Arme nach vorn!

Es hat sich aber herausgestellt, dass eine Folge von sechs Basaltexten wohl aufgrund der begrenzten Wahrnehmungskapazität adhoc von niemandem in angemessene Bewegungen umgesetzt werden kann. Erwachsene können in der Regel nicht mehr als vier Basaltexte auf einmal, Kinder nicht mehr als zwei bewältigen. In der Unterrichts-Praxis der programmierten Instruktion und damit des sensomotorischen Lernens ist ein einzelner Lernschritt so auszuführen:

1. Der Schüler nimmt Information von der Lernkarte auf.
2. Der Schüler versucht die beschriebene Bewegung auszuführen.
3. Lehrer und Mitschüler beobachten den Versuch und schätzen ihn ein.
4. Je nach Bewertung des Versuchs greifen weitere Programmschritte. Bei Misslingen muss der Schüler frühere oder alternative Lernschritte benützen, bei Gelingen wird ein weiterführender Lernschritt angeboten.

Für den Bereich des Sports sind im Laufe der Zeit viele Lernprogramme entworfen worden, die im Vereins- und Leistungssport so gut wie nicht beachtet worden sind. Im Bereich des Schulsports hat man sich mit dieser Art der Vermittlung auseinandergesetzt, ohne dass das Lernen nach programmierter Instruktion sich im Sportunterricht durchgesetzt hätte.

Zusammenfassend kann festgestellt werden:

> Reiz-Reaktionslernen in Form der klassischen oder operanten Konditionierung ist bestimmt durch Beobachtungen an **äußeren Merkmalen**. Es wird der äußere Reiz beobachtet und nachfolgend die nach außen gerichtete Antwort der lernenden Person. Die interne Entscheidungsfindung findet keine Beachtung, die lernende Person ist eine „Black Box" in der Art eines Automaten, in den ein Input erfolgt, der einen Output liefert, ohne dass man seinen internen Mechanismus durchschauen könnte oder müsste.

10.2 Kognitivistische Lerntheorien

Kognitivistische Lerntheorien heben sich in ihrem Ansatz deutlich von den behavioristischen Lerntheorien ab. Die Innensicht gewinnt an Bedeutung, explizites Lernen findet hier seinen Platz.

Lernen durch Nachahmung (Modelllernen)

Das Lernen durch Nachahmung, auch Modelllernen genannt, wurde intensiv von Bandura untersucht. Sein bekanntestes Experiment, die Bobo-Doll-Study, auch das Rocky-Experiment genannt (1963), gibt deutliche Hinweise auf den gedanklichen Hintergrund:

Kinder sahen einen Film über eine erwachsene Person namens Rocky, die sich aggressiv der Puppe Bobo gegenüber verhielt, sie anschrie und auf sie einprügelte. Eine erste Fortsetzung dieses Filmstücks zeigte, dass Rocky für seine Taten belohnt wurde, eine zweite führte eine Bestrafung Rockys vor, in einer dritten blieb Rockys Verhalten ohne Reaktion. Nachdem die Kinder den Film gesehen hatten, wurden sie in einen Raum geführt, in dem eine gleiche Puppe zum Spielen zur Verfügung stand. Die Kinder, die die Fortsetzung mit Rockys Belohnung gesehen hatten, imitierten sein aggressives Verhalten umgehend, ebenso einige der Kinder der Gruppe, denen man die neutrale Fortsetzung vorgeführt hatte. Die Kinder der Gruppe, in der die Sanktionierung von Rockys Verhalten gezeigt worden war, zeigten das aggressive Verhalten nicht. Kinder, die kein aggressives Verhalten gezeigt hatten ließen sich aber durch Belohnung dazu bringen, das aggressive Verhalten ebenso wie Rocky zu zeigen.

Modelllernen bedeutet also **Lernen durch Beobachtung**, was im Bereich der Vermittlung und des Lernens motorischer Fertigkeiten besonders durch die einfache Methode „Vormachen-Nachmachen" repräsentiert ist. Modelllernen hat zudem auch eine deutliche **soziale Komponente**, da man das Verhalten anderer Personen wahrnimmt, mit seinem eigenen Verhalten abgleicht und sich gegebenenfalls anpasst. Beim motorischen Lernen kommt hier besonders das Lernen durch Imitation von Vorbildern zum Tragen.

Insgesamt kann sich Lernen am Modell im Bereich des Sports auf mehrere Arten zeigen:

- Bewegungen und Verhaltensweisen, die bisher nicht zum Repertoire der lernenden Person gehörten, können erlernt werden.
- Bewegungen und Verhaltensweisen, die bereits zum Repertoire der lernenden Person gehören, können gehemmt bzw. enthemmt werden, je nachdem ob sie als mit negativen oder positiven Konsequenzen verbunden beobachtet werden.
- Einstellungen und emotionale Bezüge zu Handlungen und Verhaltensweisen können sich grundsätzlich ändern. So können etwa Fans sich mitgerissen von den anderen völlig exaltiert gebärden, sich gegenseitig anheizen, obwohl sie im Alltag völlig unauffällig sind. Auf der anderen Seite können sich Fans auch bewusst nicht mehr in den zu Gewalt neigenden Fanblock stellen, da sie sich selbst nicht so verhalten möchten.

Damit ist Modelllernen weniger ein mechanisches Kopieren, sondern ein kognitiv gesteuertes Handeln, das Aufmerksamkeit, Gedächtnisleistung, motorische Leistung und Motivationsprozesse erfordert.

Doch welche Aspekte fördern den Willen, nach einem Modell zu lernen? Grundsätzlich ist eine Person eher bereit, von anderen zu lernen, wenn ihr eigenes Handeln zu keinem Erfolg geführt hat, oder aber, wenn sie befürchten muss, dass ihr die Zuneigung entzogen wird, sollte sie sich nicht nach dem Modell richten. Auf der anderen Seite werden gerne Personen als Modelle akzeptiert, die erfolgreich, kompetent, aufgrund ihres Status allgemein beneidet und nach Möglichkeit der eigenen Person sehr ähnlich sind.

Lernen durch Einsicht (entdeckendes Lernen)

Die Motivation eines Sportlehrers, Lernen durch Einsicht einzusetzen, wird oft durch die Unterrichtspraxis vorgegeben.

spiel

Um dem vielfach vorherrschenden Wunsch zumindest der sportlich ehrgeizigen Schüler zu entsprechen, nicht schulmethodisch aufbereitete „Schmalspurtechniken" lernen zu müssen, die im leistungsorientierten Vereinssport vermeintlich nichts zu suchen haben, probieren manche Lehrer auch in der Schule, die „richtigen Techniken" zum Kugelstoßen, Speerwerfen, Sprintstart oder den Sprungdisziplinen zu vermitteln. In der Unterrichts-Realität stellt sich aber meist schnell heraus, dass die mit den Hochleistungstechniken der Leichtathletik-Profis erbrachten Schüler-Leistungen in der Regel kaum mit denjenigen, die auf einem ausgesprochen niedrigen technischen Niveau erreicht wurden, mithalten können.

Beim Sprint sind die Startzeiten aus dem Hochstart besser als die aus dem Tiefstart, weil Schüler ohne besondere Kraft in der Beinstreckschlinge nicht lange mit weiter Vorlage beschleunigen können, sich statt dessen aus dem Block heraus zuerst fast aufrecht stellen und dann loslaufen, was einen Zeitverlust im Vergleich zum Hochstart bedeutet. Beim Weitsprung erzielen Schüler ihre Bestleistungen mit der einfachen Schrittsprungtechnik, weil sie aufgrund mangelnder Sprungkraft nicht genug Zeit in der Luft haben, die Hangsprung- oder Laufsprungtechnik auszuführen. Der Speer fliegt am weitesten, wenn ein einfacher Dreischritt statt der Fünfschritt-Technik aus dem Anlauf akzeptiert wird, weil dann aufgrund der deutlich gesunkenen Kraftanforderung beim Stemmschritt und der reduzierten koordinativen Komplexität viel mehr Aufmerksamkeit auf die Bogenspannung und den Auswurf gelegt werden kann. Ebenso gelingt aufgrund der geringeren Kraftanforderungen an die Bein- und Rumpfstabilität das Kugelstoßen oft besser aus dem seitlichen Angleiten als mit der aufwendigen Rück- oder Drehstoßtechnik. Einzig im Hochsprung wirkt sich die Flop-Technik auch auf Schülerleistungen positiv aus.

Man stellt fest, dass Kinder und Jugendliche im Unterricht durch leichtathleti-sche Leistungssport-Techniken fast durchwegs überfordert sind, sich die ge-stellten Bewegungsaufgaben also in der Regel dadurch sogar erschweren. Ein Sportlehrer, der lehrbuchgemäß diese Techniken unterrichtet, läuft Gefahr, schülerfremd vorbedachten Unterricht zu halten, der sich zwar an Lehrbü-chern, aber in Hinblick auf die körperlichen Verhältnisse der Kinder an sach-fremden Maßstäben orientiert. Entdeckendes Lernen, auch Lernen durch Ein-sicht genannt, hält solchen Vorgehensweisen eine andere Methodik entgegen. Im Bestreben, einen authentischen Unterricht zu erzielen, müssten Situatio-nen konstruiert werden, in denen die Kinder erforschen und erproben können, wie sie – jeder für sich – am schnellsten starten, am besten werfen, am weites-ten springen können. Dieses selbständige Erforschen ist ein wesentliches Merkmal des Lernens durch Einsicht, das sich damit bewusst vom klassischen, lehrerzentrierten Vermittlungs-Lernen abwendet. Zweck eines solchen Lehr-weges ist eine vertiefte Zuwendung, eine vergleichsweise allmähliche, im End-effekt aber um so gründlichere, nachhaltigere Ausbildung, die man sich wegen der hohen Eigenaktivität, des notwendig im Lernfeld wachsenden Struktur-verständnisses und der dadurch nötigen und möglichen zahlreichen Trans-ferleistungen der Lernenden verspricht.

Entdeckendes Lernen ist dann angemessen, wenn die Problemstellungen zur Lösung auffordern und wenn entsprechende Materialien vorliegen. Außerdem bedarf man einer Lerngruppe, die motiviert arbeitet, gute Lernvoraussetzungen mitbringt sowie eigene Organisations- und Lernkompetenz beisteuern kann. Für den Vermittler ergibt sich die zentrale Schwierigkeit, überhaupt eine aus-reichende Anzahl an motivierenden Lernproblemen im gerade richtigen Schwierigkeitsgrad „fordernd, aber nicht zu schwierig" zur Verfügung zu haben. In diesem Zusammenhang ergibt sich dann auch das Problem der ange-messenen individuellen Förderung, denn was einem Mitglied der Lerngruppe angemessen schwierig scheint, kann ein anderes unter- oder auch überfordern. Wenn schließlich tatsächlich genügend angemessene Aufgaben gefunden sind, muss man sich davor hüten, deren Abfolge zu methodisch zu organisieren, damit die Vorteile des Lernens durch Einsicht durch Verlust der gewünschten Erforschungs- und Transferleistungen nicht in Gefahr geraten.

Entdeckendes Lernen ist eng verknüpft mit der ganzheitlichen Sicht der Ge-stalttheorie, weil beide Theorien nicht vom Detail aus denken, sondern sich getreu der Aussage „Das Ganze ist mehr als die Summe seiner Teile" die Wir-kungen von Systemen als Ganzes bzw. komplexe Aufgabenstellungen unter-suchen. Grundsätze der Gestalttheoretiker, wie z. B. die von Tholey, lassen sich dementsprechend hervorragend als Prinzipien zur Gestaltung von Aufgaben im Bereich des entdeckenden Lernens interpretieren. Wesentliche Prinzipien dieser Art stehen unter den Überschriften Erlebnisorientiertheit, Ganzheitlichkeit, Sachlichkeit, Variabilität, Zusammenspiel von Eindruck und Antwort oder schöpferische Freiheit.

Zusammenfassung

- Lernen ist ein Prozess, der zu einer relativ beständigen Veränderung des Verhaltens führt. **Arten des Lernens**: implizites (unbewusstes)/explizites (bewusstes) Lernen; inzidentelles (zufälliges)/intentionales (beabsichtigtes) Lernen
- Das **Gedächtnis** wird unterteilt in sensorisches Gedächtnis, Arbeitsgedächtnis, Langzeitgedächtnis. Beim Langzeitgedächtnis wiederum wird unterschieden zwischen deklarativem Gedächtnis (explizites Gedächtnis) und nicht deklarativem Gedächtnis (implizites Gedächtnis).
- Zu den allgemeinen Lerntheorien zählen vor allem behavioristische und kognitivistische Lerntheorien.

Der **Behaviorismus** versuchte, das Verhalten von Menschen und Tieren rein naturwissenschaftlich zu untersuchen, ohne dabei internen Steuerungsvorgängen Aufmerksamkeit zu schenken. Verhalten wurde dabei als Reaktion auf einen Reiz gedeutet.	
Klassische Konditionierung (Reiz-Reaktions-Lernen)	Ein bislang neutraler Stimulus wird während des Lernprozesses durch Kombination mit einem unkonditionierten Stimulus zu einem konditionierten Stimulus, der dieselbe Reaktion hervorruft wie der unkonditionierte Stimulus (Pawlowscher Hund); ein erlerntes Verhalten wird gelöscht (Extinktion), wenn dem konditionierten Stimulus auf Dauer nicht mehr der unkonditionierte Stimulus hinzugefügt wird; das Reagieren auf einen Stimulus, der dem konditionierten Stimulus ähnelt, wird als Reizgeneralisierung bezeichnet (Basis für das Transferlernen).
Operante Konditionierung	Das Erlernen einer Verknüpfung zwischen einem Reiz und einer Handlung erfolgt durch Belohnung (positive und negative Verstärkung) bzw. durch Bestrafung. Die Hauptmethode ist das Shaping, das schrittweise erfolgende Heranführen an eine gewünschte Verhaltensweise.
Lernen durch Versuch und Irrtum	Variante der operanten Konditionierung; ein zufällig, durch Probieren gezeigtes Verhalten wird verstärkt; hier steht im Vergleich zur operanten Konditionierung die Eigenaktivität des Lernenden im Vordergrund.

Das **Programmierte Lernen** ist die Umsetzung der behavioristischen Lerntheorien in die Unterrichtspraxis. Es wird unterschieden zwischen linearen Programmen (gleichmäßige Abfolge und Aufbau der Lernschritte) und verzweigten Programmen (Fortsetzung je nach Bewältigung des vorausgehenden Lernschrittes). Im Sport entspricht dem programmiertem Lernen das sensomotorische Lernen, bei dem sensomotorische Sequenzen (Elementarbewegungen) schrittweise gekoppelt werden.

Bei den **kognitivistischen Lerntheorien** wird von Verarbeitungsprozessen im Bewusstsein ausgegangen.

Lernen durch Nachahmung (Modelllernen)	Lernen erfolgt durch Beobachtung des Verhaltens Anderer und enthält somit eine soziale Komponente.
Lernen durch Einsicht (entdeckendes Lernen)	Hierbei ist die hohe Eigenaktivität des Lernenden bezeichnend.

Aufgaben

38. Stellen Sie die Ausführung der leichtathletischen Disziplinen Langlauf und Hochsprung in die Begriffsfelder implizites/explizites Lernen sowie implizites/explizites Gedächtnis und differenzieren Sie anhand Ihrer Ergebnisse das Begriffspaar implizites Gedächtnis/implizites Lernen.

39. Stellen Sie einen möglichen Unterrichtsweg zum Weitsprung unter Verwendung des entdeckenden Lernens dar.

11 Motorisches Lernen

Motorisches Lernen stellt einen spezifischen Aspekt des menschlichen Lernens dar, der für die Bewegungstätigkeit und damit für den Sport maßgeblich ist.

> Ziel des **motorischen Lernens** ist die dauerhafte Erweiterung des Repertoires der Bewegungshandlungen und der Aufbau einer komplexen motorischen Handlungsfähigkeit durch Übungsprozesse.

11.1 Theorien des motorischen Lernens

Die verschiedenen Theorien zum motorischen Lernen sind eng mit der Art der Bewegungsbetrachtung und der zugehörigen Modellbildung verknüpft. Entsprechend begegnen uns im Folgenden wieder Begriffe wie „motorisches Programm", „Closed-loop" oder „Open-loop" aus der Theorie der motorischen Steuerung, aber auch Begriffe aus der äußeren Bewegungsbeobachtung wie „Funktionsphasen von Bewegungen".

Adams' Zwei-Phasen-Theorie
Während Reiz-Reaktions-Lerntheorien einen open-Loop-orientierten Ansatz verfolgen, indem sie sich um die Steuerung des Verlaufs der Bewegung nicht kümmern, sondern nur Auslösung (Reiz) und Bewegungsergebnis (Reaktion) betrachten, ergänzte man in den 70er-Jahren des letzten Jahrhunderts einen Closed-Loop-Ansatz (Adams, 1976), bei dem der Lernprozess als von laufenden Ergebnis-Rückmeldungen begleitet angesehen wurde. Nach Adams' Ansatz wird das motorische Gedächtnis auf zwei Arten zum Lernen genützt:
- Die **Wahrnehmungsspur** *(perceptual trace)* dient der fortlaufenden Bewegungsregulation nach Art der Closed-Loop-Theorien der Motorik. In dieser Spur sind zum einen Bewegungsergebnisse (Knowledge of Results, KR), zum anderen aber auch Informationen zu Bewegungsausführungen gespeichert. Der Abgleich dieser beiden Informationszweige führt zu einer Verbesserung der Bewegungsausführung, zum motorischen Lernen. Bei Anfängern ist dabei besonders die verbale Rückmeldung zum Erwerb von „Knowledge of Results" wichtig. Sie befinden sich in der Lernphase „Verbal Motor Stage". Fortgeschrittene dagegen brauchen weniger oder keine externe Ergebnis-Rückmeldung, da sie eine Bewegungs-**Automatisierung** erreicht haben. Diese Lernphase nennt man „Motor Stage".

- Während die Wahrnehmungsspur den Ablauf der Bewegung kontrolliert, ist die **Gedächtnisspur** *(memory trace)* die Bewegungen auswählende und auslösende Gedächtnis-Instanz. Deren Existenz wird postuliert, weil zu Beginn einer Bewegung keine sensorischen Konsequenzen vorliegen, mit denen die Wahrnehmungsspur arbeiten könnte.

Schmidts Schematheorie

Da Closed-loop-Kontrolle nur für vergleichsweise langsame Bewegungen taugt, wird das Modell von Adams mit den Open-loop-Gesichtspunkten Recall-Schema und Recognition-Schema nach Schmidt erweitert. In Bezug auf den motorischen Lernprozess sieht man die Rolle der Recall-Schemata so, dass gewisse Parametereinstellungen mit den Bewegungsrückmeldungen (KR) abgeglichen und gegebenenfalls gewechselt werden. Die sensorische Aufnahme innerhalb des Recognition-Schemas begleitet diesen Prozess. Ein breiter Bewegungsvorrat wird dadurch möglich, dass nicht einzelne Bewegungsergebnisse und sensorische Rückmeldungen in Zusammenhang mit deren auslösenden Parametereinstellungen gespeichert werden, sondern Regeln zur sinnvollen Kombination von Ursachen und gewünschten Wirkungen im motorischen Gedächtnis verankert sind. So wird auch erklärbar, dass schnelle Open-Loop-Bewegungen, die man vorher noch nie ausgeführt hat, möglich sind.

In der Konsequenz folgert man aus der Schema-Theorie einen Vermittlungsstil, der das monotone Einüben von Bewegungen durch **variables Üben** ersetzt, indem Parameter der zu übenden generalisierten motorischen Programme verändert werden. Variables Üben in Kombination mit den Rückmeldungen (KR) macht also motorisches Lernen nach der Schema-Theorie aus.

Rückmeldungen sollen nach Schöllhorn

- von überschaubarem Umfang sein und nur einen oder zwei ausgewählte Fehler korrigieren wollen. Dabei soll Fehlern in der räumlichen Gestaltung von Bewegungen Vorrang gegeben werden vor solchen in der dynamischen Bewegungsgestaltung.
- zu einem geschickten Zeitpunkt gegeben werden. Langsame Bewegungen können ebenso wie schnelle zyklische Bewegungen bewegungsbegleitend korrigiert werden, azyklische schnelle Bewegungen korrigiert man besser nach Ablauf der Bewegung, weil sich hier keine ausreichenden Reaktionszeiten für den Übenden ergeben.
- in einer geeigneten Frequenz erfolgen. Anfänger brauchen häufiger Rückmeldungen, weil sie sich schlechter selbst einschätzen können. Bei Fortgeschrittenen kann mehr und mehr die Selbsteinschätzung an die Stelle der Fremdeinschätzung treten.

- in geeigneter Form gegeben werden. Anfänger und Kinder reagieren günstiger auf visuelle, nicht verbale Informationen. Fortgeschrittene werden am besten variabel informiert.

Mentales Training

Eine Sonderform des motorischen Lernens, die sich eng mit dem Konstrukt des Recognition-Schemas verbinden lässt, ist das **mentale Training**. Es ist eine Trainingsform, die ohne die tatsächliche Ausführung von Bewegungen arbeitet. Die trainierten sportlichen Handlungen werden systematisch und intensiv geistig durchgespielt. Im Rahmen des Kreislaufs der Koordination wird also einerseits die Phase der Antizipation (vg. S. 180 f.) besonders geübt, andererseits werden die bewegungsbegleitenden sensorischen Konsequenzen des Recognition-Schemas verdeutlicht.

Formen des Mentaltrainings werden bevorzugt in Sportarten angewendet, deren Wettkampfbewegungen große koordinative Ansprüche stellen. Für solche Sportarten sind positive Wirkungen des mentalen Trainings nachgewiesen. So empfiehlt sich das mentale Training für:

- das Lernen von Bewegungen,
- das Verfeinern der Bewegungskoordination,
- die Stabilisierung erlernter Bewegungen,
- die Festigung der inneren Sicherheit,
- die Steigerung der Wettkampfkonzentration.

Besonders interessant sind Formen des mentalen Trainings auch für Disziplinen, die aus finanziellen, organisatorischen oder körperlichen Gründen nicht ausreichend häufig durchgeführt werden können. Das betrifft besonders riskante oder wetterabhängige Sportarten wie Skispringen oder Turmspringen, hoch verletzungsanfällige Sportarten mit gleichzeitig hoher physischer und koordinativer Belastung wie Zehnkampf und alle Sportler, die sich mit einer Verletzung plagen. Weniger geeignet ist das mentale Training für Ausdauersportarten mit geringerem Koordinations-Anteil wie dem Langstreckenlauf. Aber auch für kürzere Ausdauerdiszplinen wie 100-m-Schwimmen ist mentales Training zumindest in der unmittelbaren Wettkampfvorbereitung nicht ratsam, da es unter Umständen psychische Energie und damit Wettkampfhärte absorbiert.

Man unterscheidet verschiedene Techniken des mentalen Trainings:

- **Observatives Training** beinhaltet die systematische Beobachtung von Personen, die die zu erlernende Bewegung ausführen. Da nachgewiesen ist, dass mehrfache Beobachtung effektiver als einfaches Betrachten ist, ist eine Videoausstattung sinnvoll, da so beliebig oft die Bewegungen studiert werden können. Außerdem bietet sich die Möglichkeit, komplexe Bilder per Zeitlupe zu dehnen, und durch den Einsatz mehrerer Kameras dieselbe Bewegung aus verschiedenen Blickwinkeln aufzunehmen. Das observative Training soll dem übenden Sportler eine Information zur Sollwerterstellung liefern. Dazu ist es nötig, dass der beobachtete Sportler die gezeigte Bewegungsfolge deutlich besser als der Beobachter selbst beherrscht, damit sie als Vorbild dienen kann. Der Trainer hat beim observativen Training die Aufgabe, im Vorfeld der Beobachtung die Bewegung zu erläutern, zu gliedern und Beobachtungsschwerpunkte festzulegen.

- **Ideomotorisches Training** fügt sich an das oberservative Training an. Dient das observative Training der Informationsaufnahme und Sollwertvorgabe, so geht es beim ideomotorischen Training darum, die erhaltene Information umzusetzen, indem der Trainierende sich selbst in Gedanken die Bewegung ausführen sieht. Die Wirksamkeit des ideomotorischen Trainings wird dem **Carpenter-Effekt** zugeschrieben, der sich in physiologischen Reaktionen auf die mentale Trainingsform äußert, obwohl die Bewegung nicht wirklich ausgeführt wird. Tatsächlich findet man folgende Effekte:
  - Auftreten von Aktionspotentialen am beteiligten Muskel,
  - erhöhte Blutzufuhr im beteiligten Muskel,
  - Anregung des Pulses, des Bludrucks, der Atmung und damit des Gasaustausches,
  - verstärkte Erregbarkeit des peripheren Nervensystems.

  Basis der erfolgreichen Durchführung eines ideomotorisches Trainings und der Auslösung des Carpenter-Effektes ist die eigene Bewegungserfahrung des Trainierenden mit der Zielübung. Daher ist ein Anfänger mit der Durchführung dieser mentalen Trainingsform nicht gut beraten.

- **Verdecktes Wahrnehmungstraining** beinhaltet Übungen, bei denen in der Vorstellung der Bewegungsablauf eines anderen nachvollzogen wird. Es kommt dann zur Anwendung, wenn das eigene Bewegungsmuster noch unvollkommen oder fehlerhaft ist. Im Vorfeld muss allerdings dafür gesorgt werden, dass der Trainierende eine genaue Vorstellung des perfekten Bewegungsablaufes der vorgestellten Person entwickelt hat.

- **Subvokales Training** bedeutet mentales Trainieren im Selbstgespräch über den Bewegungsablauf. Man vermutet den Effekt dieser Form darin, dass Bewegungsvorstellungen, die im Gedächtnis bisher ausschließlich als Bild, nicht aber verbal gespeichert waren, durch die Hinzunahme von Sprache weiter verknüpft und damit vertieft werden. Es hat sich bewährt, die trainierte Bewegung mit Signalwörtern, die Bewegungsschwerpunkte benennen, zu akzentuieren. Diese Signalwörter werden im Wettkampf zu Konzentrationspunkten. Ein Beispiel wäre etwa das Signalwort „und klapp" für das Abklappen des Handgelenkes beim Basketball-Freiwurf.

In einem mentalen Trainingsprozess ordnet man Techniken des mentalen Trainings in einem vierstufigen Modell mit Ruhe und Geduld an. Eberspächer (1993) gibt folgendes Beispiel für eine Anwendung der subvokalen Form:

Stufe 1   Der Übende beschreibt unter Erinnerung an möglichst viele Sinnes-eindrücke den gesamten Bewegungsablauf genau. Die Beschreibung wird verbalisiert und mit dem Trainer abgestimmt.

Stufe 2   Der Übende spricht sich selbst den ganzen Ablauf der Bewegung immer wieder vor, bis er in der Lage ist, sich den ganzen Vorgang über Sprache zu vergegenwärtigen.

Stufe 3   Der Bewegungsvorgang wird gegliedert; zentrale Knotenpunkte werden festgelegt.

Stufe 4   Die Knotenpunkte werden durch Kennwörter symbolisiert oder ent-scheidende Phasen durch rhythmisch passende Sprachmuster unter-legt, damit im Moment der Ausführung, etwa in einem Wettkampf, mit einem kurzen Sprachsymbol der ganze anhängende Bewegungs-vorgang verfügbar wird.

Ein Erfolg des mentalen Trainings hängt von einigen Bedingungen ab.

- Die äußeren Rahmenbedingungen müssen stimmen, d. h. man braucht Ruhe und im Übungsraum sollte eher eine gedämpfte Beleuchtung angebracht sein.
- Der übende Sportler selbst sollte in entspannter Grundstimmung an das mentale Training herangehen, gegebenenfalls eine Entspannungsübung zur Einstimmung absolvieren.
- Eine klare Bewegungsvorstellung der Zielbewegung ist Voraussetzung, da-mit nicht vorhandene falsche Bewegungsvorstellungen als Bewegungsmus-ter eingeschliffen werden.
- Während des Übungsprozesses selbst sind Ehrgeiz und eiliges Überspring-en von Teilbewegungen in einer Bewegungskette verboten. Die zu erler-nende Bewegungsfolge soll einfach nur beobachtet, nicht gewertet werden. Insbesondere dürfen im Trainingsprozess auch keine Anweisungen des Trainers erfolgen.

Differenzielles Lernen

Die Idee des differenziellen Lernens nach Schöllhorn entspringt wissenschaftlich gesehen den ganzheitlichen Betrachtungen chaotischer Systeme. Aus praktischer Sicht gelingt es leicht, einen Bezug zur Lernweise von Kleinkindern herzustellen, die aus Sicht von Erwachsenen unsystematisch und sprunghaft lernen. Klassische schulische, linear hinführende Lernprinzipien wie „Vom Einfachen zum Zusammengesetzten" oder „Vom Leichten zum Schwierigen", die man in der klassischen Lern-Methodik formuliert hat, finden im Kleinkind-Lernen keinen Platz. Trotzdem (… oder gerade deswegen …?) ist das Kleinkind-Alter die für das Lernen produktivste Lebensepoche.

Schöllhorn setzt sich zunächst kritisch ablehnend mit der Annahme auseinander, dass motorisches Lernen darin bestehen könnte, eine allgemein gültige Modellvorstellung einer Bewegung, eine Optimaltechnik sei das Ziel einer Bewegungsvermittlung. Er begründet dies damit, dass selbst Weltklassesportler an typischen Bewegungsausprägungen individuell leicht erkennbar sind, also von einer allen gemeinsamen, objektiven Optimaltechnik in ihren Bewegungsabläufen weit entfernt sind. Da es sich bei diesen Personen aber doch um Spitzenkönner handelt, schließt man, dass in der Vermittlung von Bewegungen an die Stelle einer optimalen, allgemein verbindlichen Bewegungstechnik eine Technik treten muss, die individuell optimal auszuführen ist.

Konsequent geht es beim differenziellen Lernen weniger darum, fertige Bewegungsschablonen zur Lösung bestimmter Aufgaben einzuschleifen, sondern eine lernende Person durch zahlreiche Variationen dazu zu befähigen, den gewünschten Bewegungseffekt in einem **persönlichen Bewegungsoptimum** zu erreichen.

Das Abtasten der Möglichkeiten der Bewegungsrealisierung erfordert einen Lehrweg, der Differenzen zwischen unterschiedlichen Bewegungsausführungen zur selben Bewegungsaufgabe nicht als Fehler durch Abweichung von einer Optimalbewegung interpretiert, sondern sie als notwendigen Bestandteil der Erkundungsbemühungen der individuellen Optimaltechnik begreift. Bewegungsdifferenzen bilden also die unentbehrlichen Bestandteile des differenziellen Lernens. Sie grenzen menschliche Bewegung von der maschinellen, immer gleichförmigen Bewegung ab. Konsequent konfrontiert differenzielles Lernen den Sportler also mit ständig veränderten Bewegungsausführungen, um ihm die Fähigkeit zu vermitteln, auf neue Situationen reagieren zu können. Grundsätzlich vermittelt ein Lehrweg nach dem Prinzip des differenziellen Lernens zunächst eine Grundbewegung. Einzelne Aspekte dieser Grundbewegung werden als Konzentrationspunkte gewählt. Der weitere Übungsgang hält die Übungsbedingungen zuerst konstant, solange die Varianz zwischen einzelnen Bewegungsausführungen noch so groß ist, dass man weiter nichts variieren muss. Bei zunehmender Dauer des Lernprozesses wird zunehmend variiert. Dabei stehen räumliche, zeitliche und dynamische Variablen ebenso zur Verfügung wie Variationen in der Aufmerksamkeitslenkung.

Dass es bei differenziellem Lernen nicht um Beliebigkeit der Bewegungsausführung geht, zeigt, dass Schöllhorn auch Wege anbietet, um eingeschliffene Bewegungsfehler, also Bewegungsdetails außerhalb des zweckmäßigen Möglichkeitsraumes, zu beseitigen: Ist es nicht möglich einen automatisierten Bewegungsfehler im Grundmuster durch verbale Anweisungen zu korrigieren, muss das fehlerhafte Bewegungsstereotyp instabil gemacht werden. Einem Sprinter mit unvollkommener Beinstreckung in der hinteren Stützphase wird man etwa eine übertriebene Verstärkung dieses Fehlers üben lassen, indem man ihn mit stark gebeugten Knien laufen lässt, um ihn unbewusst davon zu „überzeugen", dass er seine Technik zugunsten einer stärkeren hinteren Beinstreckung ändern muss.

11.2 Lernstufen

Motorische Lernprozesse laufen in der Regel über längere Zeiträume ab und können daher in mehrere Stufen unterteilt werden. Im Folgenden werden einige diesbezügliche Modelle vorgestellt.

Eine ergebnisorientierte Sicht – Lernen in Phasen nach Meinel und Schnabel

Meinel und Schnabel haben Stufen des motorischen Lernens unterschieden, die sich an der zunehmenden Qualität der Koordination orientieren. Ihr Modell ist das erste und auch bekannteste einer langen Reihe ähnlicher – hier nicht besprochener – Mehrstufen-Modelle zur Beschreibung motorischer Lernfortschritte. Folgende Lernphasen werden unterschieden:

- **Phase der Grobkoordination:** Die Grundzüge der zu erlernenden Bewegung sind sichtbar, doch schränken übermäßiger oder auch fehlgerichteter Krafteinsatz die Bewegungsqualität ebenso ein wie falsche Bewegungskopplungen, mangelhafter Bewegungsfluss, unzutreffender Bewegungsumfang und falsche Tempogestaltung. Die Bewegung gelingt nur bei sehr günstigen Ausgangsvoraussetzungen. Außerdem weisen verschiedene Versuche der Bewegungsausführung unter Umständen völlig verschiedene Ausführungen auf. Die Bewegungskonstanz ist also gering. In der Phase der Grobkoordination orientiert sich der Übende besonders über den visuellen Analysator vornehmlich nach außen.

- **Phase der Feinkoordination der isolierten Bewegung:** Der Krafteinsatz wird unter günstigen Ausgangsbedingungen zweckmäßig, Bewegungskopplung und Bewegungsfluss zeigen sich verbessert, der Bewegungsumfang wird sinnvoll gestaltet. Unter erschwerten Bedingungen zeigen sich aber noch Mängel. Die sprachliche Fassung der Bewegung wird möglich, der kinästhetische Sinn gewinnt an Bedeutung für die Bewegungsausführung. Die vornehmliche Orientierung nach außen verliert an Bedeutung.
- **Phase der Feinstkoordination mit variabler Verfügbarkeit und Fertigkeitsvariation:** In dieser Lernphase gelingen Fertigkeitsanpassungen an verschiedenste äußere Gegebenheiten. Störungen in der Ausführung werden verkraftet. Die Bewegungskonstanz und -qualität erreicht die Phase der Hochleistung.

Die Meinelschen Lernstufen sind auch auf Kritik gestoßen, da die Stufenbildung zumindest in der Vorspiegelung einer zeitlich sukzessiven Abfolge der Lernphasen willkürlich gewählt sei. Die sportpraktische Erfahrung zeigt nämlich, dass die charakteristischen Merkmale der einzelnen Lernphasen durchaus auch nebeneinander, unvollkommen oder in geänderter Reihenfolge auftreten können.

Eine ablauforientierte Sicht
Die folgende Grafik zeigt typische Phasen, die einen Lernprozess begleiten können:

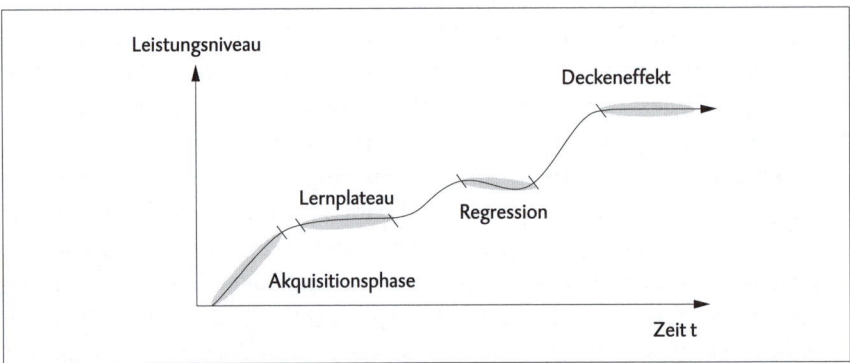

Abb. 87: Ablauforientierte Sicht des Lernprozesses (nach Loosch)

- In der **Akquisitionsphase** zu Beginn des Lernprozesses beobachtet man im leichten und mittleren Anforderungsniveau schnelle, gleichmäßige Lernfortschritte, also einen steilen Anstieg der Lernverlaufskurve. Bei hohem

Anforderungsniveau, also bei komplexen Bewegungen, verläuft der Lernfortschritt allerdings verzögert und sprunghaft.

- **Lernplateaus** sind äußerlich durch eine Stagnation der Leistungsfähigkeit gekennzeichnet. Aus der Innensicht können durchaus Prozesse ablaufen, die dem Lernen zuzurechnen sind, etwa Umbau oder Neuorganisationsvorgänge im Zusammenspiel der gespeicherten motorischen Programme. Bei extremen Umbaumaßnahmen, wenn ein Sportler etwa seine Bewegungstechnik grundlegend umstellt, kann sogar für die Zeit des Umbaus eine **Regression** der Leistungsfähigkeit eintreten.
- Im Bereich der Leistungsgrenze einer Person, die sich andeutet, wenn Lernfortschritte nur noch sehr verlangsamt eintreten, tritt der sogenannte **Deckeneffekt** ein. Die Leistung ist durch eine obere Schranke, die nicht mehr überschritten werden kann, begrenzt. Da der Lernverlauf im Bereich eines Lernplateaus dem an der oberen Leistungsschranke sehr ähnelt, sind Verwechslungen nicht auszuschließen. Es ist also möglich, dass es sich bei der vermeintlich erreichten Gipfel der individuellen Leistungsfähigkeit nur um ein ausgeprägtes Plateau handelt.

11.3 Vermittlung sportlicher Bewegungen

Prinzipiell gibt es bei der Vermittlung sportlicher Bewegungen Methoden, die den Lernstoff kompakt anbieten und solche, die den Lernstoff verteilen.

Arten von Methoden

Von der inhaltlichen Seite unterscheidet man:

- **Teillernmethode:** Sie beruht auf dem Üben von Teilbewegungen der Zielbewegung. Wenn die Teile beherrscht sind, werden sie zur Zielübung kombiniert. Sie wird angewendet, wenn die Bewegungsaufgabe als Ganzes vergleichsweise schwierig oder in ihrem Zuschnitt ganz ungewohnt ist, oder wenn es darum geht, Details bereits beherrschter Bewegungsabfolgen zu verdeutlichen. Die Vermittlung nach der Teillernmethode setzt voraus, dass die Zielbewegung in isoliert zu übende Teile gegliedert werden kann. Sie ist kontraproduktiv, wenn durch das Lernen der Teilaufgaben Überforderungssituationen provoziert werden, besonders also dann, wenn sich bei Kopplung der Einzelteile einer Bewegungsfolge an den Schnittstellen gravierende Probleme ergeben. Diese Methode ist **Hauptmethode des Anfängertrainings**. Fortgeschrittene verwenden sie, wenn neue Bewegungsfelder erschlossen werden sollen.

- **Ganzheitsmethode:** Sie vermittelt von Beginn an die Zielübung – eventuell auch unter erleichternden Bedingungen; es findet keine Aufgliederung der Gesamtbewegung statt. Sie findet Anwendung, wenn die **Bewegungsaufgabe relativ einfach** oder ein positiver Transfer aus früher Gelerntem zu erwarten ist oder die Kopplung von Bewegungseinzelteilen wenig Erfolg verspricht. In jedem Fall soll eine Überforderung ausgeschlossen sein. Anfänger ohne große Bewegungserfahrung profitieren von dieser Methode eher bei einfachen Übungsinhalten; Fortgeschrittene verwenden sie besonders zur Variation und Erweiterung des Bewegungsrepertoires.

Unter organisatorisch-zeitlichen Aspekten wird unterschieden zwischen:

- **Massiertes Lernen:** Charakteristisch dafür sind Lern- oder Übungsdurchgänge, die unmittelbar **ohne Pausen** aufeinander folgen.
- **Verteiltes Lernen:** Der Lernvorgang wird durch **Pausen** getrennt. Verteiltes Lernen ist dem massierten Lernen in der Regel besonders bei der Bewältigung umfangreichen Lernmaterials überlegen, denn während der Pausen können die Aufgaben – auch unbewusst – still wiederholt und intern weiterverarbeitet werden. Pausen reduzieren also die aufgetretene Ermüdung und wirken einem Motivationsabfall entgegen, können Hemmungen abbauen und das Erlernte konsolidieren helfen.

Methodische Übungsreihen

Methodische Übungsreihen basieren auf klassischen pädagogischen, dem Shaping entsprechenden Grundsätzen wie „Vom Bekannten zum Unbekannten", „Vom Leichten zum Schweren", „Vom Einfachen zum Zusammengesetzten" oder „Vom Langsamen zum Schnellen", die sämtlich darauf beruhen, die Informationsmenge kontrollierbar zu halten. Sie setzen auf **verteiltes Lernen** und häufig auf die **Teillernmethode**, wenn eine ganzheitliche Vermittlung nicht gelingt. Dabei ist die Einschätzung der Schwierigkeit einer Bewegungsfolge von Person zu Person verschieden. Was z. B. der eine Sportler auf Anhieb alleine durchs Zuschauen lernt, erreicht der nächste erst nach zahlreichen Übungsschritten und erheblichen Bemühungen. Gängige methodische Prinzipien, die verwendet werden, sind:

- **Prinzip der verminderten Lernhilfe:** Die Zielübung wird von Anfang an komplett durchgeführt, der Sportler erhält aber Hilfen, etwa eine Hilfestellung beim Gerätturnen. Im Laufe des Übungsprozesses werden die Hilfen schrittweise reduziert. Es kommt also verteiltes Lernen unter Verwendung der Ganzheitsmethode zum Einsatz.

- **Prinzip der Aufgliederung in funktionelle Einheiten:** Teile der Zielbewegung werden isoliert trainiert, danach in eine Bewegungsfolge zusammengesetzt. Hier wird verteiltes Lernen mit der Teillernmethode kombiniert.
- **Prinzip der graduellen Annäherung:** Hier werden Bewegungen, die der Zielfertigkeit ähneln, ausgeführt und schließlich die dort erworbenen Fertigkeiten auf die Zielübung übertragen.
- **Lernen nach Funktionsphasen:** Ausgangspunkt des Lernens nach Funktionsphasen ist die Funktionsanalyse (vgl. Funktionsphasen nach Göhner). Die sich daran anschließende Bewegungsvermittlung orientiert sich ganz an dieser Beobachtungsweise. Die Methode arbeitet dementsprechend in folgenden Stufen:

Stufe	Ziel	Bemerkung
1	Erlernen der Hauptfunktionsphase	Die Ausgangsstellung zur Hauptfunktionsphase wird unter Umständen durch Gelände- oder Partnerhilfen erreicht.
2	Koppelung der Hauptfunktionsphase mit einer Hilfsfunktionsphase 1. Ordnung	Gegebenenfalls mit Einsatz von Geländehilfen
3 —	Weitere Funktionsphasen erster und höherer Ordnung werden nach und nach hinzugenommen, bis die Bewegung komplett ist.	Geländehilfen werden nach und nach reduziert.

spiele

- **Prinzip der verminderten Lernhilfe:**
  Flick-Flack aus dem Stand
  a) Hilfestellung mit zwei Personen und starker Führung
  b) Hilfestellung mit zwei Personen und nachlassender Führung
  c) Hilfestellung mit einer Person
  d) Hilfestellung mit einer Hand
  e) frei
- **Prinzip der Aufgliederung in funktionelle Einheiten:**
  Sprungwurf beim Handball
  a) Schulung der Anlaufbewegung
  b) Schulung des Anlaufs mit nachfolgendem Sprung
  c) Wurfübungen aus dem Stand
  d) Schulung des Anlaufs mit Absprung und nachfolgendem Wurf
- **Prinzip der graduellen Annäherung:**
  Hocke über das Längspferd

Anlauf und aufhocken, danach von Versuch zu Versuch mit den Händen weiter nach vorne greifen, bis die Hocke schließlich gelingt.

- **Lernen nach Funktionsphasen:**

Die Funktionsanalyse des Kippaufschwungs am Reck kann folgendes Ergebnis haben:

– Die Hauptfunktionsphase, der sogenannte Kippstoß, erfolgt, wenn der Körperschwerpunkt im Rückpendeln seinen tiefsten Punkt erreicht. Er wird durch Vorhochschieben der Beine entlang der Reckstange und anschließendem Nachstemmen der Arme bewirkt; das Nachdrücken der Arme kann über die Bewegungsanweisung „Drücke die Reckstange nach unten" nachempfunden werden. Durch diese Bewegungskombination entsteht die für Kippbewegungen typische Hüftstreckung bei der Aufwärtsverlagerung des Körperschwerpunktes.

– Die Hauptfunktionsphase wird eingeleitet durch eine Hilfsfunktionsphase erster Ordnung, das Anristen der Beine, das in der Überstreckung des Vorschwungs beginnt.

– Das Anristen wird vorbereitet durch eine Hilfsfunktionsphase zweiter Ordnung, dem Vorschwung, der den Körperschwerpunkt zur Verbesserung der Pendelbewegung in eine hohe Position bringt.

Diese Funktionsanalyse wird in einen Lehrweg nach Funktionsphasen umgesetzt:

Stufe 1: Der Lernende wird von der Hilfestellung in der tiefsten Stellung des Körperschwerpunktes fixiert, die Beine werden in der angeristeten Position an die Reckstange gehalten. Nach zweimaligem Anpendeln durch die Hilfestellung werden die Beine an der Reckstange vorhoch vorbeigeschoben, die Arme drücken nach.

Stufe 2: Die Überstreckung im Langhang wird nicht angeschwungen, sondern der Übende legt sich auf einen stützenden Kasten, der die Hilfsfunktionsphase zweiter Ordnung ohne Schwungholen ermöglicht. Aus dieser Hanglage auf dem Kasten ristet der Übende an und führt den Kippstoß durch.

Stufe 3: Der Übende schwingt an bis zur Überstreckung, ristet an und führt den Kippstoß aus; das Ziel ist erreicht.

Spielreihe

Eine Spielreihe dient dem Erwerb von Spielfähigkeiten in der Offensive in den großen Sportspielen, nicht der Vermittlung einer technischen Fertigkeit. Für eine Spielreihe werden kleine Ausschnitte des Spiels gewählt, deren Charakteristik dem Zielspiel, also der Vollform des Sportspiels, zumindest ähneln müssen. Die Komplexität der Übungen nimmt mit dem Fortgang der Reihe mehr und mehr zu.

Als Beispiel gilt die Spielreihe Basketball (Getrost/Wichmann), welche beginnend mit Formen, die dem 1-1-Spiel verwandt sind, zunehmend komplexere Basketballsituationen aufeinander aufbauend folgen lässt. Dabei wird zur Erleichterung der Angriffsbemühungen der gerade übenden Spieler häufig mit Assistenz-Spielern („+1", „+2") gearbeitet, die nicht verteidigt sind und nur fangen und passen dürfen; etwa so:

1-1+1	1-1+2	2-2+1	2-2+2	3-3+1
3-3+2	3-3	4-4+1	4-4	5-5

Es gibt weitere methodische Möglichkeiten, wenn man die einzelnen Spielformen mit Zusatzeinschränkungen versieht, wie z. B. „Dribbling untersagt" oder speziellen Aufgaben wie „erst nach 5 Pässen zum Korb".

Rhythmische Reihe

Eine rhythmische Reihe macht sich, wenn vorhanden, den Rhythmus einer zu erlernenden Bewegung zunutze.

Bei der Vermittlung des Korblegers im Basketball kann dieser bei seiner Ausführung aus einem Dribbling mit dem rhythmischen Sprechtext „uuund-hop-hop-hop" unterlegt werden. Damit kann sich folgende rhythmische Reihe zur Erlernung des Korblegers aus einem Dribbling mit der rechten und linken Hand ergeben:

1 Trainer spricht den Rhythmus vor und demonstriert dazu die Bewegungsverbindung
2 Gruppe spricht den Rhythmus auf die Bewegung des Trainers mit
3 Gruppe übt die Bewegungsverbindung nach der rhythmischen Vorgabe unter Verwendung der starken Hand, ohne Korbziel mit abschließendem Wurf in die Luft. Trainer spricht den Rhythmus jeweils laut vor
4 wie 3, jedoch spricht die Gruppe den Rhythmus laut mit
5 wie 4, jedoch unter Verwendung der schwachen Hand
6 wie 4 und 5, die Führhand wird jedoch regelmäßig gewechselt
7 wie 6, jedoch wird auf Zuruf unregelmäßig die starke oder schwache Hand eingesetzt
8 Durchführung des Korblegers rechts und links aus einem Dribbling auf den Korb

Zusammenfassung

- Nach **Adams'-Zwei-Phasen-Theorie** wird im Sinne eines Closed-loop-Ansatzes der Lernprozess ständig von Rückmeldungen zum Verlauf und dem Ergebnis der Handlung begleitet. Die Gedächtnisspur wählt und löst Bewegungen aus, die Wahrnehmungsspur kontrolliert deren Ablauf.
- Um auch schnelle Bewegungen zu erklären, kann das Modell von Adams mit den Open-loop-Gesichtspunkten Recall-Schema und Recognition-Schema nach Schmidt erweitert werden.
- Das **mentale Training** lehnt sich an die Vorstellung des Recognition-Schemas an: Die Bewegungen werden nur geistig durchgespielt und nicht tatsächlich ausgeführt. Techniken des mentalen Trainings sind: Obeservatives Training, Ideomotorisches Trainng, Verdecktes Wahrnehmungstraining, Subvokales Training.
- Das **differenzielle Lernen** nach Schöllhorn basiert auf den ganzheitlichen Betrachtungen chaotischer Systeme. Ziel ist es, den Lernenden unter Berücksichtigung seiner persönlichen Möglichkeiten zu einer möglichst optimalen Bewegung zu führen.

-

ergebnisorientierte Lernphasen (nach Meinel und Schnabel)	ablauforientierte Lernphasen
Phase der Grobkoordination **Phase der Feinkoordination der isolierten Bewegung** **Phase der Feinstkoordination mit variabler Verfügbarkeit und Fertigkeitsvariation**	**Akquisitionsphase** **Lernplateaus** **Regression** **Deckeneffekt**

- Arten von Methoden zur Vermittlung sportlicher Bewegungen: **Teillernmethode/Ganzheitsmethode, Massiertes Lernen/Verteiltes Lernen**
- Methodische Übungsreihen (mit Prinzipien), Spielreihe, Rhythmische Reihe

Aufgaben 40. Stellen Sie ein Basketball-Wurftraining, das die Ideen des differenziellen Lernens berücksichtigt, dem klassischem Wurftraining gegenüber.

41. Stellen Sie Möglichkeiten der Vermittlung der Delphintechnik anhand der oben genannten methodischen Möglichkeiten dar.

Psychologische Handlungssteuerung

Sportliche Bewegungshandlungen werden nicht nur von den körperlichen, sondern auch von den psychischen Gegebenheiten beeinflusst, die durch das Umfeld der Person bedingt sind und ihrerseits auf das Umfeld wirken.

12 Persönlichkeit

Jeder Mensch hat eine ihm eigene Persönlichkeit. Zwar kann sie sich unter dem Eindruck dramatischer Umstände auch kurzfristig ändern, doch unterliegt sie in der Regel im Laufe des Lebens nur einer allmählichen Wandlung. Viele Erklärungsversuche der Persönlichkeit weisen Muster auf, die auf der Erkenntnis basieren, dass sich „verschiedene Menschen in denselben Situationen bemerkenswert verschieden, dieselben Menschen sich in verschiedenen Situationen bemerkenswert gleich verhalten." (Heckhausen).

Auf der Suche nach Details, welche die Persönlichkeit ausmachen können, trifft man auf ein breites Spektrum von Merkmalen, wie sie etwa im Sternmodell nach Guilford angedeutet und veranschaulicht werden.

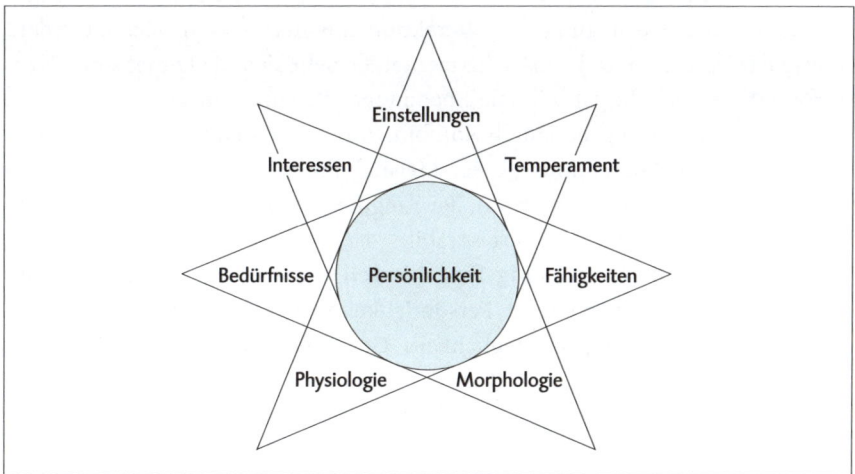

Abb. 88: Das Sternmodell nach Guilford

Die Basis bilden die physiologischen und morphologischen Merkmale, die sich auf den Körper (z. B. Körpertemperatur, Gewicht oder Größe) beziehen. Unter dem Merkmal „Fähigkeiten" werden alle motorischen, geistigen und sozialen Befähigungen zusammengefasst. Die Zielsetzungen unserer Handlungen werden durch die Merkmale Bedürfnisse, Interessen und Einstellungen beeinflusst. Das Merkmal Temperament schließlich beinhaltet die übrigen Komponenten wie allgemeine Grundstimmung oder Impulsivität.

12.1 Traits und States

Gängige Ansätze zur Persönlichkeitstheorie unterscheiden Traits und States.

> **Traits** sind typische Eigenschaften und Verhaltensweisen einer Person, die in ihrer Summe und ihren Wechselbeziehungen die Persönlichkeit bestimmen. **States** hingegen sind Verhaltensweisen, die sich in einer bestimmten Situation äußern.

Trait-Modelle

Es wurden Begriffssammlungen von Traits erstellt, die helfen sollen, Persönlichkeiten voneinander zu unterscheiden.

- **Modell von Eysenck:** Dieses Modell geht von zwei unabhängigen Dimensionen aus, der Extraversion (Achse Introversion/Extraversion) und dem Neurotizismus (Achse Labilität/Stabilität). Während die Dimension „Extraversion" die Ausprägung der Interaktion mit der Umwelt charakterisiert, also das Verhalten nach außen betrachtet, bezieht sich die Dimension „Neurotizismus" auf die emotionale Ebene einer Person, konzentriert sich also auf den inneren Aspekt. Durch Kombination der beiden Dimensionen ergeben sich vier Temperamente, der Melancholiker (introvertiert + labil), der Choleriker (extrovertiert + labil), der Sanguiniker (extrovertiert + stabil) und der Phlegmatiker (introvertiert + stabil).
- **Fünf-Faktoren-Modell (Big-Five-Modell):** Dieses Modell, das ebenfalls von Traits ausgeht, beurteilt Persönlichkeiten auf fünf bipolaren Dimensionen: Extraversion, Verträglichkeit, Gewissenhaftigkeit, Neurotizismus und Offenheit. Dieses Modell ist die Grundlage des NEO-Fünf-Faktoren-Inventar (NEO-FFI), das von Paul T. Costa und Robert R. McCrae entwickelt wurde und heute ein international gebräuchlicher Persönlichkeitstest für Jugendliche und Erwachsene ist.

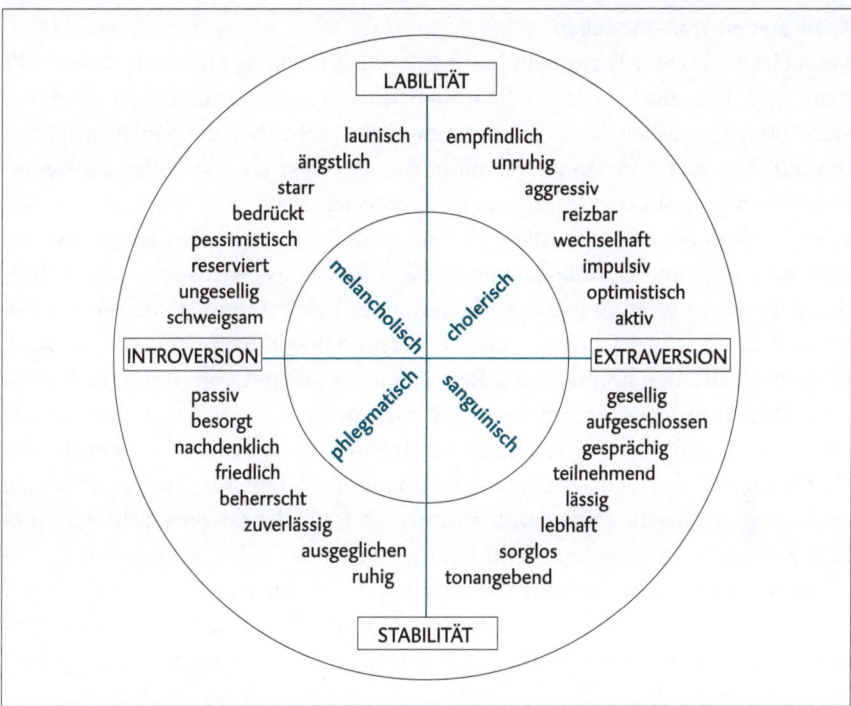

Abb. 89: Modell von Eysenck

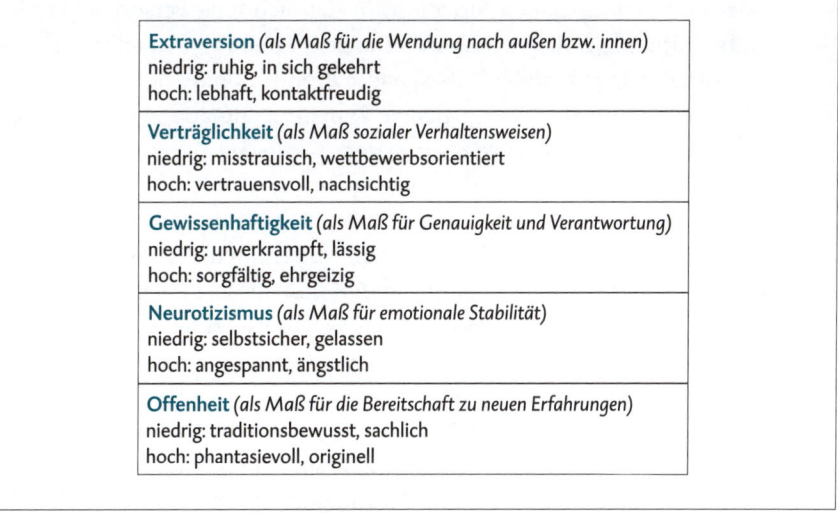

Abb. 90: Fünf-Faktoren-Modell (Big-Five-Modell)

Kritik an den Trait-Modellen

Versucht man, einer Person ein bestimmtes Trait-Muster zuzuweisen, so stellt man fest, dass diese Traits nicht immer und in jeder Situation zu erkennen sind. Eine freundliche und offene Person ist nicht in jeder Situation gleich freundlich, unter Umständen ist sie in für sie selbst als schwierig empfundenen Situationen sogar verschlossen und reserviert.

Eine psychologische Lehre, die sich streng an Traits orientiert, leistet also die Beschreibung von Persönlichkeiten in einer gewissen Lebensphase, lässt allerdings die Frage offen, wie das Verhalten einer bestimmten Person entstanden ist und in welche Richtung sich die Persönlichkeit weiterentwickeln wird. Doch auch die Beschreibung der Persönlichkeit anhand von Traits wird nicht jeder Person in jeder Situation gerecht. Man müsste also genauer auf einzelne Situationen und deren psychologische Bedeutung eingehen, mit dem Risiko allerdings, aus der Trait-Analyse gewonnene übergreifende Erkenntnisse, die im Ganzen vielleicht sogar recht stimmig sind, wieder zu vernebeln. Um diesem Zwiespalt zu entgehen, wird häufig zwischen Traits (prinzipellen Eigenschaften) und States (aktuellen Eigenschaften) unterschieden. So kann etwa Angst als übergreifende Leit-Eigenschaft bei grundsätzlich ängstlichen Personen (Trait) der Angst in einer konkreten bedrohlichen Situation (State) gegenüber gestellt werden, z. B. in einer Prüfungssituation bei Auftauchen einer unerwarteten und als schwierig empfundenen Frage.

Die verschiedenen Strömungen der Persönlichkeitstheorie unterscheiden sich im Wesentlichen darin, ob sie Persönlichkeit als Summe stabiler Merkmale ansehen oder eher der einzelnen Situation, in der sich eine Person gerade befindet, ihre Aufmerksamkeit widmen. Eine rein situative Betrachtungsweise würde übergreifende Persönlichkeitseigenschaften im Sinne der Traits ablehnen und gleiches Verhalten bei gleichen Typen an Situationen festmachen. Dabei wäre allerdings dann wieder zu klären, inwieweit die Person auch die Situation bestimmt.

Schematisch unterscheidet man also durch Traits bestimmte Persönlichkeitstheorien von solchen, die Situationen in den Mittelpunkt der Forschung stellen und diese wieder von Theorien mit interaktionistischer Ausrichtung, welche Person und Situation in einem ständigen Wechselspiel sehen.

Das Freud'sche Persönlichkeitsmodell

Im Unterschied zu den situativen oder an Lebensphasen orientierten Überlegungen der States oder Traits legt Sigmund Freud, der Begründer der Psychoanalyse, das Augenmerk auf die Beantwortung der Frage, was hinter der Gesamtentwicklung einer Person stehen mag. Er geht davon aus, dass sich die

Persönlichkeit im Laufe des Lebens unter der Wirkung innerer Kräfte und in deren Konflikt verändert. Diese Entwicklung verläuft nach dieser Lehre nicht zufällig, sondern ist in wesentlichen Bereichen vorausbestimmt.

Treibende Kräfte mit Konfliktpotenzial innerhalb einer Person sind nach Freud die Persönlichkeitsinstanzen „Es", „Über-Ich" und „Ich". Das „Es" steht für die Triebe des Menschen, zum einen für den Trieb zur Selbsterhaltung, der sich in Grundbedürfnissen wie Hunger oder Durst äußert, und zum anderen für den Trieb Eros, der sexuelles Verlangen, Arterhaltung und allgemein lustvolle Tätigkeiten umfasst. Das „Es" befindet sich häufig im Konflikt mit dem „Über-Ich", das für die moralischen Vorstellungen, das Gewissen, steht, die die Gesellschaft dem Individuum vermittelt. Das „Ich" schließlich ist die Instanz, die realistisch versucht, zwischen den beiden oft widerstrebenden Polen „Über-Ich" und „Es" zu vermitteln. Es sucht also nach Lösungen, um auf der einen Seite die Triebe soweit wie möglich zufriedenzustellen, auf der anderen Seite aber gleichzeitig den sozialen Anforderungen gerecht zu werden. Das „Ich" entscheidet, was sich eine Person moralisch gestatten kann.

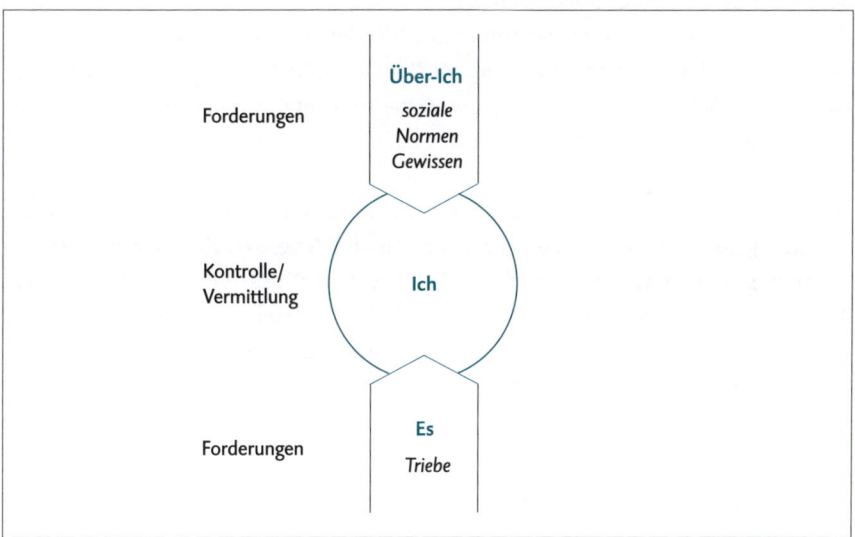

Abb. 91: Das Drei-Instanzen-Modell von Freud

Nach Freud unterscheiden sich Persönlichkeiten dadurch, wie sie jeweils ihre Triebe handhaben, wobei er annimmt, dass bereits in sehr frühen Entwicklungsphasen, also in der Kindheit, entsprechende Verhaltensmuster festgelegt werden. Erwachsene schließlich werden zu einem Teil diesen frühen Mustern entsprechend über ihr Unterbewusstsein gesteuert.

Interessant ist für einzelne Personen die Frage, wo sich ihre sportliche Betätigung im Freud'schen Persönlichkeitsmodell lokalisieren lässt. Ordnen wir Sport eher dem „Es"-Bereich zu und begreifen damit Sport als lustvolle Betätigung beim Ausleben des Bewegungsdranges oder wird sportliche Betätigung mehr durch das „Über-Ich" bestimmt und entgegen seiner vielleicht bequemen Veranlagung ausgeübt, weil so der gesellschaftlichen Erwartung nach Leistung, Gesundheit oder nach Schönheit entsprochen werden kann?

12.2 Persönlichkeit und Sport

Was für Leute sind eigentlich Sportler? Gibt es bestimmte Persönlichkeitsmerkmale (Traits), die bei ihnen besonders ausgeprägt sind? Wenn ja, liegt es dann daran, weil die Sport-Umgebung die Person so entwickelt hat, oder weil sich sowieso nur Leute mit einer gewissen Persönlichkeitsausprägung dem Sport zuwenden? Kann man durch Sport lernen, nicht nur körperlich, sondern auch psychisch belastungsfähiger zu werden? Verändert Sport die Persönlichkeit – günstig oder doch nachteilig?

Die Klärung dieser Fragen ist unter Umständen von gesamtgesellschaftlicher Wichtigkeit. Denn wenn durch Sport Persönlichkeitsdispositionen wie Leistungswille, Beharrlichkeit, Selbstbewusstsein, Kooperationsbereitschaft eingeübt werden und vielleicht vom Sport auf andere Lebensbereiche übertragen werden könnten, wäre Sport ein wichtiges Mittel, um Probleme von Einzelpersonen und der Gesellschaft insgesamt einer Lösung näher zu bringen. Sport würde damit dem Abbau von Aggressionen, der Angstreduktion, der Stressbewältigung, der Rehabilitation, der Resozialisation unmittelbar dienen können. Tatsächlich gibt es viele Versuche aus dem Bereich der Sozialarbeit und Therapie, Sport in der beschriebenen Art und Weise einzusetzen. Die Annahme, dass Sport solcherlei Wirkungen haben kann, ist Inhalt der Sozialisationshypothese.

> **Die Sozialisationshypothese des Sports:** Sport beeinflusst bzw. verändert Persönlichkeitsmerkmale der Sporttreibenden.

Allerdings gibt es keinen wissenschaftlich gesicherten Nachweis für die Sozialisationshypothese des Sports. Insofern gehorcht der therapeutische Einsatz von Sport mehr pragmatischen und häufig durch Erfahrungen bestätigten Überlegungen, wobei die therapeutischen Erfolge in diesem Zusammenhang durchaus auch dadurch hervorgerufen sein können, dass erfolgreich durch

Sport behandelte Personen in ihrem Persönlichkeitsmuster Eigenschaften aufweisen, die sie auf Sport reagieren lassen.

spiel

> Der Triathlet Andreas Niedrig, der bereits in seiner Jugend Sportler war und somit von sich aus einen Zugang zum Bereich des Sports hatte, geriet später in die harte Drogenszene. Nach einem Entzug trainierte er sich bis in die Weltspitze der Langdistanztriathleten hoch.

Dies ist keine Lebensgeschichte, die sich der Sport eindeutig in die Liste seiner Therapieerfolge eintragen könnte. Denn die schon früh bei Andreas Niedrig anzutreffende Affinität zum Sport könnte ebenso gut ein Indiz für eine weitere Hypothese sein, die Erfolge des Sports in der Persönlichkeitsbildung darauf zurückführt, dass nur ein bestimmtes Publikum durch und für Sport ansprechbar zu sein scheint.

Die Selektionshypothese des Sports: Zum Sport finden nur solche Leute, die von sich aus zum Sport passende Persönlichkeitsmuster und Motive vorweisen können. Entsprechend fällt auch die Wahl der Sportart so aus, dass das Persönlichkeitsbild zur gewählten sportlichen Betätigung passt.

Die Selektionshypothese konnte in Teilen von Gabler anhand einer Untersuchung unter Leistungsschwimmern wissenschaftlich belegt werden. Es überrascht nicht, dass zum Hochleistungssport Personen mit erfolgszuversichtlicher Leistungsmotivation, hoher Selbstverantwortlichkeit und realistischer Selbsteinschätzung zu finden scheinen.

In Zusammenfassung der Gedanken zu den beiden Hypothesen bleibt, dass Sport in Bezug auf Persönlichkeitsbildung oder therapeutische Erfolge den Versuch wert ist, als ein Mittel der Wahl angewandt zu werden, dass man aber damit rechnen muss, dass die Person nicht darauf anspricht. Man muss sich in diesem Zusammenhang vergegenwärtigen, dass zum einen nur ein begrenzter Teil der Einflüsse auf Personen aus der Umgebung des Sports herrührt und dass zum anderen die relative Stabilität eines Persönlichkeitsprofils verhindert, schnelle Änderungen zu erzielen – auch der Sport kann das nicht oder nur in geringem Maße.

Die **relative Stabilität der Persönlichkeitsmerkmale** einer Person sorgt dafür, dass in der Schule, im Training oder anderswo nicht darauf gebaut werden kann, die Persönlichkeitsmerkmale eines Menschen etwa für die Ziele einer Gruppe zu ändern. Bezogen auf den Mannschaftssport äußert sich der

Spanier Jorge Valdano so: „Es geht nicht darum, einem Individualisten beizubringen, wie er mit der Mannschaft klarkommt. Es geht darum, der Mannschaft beizubringen, wie sie mit einem Individualisten umgeht." Eine derart
direkte Aussage verdient natürlich auch kritische Gedanken, die in folgende
Frage münden mag: Sind die „anderen" Mannschaftsmitglieder etwa keine Individualisten? Aber immerhin sollte ein Trainer oder Lehrer aus solchen Gedanken die Konsequenz mitnehmen, dass er nicht Persönlichkeitsmerkmale
verlangt, die dem Sportler oder Schüler fremd sind, sondern dass er angelegte
Persönlichkeitsmerkmale so stimuliert, dass sie für das Trainings- oder Lernziel
nützlich sein können. Ähnlich sollte auch eine Person denken, die sich einer
Gruppe anschließen möchte. Sie muss genau überprüfen, ob das Ziel der
Gruppe mit den eigenen Persönlichkeitsmerkmalen vereinbar ist.

12.3 Person, Verhalten und Umwelt

Zwischen der Person, ihrem Verhalten und der Umwelt gibt es Wechselbeziehungen, wobei das eigene gezeigte Verhalten die handelnde Person ebenso
unmittelbar beeinflusst wie Rückmeldungen dazu aus dem Umfeld. Intern
werden verschiedene Systeme maßgeblich, die in der folgenden Grafik und den
zugehörigen Erläuterungen deutlich werden.

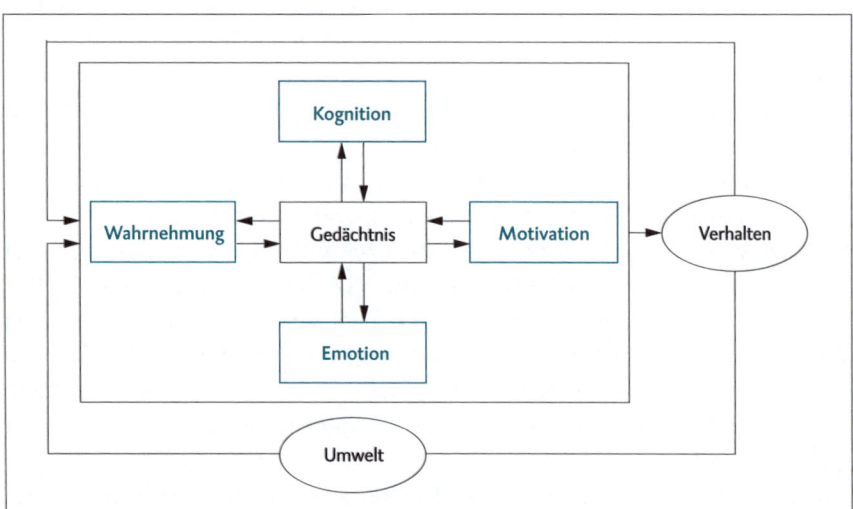

Abb. 92: Wechselbeziehungen zwischen Person, Verhalten und Umwelt

- **Wahrnehmung:** Ein Sportler im Training oder Wettkampf nimmt sicher nicht alle Informationen auf, die ihm in einem bestimmten Moment zugänglich sind. Das mögen offensichtlich unwichtige Informationen sein (Was macht gerade der Zuschauer vorne links in der dritten Reihe?), aber auch für den Wettkampf bedeutende Informationen dringen gelegentlich nicht zur handelnden Person vor (Was sagte der Trainer gerade in der Auszeit? Welchen Gegenspieler soll ich abdecken? ... hoffentlich nicht den, der gerade den Korb wirft.). Zutreffende Wahrnehmung ist folglich bedingt durch zutreffende Lenkung der Aufmerksamkeit.
- **Motivation:** Für den Sport, speziell in der Wettkampfsituation heißt diese Frage oft: „Bin ich bereit, Leistung zu bringen?" Für die Situation des Sportlers im Verein ist – besonders im Bereich des Hobbysports – die Frage wichtig: „Treffe ich dort Leute, mit denen ich gut zurechtkomme?" oder „Habe ich im Verein Freunde?" Die Erfahrung zeigt, dass sowohl für das Ziel „Abrufen der Leistung" als auch für das Ziel „persönlicher Anschluss" enorme Anstrengungen unternommen werden.
- **Kognition:** „Erfahrung" heißt unter Sportreportern das Schlagwort, wenn Spieler in Ballsportarten den Platz betreten, von denen man in der Regel erwarten kann, dass sie situationsgerecht das Spiel beschleunigen oder verlangsamen können, grundsätzlich richtig zwischen „abspielen" und „selbst machen" entscheiden und viele kleine Dinge richtig erledigen, die zusammen der Mannschaft enorm weiterhelfen. Es sind also kurz gesagt Spieler, die das Spiel verstanden haben: Sie kennen und erkennen auftretende Situationen einschließlich der möglichen Konsequenzen, wissen, wann welche Maßnahme greifen kann. Ihr Wissensspeicher, verbunden mit dem Denken und der Fähigkeit, Probleme zu lösen, wissenschaftlich gesagt, ihre Kognition, ist der Spielsituation gewachsen. Es gelingt ihnen, über den Verstand Einfluss auf die Situation zu nehmen.
- **Emotion:** Auslöser von Gefühlen sind im Sport Hinweise aus der Situation. Der Sportler nimmt dabei Details wahr, die für ihn erfreulich, bedrohlich, ermutigend, aufregend oder anders emotional stimulierend wirken. Wie fühlt sich z. B. ein Fußballer, der im Elfmeterschießen als nächster an die Reihe kommt? Mächtig und siegessicher, weil er sich dem gegnerischen Torwart überlegen fühlt und spürt, jetzt der Star des Abends werden zu können, oder doch eher ohnmächtig und hilflos, weil er merkt, dass er sich unter dem Druck der Situation nicht unter Kontrolle hat und Angst vor dem Versagen hat?

Unter dem Blickwinkel der Verarbeitung von Informationen und deren Wirkung auf sportliche Handlungen können diesen vier Komponenten folgende Funktionen zugewiesen werden: Die Wahrnehmung steuert das Empfangen von Informationen. Deren Verarbeitung und Speicherung erfolgt durch Kognition und Emotion. Die Motivation schließlich sorgt für das Umsetzen von Informationen in Handlungen.

Zusammenfassung

- Eine Persönlichkeit setzt sich aus mehreren Eigenschaften zusammen, bei denen zwischen **Traits** (typischen, fast immer gültigen Eigenschaften) und **States** (situativ bedingten Eigenschaften) unterschieden werden kann.
- Bekannte Trait-Modelle sind das **Modell von Eysenck** und das **Fünf-Faktoren-Modell (Big-Five-Modell)**. Ihr Ziel ist die Beschreibung einer Persönlichkeit.
- **Freud** geht der Frage nach, wie sich eine Persönlichkeit im Laufe der Zeit herausbildet und entwickelt.
- Die Beziehung zwischen Persönlichkeit und Sport ist nicht eindeutig geklärt. Die **Sozialisationshypothese** geht davon aus, dass durch Sport die Persönlichkeit beeinflusst werden kann, die **Selektionshypothese** hingegen nimmt an, dass nur bestimmte Persönlichkeiten Zugang zum Sport finden.
- Bei der Aufnahme und Verarbeitung von Informationen zum eigenen Verhalten (Rückmeldungen erfolgen sowohl intern als auch extern über die Umwelt) spielen vier Komponenten eine wesentliche Rolle: **Wahrnehmung, Kognition, Emotion, Motivation**.

Aufgaben
42. Überlegen Sie anhand des Big-Five Modells, welche Ausprägung eine Sportlerpersönlichkeit in den folgenden Bereichen haben sollte:
   a) Mannschaftssportarten,
   b) Kampfsportarten,
   c) künstlerisch-kompositorische Sportarten.

43. Eltern möchten ihren 8-jährigen Sohn, der sich nur wenig bewegt, im Sportverein anmelden. Kann das Vorhaben gelingen? Diskutieren Sie mögliche sich daraus ergebende Situationen anhand Ihrer Kenntnisse zum Begriff „Persönlichkeit".

13 Wahrnehmung

Bei der Wahrnehmung geht es um die Frage der Zuleitung von Informationen „von außen nach innen".

- **Sensorik:** Erster Schritt der Wahrnehmung ist die Sensorik. Sensorik bedeutet die Aufnahme von Daten zu statico-dynamischen und kinästhetischen Inhalten (Popriozeption), von Daten aus dem Inneren des eigenen Körpers (Interorezeption), von der Außenhülle des eigenen Körpers (Exterorezeption) und von außerhalb (Telerezeption). Die Aufgabe der Analysatoren, nicht nur eingehende sensorische Daten zu empfangen, sondern auch weiterzuverarbeiten, stellt sich in den Vorgängen „Perzeption" und „Identifikation" dar.

- **Perzeption:** Eine Person fertigt von den gesamten eingehenden Informationen ein subjektives Bild an, das Perzept. In der Entstehung des Perzepts wird die Wahrnehmungsphase der perzeptuellen Organisation durchlaufen, wo Fragen geklärt werden wie: Wie groß ist das betrachtete Objekt, welche Form hat es, in welchem Bewegungszustand befindet es sich? Durchaus keine trivialen Fragen, denn ein und dasselbe Objekt liefert in verschiedenen Perspektiven ganz unterschiedliche sensorische Daten. Eine kreisrunde Scheibe kann etwa je nach Blickwinkel als Kreis, Ellipse oder – von der Schmalseite her – als Rechteck erkennbar sein; eine Hand direkt vor dem Gesicht müsste aufgrund der sensorischen Signale doch viel größer begriffen werden, als die einige Meter entfernte Hand, weil sie ja prozentual wesentlich mehr Anteile des Gesichtsfeldes besetzt. Auf der perzeptuellen Stufe der Wahrnehmung werden also die sensorischen Signale erstmals zusammengeführt und strukturiert.

- **Identifikation:** Über den Bereich der Perzeption hinaus reichen die Vorgänge des Auffassens, Erkennens und Beurteilens, also Vorgänge des kognitiven Teils der Wahrnehmung. Dieser ist notwendigerweise eng mit Wissen und Verstehen gekoppelt, da vielfältige sensorische Daten zu vielen wieder erkennbaren Mustern einzelner oder mehrerer Objekte oder Personen gekoppelt sind. Woran erkennt man z. B. andere Personen? Von vorne am visuellen Eindruck ihres Gesichts, von hinten vielleicht visuell am Bewegungsbild, möglicherweise akustisch an der Stimme, vielleicht auch am Geruch, der Gestik, der Mimik – und wenn man nicht sicher ist, versucht man, Kombinationen der vorliegenden sensorischen Informationen mit ähnlichen Kombinationen, die als Abbild der Wirklichkeit im Gedächtnis gespeichert sind, zu vergleichen. Das Wiedererkennen gelingt dabei in Orientierung an invarianten, das heißt unveränderlichen Detailkombinationen, die den eintreffenden Bildern ihre Bedeutung geben. Man erkennt also, sofern die typischen Invarianten getroffen sind, Personen auch, wenn sie als Karikatur gezeichnet sind, Sportarten, wenn sie in einem Piktogramm dargestellt werden, oder kann unter Umständen auch Personen an einem einzigen Bewegungsdetail identifizieren.

Top-Down- und Bottom-Up-Prozesse

Grundsätzlich werden in der kognitiven Psychologie zwei verschiedene, sich aber letztlich ergänzende Wahrnehmungsrichtungen unterschieden:

- Von einem „**Top-Down-Prozess**" (‚von oben nach unten') wird gesprochen, wenn in einer bekannten Umgebung von vornherein bestimmte Signale erwartet und entsprechend auch wahrgenommen werden. Hier liegt folglich eine konzeptgesteuerte Wahrnehmung vor.
- Von einem „**Bottom-Up-Prozess**" (‚von unten nach oben') wird gesprochen, wenn unvoreingenommen aus sensorischen Signalen ein Bild der Umgebung komponiert wird. Hier ist die Wahrnehmung datengesteuert.

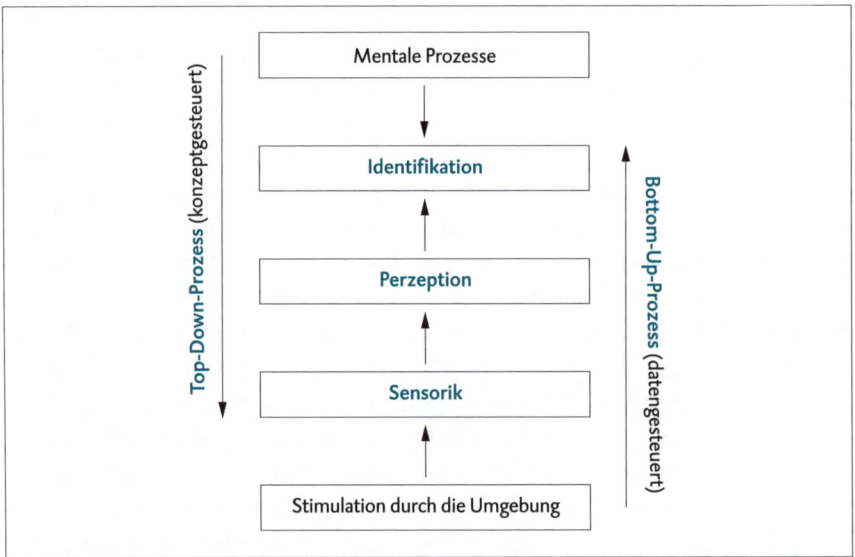

Abb. 93: Top-Down- und Bottom-Up-Prozesse

Wahrnehmung ist insgesamt ein merkwürdiger Vorgang, wenn man den folgenden Satz von Eberspächer (1993, S. 41) bedenkt:

> „Wahrnehmung ist weit davon entfernt, eine direkte Erfahrung der objektiven Wirklichkeit zu sein, vielmehr ist sie die Konstruktion und Schöpfung eines subjektiven Modells der gegebenen Situation, in das alle bedeutsamen gegenwärtigen und vergangenen, der Person zugänglichen Informationen z. B. in Form von Erfahrungen und Erwartungen eingehen."

Für den Bereich des Sports ist die Wahrnehmung von Bewegungen von besonderer Bedeutung, sei es als **Selbstwahrnehmung**, die in der Regel stark auf dem kinästhetischen Sinn beruht, sei es als **Fremdwahrnehmung**, die meist visueller Natur ist. Zum Bereich der visuellen Wahrnehmung gilt es nun aus Sicht der Psychologie einige Ergänzungen vorzunehmen.

13.1 Visuelle Wahrnehmung

Sehen ist ein aktiver gestalterischer Prozess und bietet ein gutes Beispiel für die obige Feststellung Eberspächers, dass Wahrnehmung nicht wertfrei und objektiv ist. Optische Täuschungen zeigen uns sehr deutlich, dass sich unsere visuellen Eindrücke häufig von der objektiven Wirklichkeit unterscheiden, dass wir sogar Dinge wahrnehmen, die es wertfrei betrachtet so nicht gibt und dass Wahrnehmung auch nicht unbedingt eindeutig sein muss:

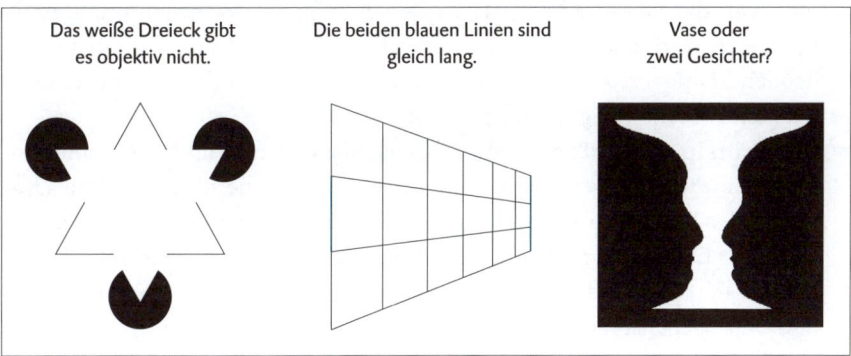

Abb. 94: Optische Täuschungen

Das gestalterische Sehen ist systembedingt:
- Da die Retina ein zweidimensionales Bild der Umwelt erhält, wird das dreidimensionale Ergebnis der Wahrnehmung konstruiert.
- Um eine zutreffende Interpretation der Umwelt zu erhalten, werden Größen angepasst. So wird eine weit weg stehende Person von 1,80 m Körpergröße als gleich groß wahrgenommen wie eine nah stehende derselben

Größe, obwohl die Bildanteile beider Personen auf der Retina sich deutlich unterscheiden.

- Farben werden bei verschiedener Beleuchtung gleich wahrgenommen, obwohl z. B. der physikalische Helligkeitswert einer farbigen Fläche zwischen Licht und Schatten deutlich schwanken kann.

Die heutige wissenschaftliche Sicht auf die optische Wahrnehmung ist ein Ergebnis der psychologischen Richtung der Gestalttheorie, deren Grundsatz „Das Gesamte ist mehr als die bloße Anhäufung seiner Einzelteile" auf einen Top-Down-Ansatz verweist. Diese Theorie, die in den 20er- und 30er-Jahren des 20. Jahrhunderts entstanden ist, hat in neuerer Zeit unter dem Eindruck der Untersuchung komplexer Systeme, die sich einer analytischen Auswertung entgegenstellen, eine Renaissance und eine Ausweitung in vielen wissenschaftlichen Disziplinen erfahren. Im Bereich der visuellen Wahrnehmung gibt sie Antworten auf Fragen der Wahrnehmungsorganisation in einigen Prinzipien, die hier auf zwei Leit-Prinzipien begrenzt sind:

- Bei Betrachtung komplexer Situationen werden einzelne Gegenstände hervorgehoben, der Rest des Bildes ergibt den Hintergrund; dieser Prozess heißt die **Trennung von Figur und Grund**. Was Figur, was Grund ist, bleibt (unter Umständen unbewusste) Interpretationssache eines Beobachters (vgl. die vorige Abb. „Vasen/Gesichter"). Die Wahrnehmung strebt dermaßen stark nach dem Figur-Grund-Ordnungsprinzip, dass nicht vorhandene Linien geschlossen werden, um eine entsprechende Ordnung zu erhalten (vgl. die vorige Abb. „Dreieck" oben).
- Das **Prinzip der guten Gestalt** besagt, dass man bemüht ist, eine Ansammlung von Dingen in Formen zu sehen, die eine übersichtliche Ordnung oder besondere Einfachheit aufweisen. Dazu werden Gruppierungen ähnlicher Elemente vorgenommen, Linien oder Abfolgen kontinuierlich ergänzt, nahe beieinander stehende Elemente in abgegrenzten Einheiten gesehen oder Gegenstände mit gleich gesehener Bewegungsrichtung einander zugeordnet.

Bewegt sich der Mond in einer windigen Nacht hinter den zerrissenen Wolken oder bewegen sich die Wolken vor dem Mond? Die Optik sagt oft, der Mond bewegt sich, man weiß es aber besser. Wer aber hat sich in Erwartung der sofortigen Abfahrt noch nicht gefragt, ob der eigene Zug schon angefahren ist, obwohl es der vorher beobachtete Zug auf dem Nachbargleis war … oder war es doch der eigene? Zur Klärung dieser Frage sucht man schnell ein anderes optisches Umfeld und entscheidet dann, ob man selbst fährt.

Im Grunde bietet das Problem der losfahrenden Eisenbahnzüge ein Figur-Grund-Problem, das wir hier als ein **Problem des richtigen Bezugsrahmens** kennen lernen. Meisterlich gehen Pantomimen mit Wahrnehmungen in Bezugsrahmen um, indem sie Bezüge vortäuschen, wenn sie etwa ein Laufen auf der Stelle ausführen, sich aber so bewegen, dass das Auge eine Fortbewegung identifiziert. Ähnliche Bewegungen nützen auch Jazz- oder Breakdancer, um verblüffende Effekte zu erzielen. Bei der Konstruktion eines Bezugsrahmens weist das visuelle System eine starke Tendenz auf, eine größere umgebende Figur als Bezugsrahmen für eine kleinere, darin enthaltene Figur zu nehmen.

Bewegung wird gesehen, wenn Bilder zu unterschiedlichen Zeitpunkten verglichen werden. Die beiden einfachsten Formen der Bewegungserkenntnis ergeben sich, wenn mit den Augen einem Gegenstand gefolgt werden muss, um ihn scharf sehen zu können, oder dessen Bild sich auf der Retina verschiebt. Diese beiden Formen sind besonders geeignet, um horizontal sich vorbei bewegende Gegenstände oder eigene Bewegung entlang von Gegenständen abzuschätzen.

Räumliches Sehen

Probleme in der visuellen Wahrnehmung von Bewegungen ergeben sich erfahrungsgemäß bei der Abschätzung der Raumtiefe. Jeder Ballspieler weiß, dass man sich nicht direkt in die Fluglinie des anfliegenden Balles stellen sollte: Ein schnelles Zuspiel im Basketball direkt auf das Gesicht des Fängers bringt diesen in große Schwierigkeiten, ein Handball-Torwart mag eine vergleichbare Flugbahn noch viel weniger, bei der Annahme des Volleyball- oder Tennis-Aufschlags direkt von vorne sieht es nicht besser aus.

Das hier zugrunde liegende Problem der Entfernungsabschätzung bei Bewegung von direkt vorne auf den Beobachter zu ist darin begründet, dass es zu einem Bildpunkt auf der Retina unendlich viele bildgebende Umgebungspunkte gibt, die alle auf einer Geraden liegen. Die Abbildung zeigt, dass alle Punkte der Geraden A auf den Retina-Punkt a, alle Punkte der Geraden B auf b abgebildet werden, dass außerdem ausnahmslos alle Verbindungen je eines Punktes von A und B ihr Abbild in der Strecke von a nach b auf der Retina finden. Hier ist von vornherein ein Interpretationsproblem nicht zu vermeiden.

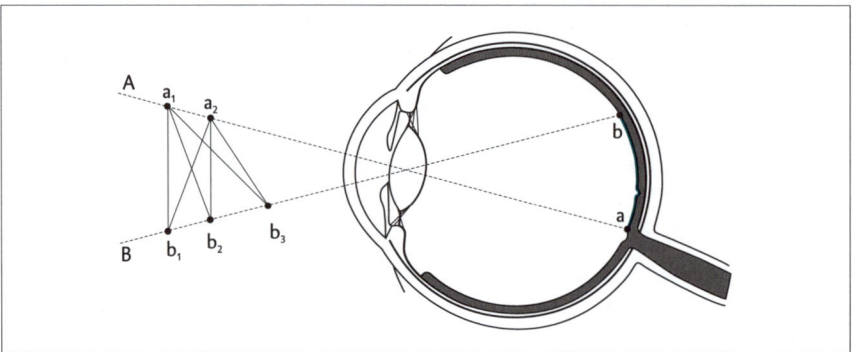

Abb. 95: Räumliches Sehen

Dass man dennoch Tiefe abschätzen kann, ist Verdienst weiterer Fähigkeiten des visuellen Systems:

- Da die beiden Augen ein paar Zentimeter auseinander liegen, werden auf der rechten und der linken Netzhaut leicht unterschiedliche Bilder abgebildet. Diese Verschiebung der horizontalen Positionen wird als **retinale Querdisparation** bezeichnet. Das visuelle System führt diese beiden Bilder zusammen und lässt einen dreidimensionalen Eindruck entstehen.
- Über die Augenstellung kommen kinästhetische Informationen zur Entfernung von Gegenständen: Nahe Gegenstände zwingen den Betrachter, etwas nach innen zu schielen, bei zunehmender Entfernung löst sich das Schielen weitgehend auf. Das Ausmaß, in dem das Auge nach innen gedreht wird, bezeichnet man als **Konvergenz** (starke Konvergenz bei nahen Gegenständen, schwache Konvergenz bei entfernten).
- Bewegt man sich selbst in einer Umgebung (z. B. in einem Auto), dann scheinen sich weit entfernte Gegenstände kaum zu bewegen, nahe dagegen vorbeizufliegen. Durch diese sogenannte **relative Bewegungsparallaxe** gelingt es dem visuellen System, Geschwindigkeit und Richtung der eigenen Bewegung zu erkennen.

Für die Tatsache, dass Tiefensehen auch mit einem einzigen Auge bewältigt werden kann, gibt es folgende Indizien:

- Je näher ein Gegenstand kommt, desto größer wird sein Abbild auf der Netzhaut. Allgemein wird die Entfernung von Gegenständen so beurteilt, dass der am weitesten entfernte Gegenstand das kleinste Bild auf die Retina wirft. Diese Art der Entfernungsermittlung funktioniert besonders, wenn der Betrachter aus der Erfahrung eine tatsächliche Größeneinschätzung des Gegenstandes besitzt.

- Je näher ein komplexes Bild ist, desto detailreicher ist es. In der Ferne verschwimmen die Details zu einem Ganzen. Verschwommenheit deutet also Entfernung an.
- Zwei parallel laufende Linien (z. B. zwei Eisenbahnschienen) bilden in weiter Ferne eine Flucht. Dies kann auch zu Täuschungen führen, wie das zweite Beispiel der Abbildung 94 zeigt.

13.2 Aufmerksamkeit

Es ist klar, dass nicht sämtliche eintreffenden sensorischen Informationen so weit Berücksichtigung finden können, dass sie eine Bedeutung auf der obersten Bewusstseinsebene erlangen könnten. Andererseits aber ist es gerade im Sport so, dass notwendige Informationen zuverlässig erkannt werden müssen, um angemessen reagieren zu können. Die Frage heißt also: Wo sehe ich hin, wo spüre ich hin, wo höre ich hin?

Unter **Aufmerksamkeit** versteht man die bewusste Zuwendung zu einer Person oder einem Objekt der Umgebung. Unter aufmerksamer Beachtung hebt sich die beachtete Person oder das beachtete Objekt qualitativ auf Kosten des Übrigen heraus. Aufmerksamkeit bedeutet also einmal ein Hinwenden zu vermeintlich interessanten, zum anderen ein Abwenden von vermeintlich uninteressanten Informationen. Ist man in der Lage, die Aufmerksamkeit dauerhaft auf relevante Dinge zu richten, spricht man von der Fähigkeit zur **Konzentration**.

Eine wesentliche Funktion der Aufmerksamkeit ist also die **Selektion**. Selektion ist notwendig, weil unser Gehirn nicht genügend Kapazität aufweist, um sämtliche sensorische Daten interpretierend umzusetzen.

Gedächtnis

Auf der Gedächtnisebene stellt sich das Zustandekommen von Aufmerksamkeit so dar:

- Alle eintreffenden Informationen halten sich für allerhöchstens eine Sekunde im **sensorischen Gedächtnis**, das für diese kurze Zeitspanne unbewusst als Ablage für Informationen dient. Eine Auswahl von maximal fünf bis neun dieser Informationen (Chunks) erhält Zugang zum Arbeitsgedächtnis und damit zum Bewusstsein. Es können also nur sehr wenige der vielen eintreffenden Informationen gleichzeitig bewusst wahrgenommen werden.

- Diese bewusst wahrgenommenen Informationen bleiben auch im **Arbeitsgedächtnis** max. 18 Sekunden präsent. Werden sie danach nicht weiter Gegenstand der bewussten Auseinandersetzung und gelangen dadurch ins **Langzeitgedächtnis**, werden sie gelöscht.

Man erkennt schon anhand dieser kurzen einführenden Worte zur Aufmerksamkeit, dass es in Sportarten, die besonders von der zutreffenden Wahrnehmung von Informationen leben, ungemein wichtig ist, diejenigen Informationen auszulesen, die für ein zielgerichtetes Denken und Handeln notwendig sind.

Beispiel

Ein Basketballspieler befindet sich in der Verteidigung: Er ist auf eine Situation 1-1 konzentriert, also vollauf damit beschäftigt, die Bewegungen seines direkten Gegenspielers zu lesen, die Informationen darüber mit seinen eigenen kinästhetischen Wahrnehmungen abzugleichen, und so dessen Absicht und die eigenen Handlungsmöglichkeiten zu erkennen. In dieser Situation ist es durchaus wahrscheinlich, dass er Zusammenhänge des ganzen Spiels in diesem Moment nicht wahrnimmt, weil er sie wegen Kapazitätsmängeln seiner Wahrnehmung nicht erkennen kann.
Umgekehrt kann es z. B. natürlich auch passieren, dass er durch den Zuruf eines Mitspielers auf größere Zusammenhänge, etwa den Mitspieler seines direkten Gegners, der gerade zum Block kommt, aufmerksam gemacht wird, dabei aber verpasst, dass der Gegenspieler in diesem Moment die Initiative zu einem Durchbruch zum Korb ergreift und ihn einfach stehen lässt.

Umgang mit der beschränkten Kapazität

Es gibt Empfehlungen, wie mit der beschränkten Kapazität der Wahrnehmung umgegangen werden kann:

- Sportler müssen ihre Bewegungsvorstellung verbessern, um genauer zu wissen, welche Bewegungsdetails in einer konkreten Situation Schwierigkeiten ausräumen können; damit setzt man die Anzahl der in der Situation wahrzunehmenden Merkmale herab.
- Bei der Beobachtung schneller Bewegungen sollen nur ein oder zwei Details beachtet werden. Die gleichzeitige Beobachtung mehrerer schneller Bewegungsdetails soll unterbleiben, weil sie nicht gelingt. In diesem Zusammenhang ist auch der Blick möglichst ruhig zu halten; der Versuch, mehr Informationen durch schnelle Augenbewegungen einzuholen hat sich als nicht effektiv erwiesen.

Arten der Aufmerksamkeit

Nideffer unterscheidet je nachdem, ob sich die Aufmerksamkeit nach innen (auf den eigenen Körper) oder nach außen (auf die Umwelt) richtet, zwischen einer internalen und einer externalen Dimension. Außerdem unterscheidet er zwischen einer weiten und engen Aufmerksamkeit. Diese Dimensionen lassen sich zu vier Arten der Aufmerksamkeit kombinieren:

		Distanz der Aufmerksamkeit	
		weit gleichzeitige Betrachtung unterschiedlicher Ereignisse Ziel: Überblick	**eng** genaue Verarbeitung eines Vorkommnisses Ziel: Präzise Kontrolle
Orientierung der Aufmerksamkeit	**external** Aufmerksamkeit auf ein äußeres Objekt gerichtet	Einschätzen von Umfeldern Fremdantizipation	Handeln Reagieren
	internal Aufmerksamkeit auf innere Vorgänge (Gefühle, Stimmung etc.) gerichtet	Analyse Selbstantizipation	Probehandlungen Pläne

Abb. 96: Arten der Aufmerksamkeit (nach Nideffer)

Es ist klar, dass bei enger Aufmerksamkeitsstellung das beobachtete Detail besonders stark beachtet und in Handlungsplänen berücksichtigt werden kann, wogegen bei weiter Ausrichtung einzelne Details schlechter verarbeitet werden.

- Ein Regisseur in einer Ballsportart, wie der Ballverteiler *(point guard)* beim Basketball, der Mittelfeld-Spielgestalter im Fußball oder der Steller beim Volleyball nehmen die Spielumgebung besonders häufig **weit-external** auf, um möglichst alle günstigen Situationen erfassen zu können.
- In der Verteidigung eines Volleyball-Schmetterschlages mittels eines Blocks, in der Verteidigungssituation 1-1 beim Basketball, wenn der direkte Gegenspieler durchbricht, oder wenn ein Fußball-Torwart einem frei auf ihn zulaufenden Stürmer mit Ball gegenübersteht, ist der Verteidiger jeweils **eng-external** konzentriert.
- Ein Trampolinspringer, der dazu neigt, einen Salto regelmäßig zu überdrehen, muss seine Aufmerksamkeit **eng-internal** ausrichten, wenn er seine Bewegungen so steuern möchte, dass der Fehler behoben wird.

– Wenn sich ein Ballsportler vor einem Spiel grundlegend Gedanken darüber macht, welche seiner Fähigkeiten im kommenden Spiel besonders wichtig sein werden und in welchen Situationen er sie einbringen will, richtet er seinen Aufmerksamkeitsfokus **weit-internal** aus.

13.3 Antizipation

Der in der vorausgehenden Tabelle verwendete Begriff „Antizipation" verdient eine nähere Betrachtung, weil er für viele Sportarten ein wesentliches psychologisches Leistungsmerkmal beschreibt.

> **Antizipation** (wörtlich: Vorwegnahme) ist die Fähigkeit eines Sportlers, die für seine kommende Handlung verwertbare Information aus der Umwelt oder seinem eigenen Körpergefühl möglichst frühzeitig aufzunehmen und richtig zu bewerten.

Man unterscheidet die **Antizipation von eigenen Bewegungen**, was der Erstellung von Bewegungsplänen entspricht, von der **Antizipation von Fremdbewegungen**, wo es darauf ankommt, Bewegungen von Sportgeräten oder anderen Sportlern möglichst schnell zutreffend zu interpretieren. Die Antizipationsphase hat, wenn ihre Ergebnisse verworfen werden, kein unmittelbares Bewegungsergebnis, man kann sich Antizipation als ein „theoretisches Reagieren" auf Einflüsse vorstellen.

Beispiel

Ein Basketballspieler, der feststellt, dass sein unmittelbarer Gegner einen Distanzwurf auf den Korb immer nach einer typischen Blickbewegung startet, kann aus diesem Blick sehr frühzeitig den kommenden Wurf ablesen und trotz großer Korbentfernung seine Verteidigung noch rechtzeitig sehr eng werden lassen. Umgekehrt kann es natürlich auch so sein, dass der Angreifer mit der Antizipation seines Verteidigers spielt und durch den „typischen Blick" den Verteidiger anzieht, um dann nicht etwa zu werfen, sondern gegen die Bewegungsrichtung des Verteidigers zum Korb durchzubrechen.

Verallgemeinernd werden Antizipationsfehler so erklärt, dass
• das in einer Situation wesentliche Signal von der handelnden Person gar nicht erst wahrgenommen wird, weil es den Kapazitätsbegrenzungen der Wahrnehmung zum Opfer gefallen ist,

- die Aufmerksamkeit nicht stark genug auf dieses eine Signal konzentriert ist, da der Fokus zu weit eingestellt ist,
- das Signal zwar ausreichend erkannt, aber unzutreffend bewertet wird.

Merkregeln zur Konzentration, die helfen können, die Anzahl zutreffender Antizipationen zu steigern und Antizipationsfehler zu vermeiden, arbeiten im Wesentlichen daran, den Umfang der Informationen, die es zu verarbeiten gilt, zu verkleinern. Eine Auswahl:

1. Man soll sich grundsätzlich auf die nächste Situation konzentrieren, nicht auf das, was kommen könnte oder was vorher war.
2. Man soll sich nicht auf den Gegner, sondern auf sich selbst und den Gegenstand des Wettkampfes konzentrieren.
3. Man soll sich nicht auf bereits automatisierte Bewegungen konzentrieren.
4. Man soll seine Ziele vor sich selbst positiv, nicht etwa vermeidend formulieren. Für einen im Innenspiel starken Basketballer tritt an die Stelle der Selbstanweisung „Ich darf nicht von außen werfen!" die Maxime „Ich will offensiv an den Korb!".
5. Im Wettkampf soll man auf wenige Punkte konzentriert sein.
6. Trainer sollen Korrekturen mit geringer Informationsmenge geben.
7. Im Training soll – zumindest in den Phasen der Wettkampfsimulation – so konzentriert gearbeitet werden wie im Wettkampf selbst.

Zusammenfassung

- Die Wahrnehmung von Daten von außen erfolgt über die drei Schritte
  Sensorik (reine Aufnahme der Daten)
  Perzeption (grobe Zusammenführung der Daten) und
  Identifikation (Erkennen und Beurteilen der Daten).
  Je nachdem, ob die Daten unvoreingenommen oder unter dem Einfluss bestimmter Erwartungen aufgenommen werden, unterscheidet man zwischen **Bottom-Up-** und **Top-Down-Prozessen**. Wahrnehmung ist aufgrund der Top-Down-Prozesse immer auch ein gestalterischer Prozess.
- **Visuelle Wahrnehmung** ist nicht nur aufgrund des Einflusses von Top-Down-Prozessen ein gestalterischer Prozess, sondern auch weil die Sinnesorgane selbst wegen ihres Aufbaus nicht in der Lage sind, die Umgebung eins zu eins abzubilden: Räumliches Sehen ist dennoch aufgrund der **retinalen Querdisparation**, der **Konvergenz** der Augen und der **relativen Bewegungsparallaxe** möglich.

- Da das Gedächtnis über eine begrenzte Kapazität verfügt, werden nur diejenigen Daten im Gedächtnis verarbeitet und gespeichert (also bewusst wahrgenommen), denen **Aufmerksamkeit** zukommt. Je nachdem, ob die Aufmerksamkeit nach innen bzw. nach außen oder auf ein Detail bzw. einen weiteren Bereich gerichtet ist, unterscheidet Nideffer vier Arten der Aufmerksamkeit: **eng-internal, eng-external, weit-internal, weit-external**.
  Die Fähigkeit, dauerhaft Aufmerksamkeit auf relevante Dinge zu richten, wird als **Konzentration** bezeichnet.
- Die Fähigkeit, Handlungen aufgrund von Informationen aus der Umwelt geistig vorwegzunehmen, wird als **Antizipation** bezeichnet.

Aufgaben

44. Erläutern Sie das Ziel von Täuschungshandlungen in Ballsportarten und stellen Sie dar, wie diese, erfolgreich durchgeführt, vom Gegner wahrgenommen werden. Arbeiten Sie allgemein und am Beispiel.

45. Diskutieren Sie Ausprägungen und Anforderungen an die Antizipationsfähigkeit in Mannschaftssportarten, im Fechten und in der Leichtathletik!

14 Motivation

Ob und wie Handlungen ausgeführt werden, hängt ganz entscheidend davon ab, wie eine Person eine bestimmte Situation begreift und bewertet und wie sehr sie sich durch sie zu einer Reaktion bzw. Handlung angeregt fühlt.

14.1 Motive und Motivation

Grundsätzliche Einstellungen Handlungen gegenüber sind eng mit der Persönlichkeit des Einzelnen verknüpft und über längere Zeit stabil.

Motive

Im Bereich der Handlungssteuerung werden diese grundsätzlichen Einstellungen, die mit den Traits der Persönlichkeitstheorie vergleichbar sind, als Motive bezeichnet:

> Ein **Motiv** ist eine individuelle Voreingenommenheit gegenüber Verhaltensformen und Handlungen, die über einen längeren Zeitraum stabil bleibt. Die Stärke des Motivs sagt, wie wichtig einer Person die mit den Handlungen und Verhaltensweisen verbundenen Ziele sind.

Die Persönlichkeit des Einzelnen ist wesentlich mitbestimmt durch die Motive, die seinen Einschätzungen und Handlungen zugrunde liegen. Motive, Sport zu treiben sind z. B.: Bewegungsfreude, Freude an Leistung, Anschluss in der Sportgruppe, Bedürfnis nach Aggressionsableitung, Geltungsbedürfnis, Gesundheitsstreben.

In allgemeinen Zusammenhängen unterscheidet man vielerlei Motive, die man versucht hat zu kategorisieren.

Bedürfnispyramide nach Maslow

Ein bekanntes Modell liefert die Bedürfnispyramide nach Maslow, die die einzelnen Bedürfnisse des Menschen in eine hierarchische Ordnung bringt. Nach Maslows Theorie müssen zuerst die Bedürfnisse der jeweils unteren Stufe befriedigt sein, bevor die Bedürfnisse der oberen Stufe gestillt werden können. Ganz zuunterst stehen die physiologischen Grundbedürfnisse wie Atmen, Trinken, Essen, Schlafen und Sexualität. Darauf folgen die Sicherheitsbedürfnisse, wie das Bedürfnis nach einer Wohnung, einem festen Job oder Gesundheit. Die nächste Stufe wird von den sozialen Bedürfnissen eingenommen, wie das Bedürfnis nach Freundschaften, Partnerschaft oder Kommunikation. Darauf folgt die Stufe, in der nach persönlicher Wertschätzung gestrebt wird, d. h. wo Status, Macht und Auszeichnungen eine Rolle spielen. Die oberste Stufe wird von den Selbstverwirklichungsbedürfnissen eingenommen, die sich in der Hinwendung zur Kunst und Philosophie äußern kann, aber auch im Altruismus und dem bewussten Leben der eigenen Individualität. Die ersten drei (manchmal auch vier) Stufen werden als Defizitbedürfnisse bezeichnet. Sind sie erfüllt, wird man nichts mehr weiter unternehmen, um sie im Moment noch weiter zu stillen (z. B. wenn jemand satt ist, wird er zu essen aufhören). Die letzte Stufe (zum Teil auch die vorletzte) sind Wachstumsbedürfnisse, die niemals vollständig erfüllt werden können.

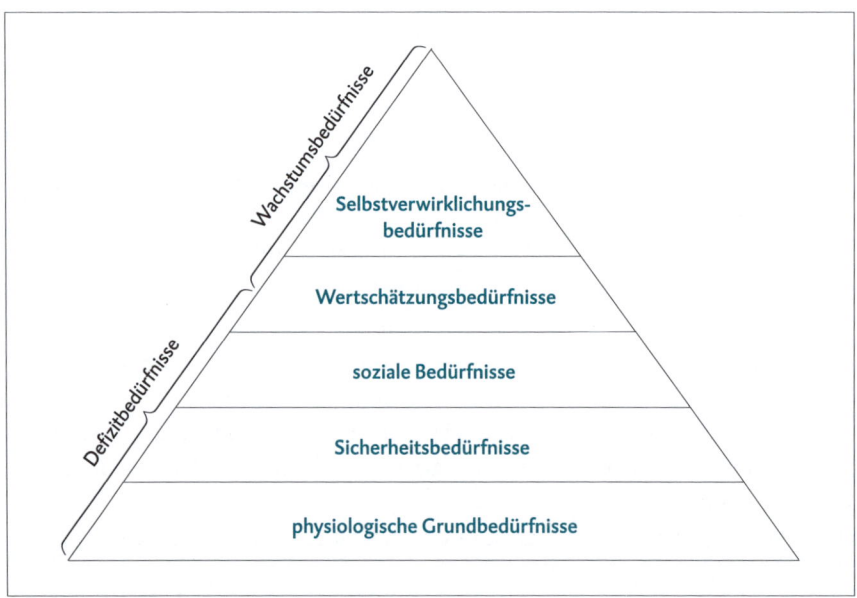

Abb. 97: Die Bedürfnispyramide nach Maslow

Die Kritik an der Bedürfnispyramide von Maslow setzt unter anderem an seiner Annahme an, dass Motive einer höheren Stufe für eine Person erst dann eine Rolle spielen, wenn die darunter liegenden gestillt sind. Dies ist im Groben nachvollziehbar, doch ist es offensichtlich möglich, ohne ständige Befriedigung der unteren Stufen eine höhere anzustreben.

Motive nach Reiss

In jüngerer Zeit ist man dazu übergegangen, mögliche Motive aufzählend ohne eine Hierarchie darzustellen. Die Auflistung nach Reiss stellt 16 grundlegende Motive für heute lebende Personen zusammen:

> **Macht** (Streben nach Erfolg, Leistung, Führung)
> **Unabhängigkeit** (Streben nach Freiheit, Autarkie)
> **Neugier** (Streben nach Wissen und Wahrheit)
> **Anerkennung** (Streben nach Akzeptanz, Zugehörigkeit und positivem Selbstwert)
> **Ordnung** (Streben nach Stabilität, guter Organisation)
> **Sparen** (Streben nach dem Anhäufen materieller Güter)
> **Ehre** (Streben nach Loyalität und charakterlicher Integrität)
> **Idealismus** (Streben nach sozialer Gerechtigkeit und Fairness)
> **Beziehungen** (Streben nach Freundschaft, Kameradschaft, Humor)
> **Familie** (Streben nach eigenen Kindern, Familie)
> **Stand** (Streben nach Reichtum, social standing)
> **Rache** (Streben nach Konkurrenz, Kampf, Vergeltung)
> **Romantik** (Streben nach erotischem Leben, Sexualität und Schönheit)
> **Ernährung** (Streben nach Essen und Nahrung)
> **Körperliche Aktivität** (Streben nach Fitness und Bewegung)
> **Ruhe** (Streben nach Entspannung und emotionaler Sicherheit)

Gleich, welche Motive man als allgemein oder individuell verbindlich ansieht, sie sind wie die Persönlichkeitsmerkmale häufig in der frühen Kindheit angelegt und deshalb mit zunehmendem Alter zunehmend schwierig zu ändern. Im Bereich des Sports bedeutet diese Erkenntnis für einen Trainer: Versuche lieber, die Motive anzusprechen, die in der von dir betreuten Person bereits angelegt sind und versuche nicht, die Motivlage der Person zu ändern! Das bedeutet, dass dem Trainierenden Situationen angeboten werden sollen, die seine Motive ansprechen und ihn so stimulieren.

Motivation

> Den Zustand des Motiviertseins bezeichnet man als **Motivation**.

Auslöser der Motivation sind verschiedene, bedeutsam gewertete Begleitumstände der Handlung. Es können sowohl die Ergebnisse oder Folgen der Handlung motivierend wirken als auch die Handlung selbst. Je nachdem werden folgende Begriffe verwendet:

- **extrinsische Motivation:** Die Ziele haben mit der Handlung selbst nichts zu tun (z. B. Geld, Anerkennung).
- **intrinsische Motivation:** Die Handlung selbst motiviert.

Beispiel

Ein Schüler, der Sport als Abiturfach gewählt hat, weil er sich bessere Noten als in anderen Fächern verspricht, motiviert sich extrinsisch. Hat er die Wahl getroffen, weil er sich freut, Sport treiben zu können und etwas über die Hintergründe des Sports zu erfahren, ist er intrinsisch motiviert.

14.2 Gütestandards, Erwartungen und Kausalattribuierung

Die folgenden Ausführungen lehnen sich stark an das Motiv der Leistung an, weil es im Bereich des Sports eine besondere Rolle spielt. Eine Übertragung des Gesagten auf andere Motive ist leicht möglich.

Herangehen an eine Handlung

Ist eine Handlung motiviert, unterscheidet sich die Art, wie man die Bewältigung der entsprechenden Aufgabe angeht, von Person zu Person:

- Grundsätzlich hat jeder einen individuell verbindlichen **Gütestandard**, d. h. ein eigenes Anspruchsniveau, das er in Leistungssituationen realisieren möchte. Es wird hiermit also die Antwort auf die Frage „Wie gut will ich sein?" festgelegt. Das Anspruchsniveau gilt oft für viele Situationen, gelegentlich ist es aber auch auf einzelne begrenzt. Personen mögen also allgemein in jeder Anforderungssituation – sei es im Sport oder in anderen Bereichen – ehrgeizig sein, vielleicht aber auch nur im Sport und dort nur in einer einzigen Sportart.
- Jeder verbindet mit seinen Handlungen **Erwartungen**, einmal positiv erstrebend, dass eigene Ziele erreicht werden, auf der anderen Seite negativ vermeidend, dass ungewollte Konsequenzen nicht eintreten mögen. In Leistungssituationen – gerade im Wettkampfsport – stellt sich dieser Zwiespalt im Spannungsfeld zwischen „Hoffnung auf Erfolg" und „Angst vor Misserfolg" dar. In der Regel herrscht eine Mischung der erstrebenden und abwehrenden Erwartungen vor.

Nachträgliche Bewertung einer Handlung

Jeder hat eine unterschiedliche Art der **Kausalattribuierung**, d. h der Begründung für Erfolg oder Misserfolg. So schreibt der eine alle Erfolge dem Zufall, alle Misserfolge persönlichem Versagen zu und der andere macht ausschließlich sich selbst für alle erreichten Erfolge, aber grundsätzlich andere Personen oder die äußeren Umstände für Misserfolge verantwortlich.

Die Kausalattribuierung nehmen entweder der Handelnde selbst (Selbstattribuierung) oder andere Personen (Fremdattribuierung) vor. Auch die Gründe können auf verschiedenen Ebenen gesucht werden:

- **Internale Gründe** unterliegen der unmittelbaren Steuerung der handelnden Person oder sind doch zumindest durch die eigene Persönlichkeit unmittelbar verursacht.

- **Externale Gründe** werden von außen an eine Person herangetragen, unterliegen der eigenen Steuerung somit allenfalls mittelbar.

Weiner unterscheidet externale und internale Gründe anhand der zeitlichen Stabilität noch feiner:

		Personenabhängigkeit	
		internal Einfluss von innen	**external** Einfluss von außen
zeitliche Charakteristik	**relativ stabil** über einen Zeitraum	eigene Fähigkeit	Schwierigkeit einer gestellten Aufgabe
	situationsgebunden variabel in einem Zeitraum	eigene Anstrengung	Zufall

Abb. 98: Unterscheidung von internalen und externalen Gründen (nach Weiner)

Ein Läufer hat einen Wettkampf über 5 000 m gegen einen übermächtigen Konkurrenten zwar nicht gewonnen, aber in persönlicher Bestzeit absolviert. Er stellt fest, dass er bis auf Weiteres einen solchen Gegner nicht besiegen kann, weil seine eigenen Fähigkeiten nicht ausreichen. Er sucht also einen Grund für die Niederlage bei sich selbst (internal), und da er nicht davon ausgeht, bald auf das Niveau des Gegners zu kommen, sieht er das Problem als zeitlich stabil an. Andererseits ist er stolz auf sich (internal), denn er hat in der Situation des Wettkampfes, zeitlich punktuell und nicht unbedingt jederzeit wiederholbar, alles gegeben und Bestzeit erreicht. Als er das Umfeld des Wettkampfes in seine Überlegungen miteinbezieht (external), stellt er fest, dass ein solcher Lauf für ihn im Moment noch zu schwierig ist – zumindest wenn er den Sieg anstrebt. Die persönliche Bestzeit weist er zum Teil auch einem glücklichen Rennverlauf zu (external), einem situativen, im Wesentlichen von außen auf ihn einwirkenden Grund. Ebenso könnte er natürlich auch den vergebenen Sieg mit dem Wetter oder einem drückenden Schuh external begründen.

Selbst- und Fremdattribuierung stimmen häufig nicht überein. So kann z. B. ein Sportler zu dem Schluss kommen, dass er die größtmögliche Anstrengung unternommen habe und daher nicht mehr Leistung drin war, der Trainer aber enttäuscht sein, da er gedacht hatte, dass die Gegner leicht hätten besiegt werden können. Üblich sind aus ähnlichen Gründen auch erhebliche Meinungsdifferenzen zwischen Trainern, Sportlern und ihrer Umgebung wie der Presse, dem Fernsehen und den Zuschauern. Viele Meinungsverschiedenheiten hinsichtlich der Kausalattribuierung kommen dadurch zustande, dass die Beteiligten sich verschieden orientieren. Mögliche Bezugsnormen sind:

- Unter **individueller Normorientierung** wird eine erbrachte Leistung mit eigenen früheren Ergebnissen verglichen.
- Unter **sozialer Bezugsnormorientierung** werden eigene Ergebnisse mit denen anderer verglichen.
- Unter **sachlicher Normorientierung** wird entschieden, ob eine Aufgabe angemessen bearbeitet wurde. Das Ergebnis ist hierbei zunächst zweitrangig.

Beispiele

    – Ein Sportler war lange verletzt und trainiert nun seit kurzem wieder Waldlauf, zwar mit Schwierigkeiten, aber doch regelmäßig. Er beginnt mit einer Strecke von 2 Kilometern und steigert nach und nach mühevoll seinen Trainingsumfang. Nach vier Wochen läuft er erstmals wieder eine Strecke von 10 km durch und braucht dazu 60 Minuten. Die Schmerzen haben in der Trainingsperiode mehr und mehr nachgelassen, weil er sich vernünftig aufgebaut hat. Die schließlich erbrachte Leistung von 60 Minuten auf 10 km ist schlecht hinsichtlich der sozialen Normorientierung, hinsichtlich der individuellen Normorientierung aber hervorragend.

    – Ein Fernsehreporter lässt sich über schlechte Ergebnisse der Leichtathleten aus und wundert sich, dass sich die Sportler im Interview sehr zufrieden mit der erbrachten Leistung äußern. Hier richtet sich der Reporter nach der sozialen Normorientierung und vergleicht die erbrachte Leistung mit dem Weltspitzenniveau. Der Sportler mag individuell normorientiert zufrieden sein, weil er im Bereich seiner persönlichen Bestleistung abgeschnitten hat. Vielleicht ist er auch von der sachlichen

Orientierung her zufrieden, weil er den Wettkampf als Aufbauwettkampf versteht, auf eine spezielle Vorbereitung verzichtet hat und unter diesen Bedingungen die geplanten Leistungen erbringen konnte.

Zusammenfassung

* Ein **Motiv** ist eine relativ stabile Persönlichkeitseigenschaft, die besagt, wie wichtig einer Person bestimmte Ziele sind. Als **Motivation** wird der momentane Zustand des Motiviertseins bezeichnet. Eine Kategorisierung bzw. Sammlung von Motiven finden sich in der Bedürfnispyramide von Maslow und in der Auflistung von Reiss.

• Zielsetzung	Das Setzen von Zielen für eine bestimmte Handlung beruht zum einen auf den persönlichen **Gütestandards** (Anspruchsniveau), zum anderen auf den eigenen **Erwartungen**.
Begründung	Bei der **Kausalattribuierung** (Begründung für das Ergebnis einer Handlung) können die Gründe **internal** (bei sich selbst) oder **external** (äußere Einflüsse) gesucht werden. Weiner unterscheidet weiterführend zwischen relativ stabilen und situationsgebundenen Gründen.
Bewertung	Die **Normen**, die zur Bewertung einer Handlung angelegt werden, können sein: individuelle Normen, soziale Normen oder sachliche Normen.

fgaben

46. Nennen Sie die Ziele der Kausalattribuierung im Leistungssport und erläutern Sie, welche Auswirkungen die Interpretation der Gründe auf verschiedene Sportlertypen haben kann.

47. Diskutieren Sie, welche Rolle für den Sportler die öffentliche Meinung bei der Kausalattribuierung spielen soll.

15 Angst

Unbekanntes kann, je nach Wahrnehmung der Situation, bei der einen Person Angst, bei der anderen Neugier hervorrufen. Beide Verhaltensweisen, die als Gegenstücke angesehen werden können, zeichnet die gesteigerte Stimulierung aus, die sich etwa durch Reaktionen des vegetativen Nervensystems äußert.

> Unter **Angst** versteht man ein unangenehmes Gefühl angesichts einer aus subjektiver Sicht drohenden oder wirklich eingetretenen Schädigung, eines Schmerzes, eines Verlustes oder einer Strafe.

15.1 Kategorien von Angst

Da Ängste in verschiedenen Situationen und in unterschiedlicher Intensität und Ausprägung auftreten können, können sie kategorisiert werden.

Kategorien der Angst in Hinblick auf die befürchtete Gefahr

Allgemein können Ängste im Sport je nach Situation so unterschieden werden:
- Angst vor **Gewalt**, z. B. beim Aufeinandertreffen mit einer als besonders unfair bekannten Mannschaft.
- Angst vor **Verletzung**, z. B. beim erstmaligen Ausführen eines akrobatischen Kürteils im Kunstturnen.
- Angst vor **Blamage**, z. B. beim erstmaligen Auftreten eines jungen Sportlers auf überregionalem Niveau.
- Angst vor **Misserfolg**, z. B. vor einem Meisterschafts-Endspiel.
- Angst vor einer **übergroßen Anstrengung**, z. B. vor einem Marathonlauf, den man trotz unzureichender Vorbereitung absolviert.
- Angst durch **Orientierungsmangel**, z. B. bei Rückwärtsdrehungen im Boden- und Gerätturnen wie beim Salto rückwärts.
- Angst vor **Unbekanntem**, z. B. beim Neuerlernen eines schwierigen Wassersprungs.
- Angst vor **Geräten**, z. B. vor dem Schwebebalken.

Wissenschaftliche Kategorien von Angst

Wissenschaftlich werden Ängste in die im Folgenden genannten Kategorien eingeordnet. Dabei ist anzumerken, dass die Kategorisierung die Grenzen zwischen „normalen" und „klinischen" Angstfällen zwar berührt und auch überschreitet, aber dennoch hilft Situationen einzuschätzen.

- **Generalisierte Angststörung:** Patienten leiden unter einer generalisierten Angststörung, wenn sie über einen Zeitraum von mindestens sechs Monaten beinahe durchgängig ängstlich oder besorgt sind, ohne dass eine bedrohliche Ursache auszumachen wäre. Die Angstzustände gehen mit weiteren körperlichen und psychischen Symptomen einher.
- **Panikstörung:** Personen mit einer Panikstörung erleben schwere Panikattacken, die nur wenige Minuten andauern, aber unter vielen vegetativen Symptomen ausgesprochen heftig verlaufen und in der entsprechenden Situation unerwartet ausbrechen.
- **Phobie:** Eine Phobie ist eine beständige unbegründete Angst vor bestimmten Objekten, Aktivitäten oder Situationen.
- **Zwangsstörung:** Zwangsstörungen äußern sich in Zwangsgedanken oder Zwangshandlungen, die dazu dienen sollen, das Unbehagen gegenüber gefürchteten Situationen zu verringern oder auszuschalten. Zwangshandlungen zeichnen sich dadurch aus, dass der Fokus aller Handlungen nur noch auf einzelne Tätigkeiten gerichtet ist und das ganze Leben diesen Tätigkeiten untergeordnet wird. Ursprünglich mögen diese Tätigkeiten einem nachvollziehbaren Ziel zugeordnet gewesen sein, im Laufe der Zeit aber kommt es häufig so weit, dass das ursprüngliche Ziel durch die Tätigkeiten sogar vereitelt wird.

Leichte Fälle von Zwangsgedanken und nachfolgenden Zwangshandlungen sind alltäglich, so etwa wiederholte Kontrollen unter der Fragestellung „Habe ich die Haustür auch wirklich abgeschlossen?", obwohl man wie immer sicher abgeschlossen hat. Krankhaft werden solcherlei Fragestellungen dann, wenn sie anfangen, als Zwang das Leben zu beherrschen. Typische Beispiele zwanghafter Handlungen im Bereich des Sports findet man gelegentlich im Bereich der Ausdauerdisziplinen, wo eine exzessive, besonders umfangsbetonte Trainingsgestaltung verbunden mit einer strengen Diät die Leistungsfähigkeit nicht steigert, sondern langsam reduziert, obwohl man doch „alles für die Top-Leistung getan hat". Grund für den Leistungsrückgang ist hier eine Übertrainings-, Mangel- und psychische Überforderungssituation.

15.2 Ursachen von Angst

Bei der Suche nach den Ursachen von Angst muss unterschieden werden zwischen der Frage, wie allgemein Ängste und die Neigung dazu bei einer Person entstehen und welche Faktoren in konkreten Situationen Ängste auslösen.

Theorien zur Entstehung von Angst

Bei der Frage nach der möglichen Entstehung von Ängsten untersucht man analog der Diskussion zu anderen Kernbegriffen der Psychologie zunächst, ob es sich bei der Angst um eine dauerhafte Eigenschaft handelt, eine grundsätzliche Neigung also, Situationen als bedrohlich aufzufassen, oder um eine situationsabhängige, momentane Angst. Man unterscheidet also zwischen einer Trait-Angst und einer State-Angst. Auf diese Unterscheidung geht besonders der erste Erklärungsversuch der Angst ein:

- **Psychoanalytischer Ansatz:** Allgemein gehen psychoanalytische Ansätze davon aus, dass Ängste durch das Eindringen tief im Unterbewusstsein liegender psychischer Konflikte in das Bewusstsein ausgelöst werden. Diese unbewussten psychischen Konflikte sind in früher Kindheit – etwa durch Gefühle der Schwäche oder Hilflosigkeit – entstanden. Ihr Eindringen in das Bewusstsein geschieht z. B. nach Wahrnehmung eines Symbols in Gestalt eines durchaus alltäglichen Gegenstandes, dessen Erscheinungsbild unbewusst mit dem psychischen Konflikt verbunden ist. Für die Umwelt und die betroffene Person ist allerdings nur die unerklärliche Angst vor dem alltäglichen Gegenstand, dem gegenüber eine Phobie entwickelt wurde, wahrnehmbar. Vergleichbar können auch Zwangshandlungen als Reaktion auf unbewusste psychische Konflikte entstehen, wenn z. B. ein Waschzwang entsteht, um sich von als verboten empfundenen Vorstellungen reinzuwaschen.
  Solche Erklärungsversuche der Angst gehen auf das Persönlichkeitsmodell nach Freud zurück. Angst wird begreifbar als Abwehr des „Ich" (der Vermittlungsinstanz) vor unerwünschten Impulsen aus den beiden Bereichen des „Es" (der triebhaften Grundbedürfnisse) und des „Über-Ich" (des normativen Bereichs). So werden drei Hauptformen der Angst unterschieden:
  - **Realangst:** Diese Form der Angst ist an konkrete angstauslösende Situationen gebunden, weshalb sie auch angepasste Angst heißt. Nach dem Modell von Freud ist Realangst die Angst des „Ich" vor den Gefahren der Außenwelt. Von ihr kann z. B. ein Basketball-Spieler betroffen sein, der bereits vier Fouls begangen hat und nun in der Verteidigung aus Angst vor Disqualifikation übermäßig gehemmt zur Sache geht.

– **Neurotische Angst:** Hier handelt es sich um eine Angst ohne unmittelbar feststellbaren Anlass, unangepasste Angst also. Freud erklärt die neurotische Angst als Angst vor negativen Konsequenzen, wenn Triebimpulse des „Es" verwirklicht werden. Der Impuls des „Es" wird vom „Ich" in der Abwehr vermeintlicher negativer Konsequenzen ins Unbewusste verdrängt, wo der Triebwunsch weiter unbefriedigt existiert.

– **Moralische Angst:** Moralische Angst ist gekennzeichnet durch die Angst vor Bestrafung durch das „Über-Ich". Das „Ich" fügt sich also in dieser Situation dem „Über-Ich", um nicht etwa von Schuldgefühlen geplagt zu werden.

In Weiterentwicklung der klassischen Ergebnisse Freuds wird von Psychoanalytikern in jüngerer Zeit auch die **Angst durch soziale Umwelteinflüsse** als gesonderte Art der Angst postuliert.

• **Lerntheoretischer Ansatz:** Der lerntheoretische Ansatz zur Erklärung der Entstehung von Angst geht davon aus, dass Angst aus Umwelteinflüssen gelernt wird, also nicht seit früher Kindheit im Menschen verankert ist. Vielmehr wird das Lernmodell der Konditionierung (Lernen durch Verstärkung) als Angst ausbildend angenommen. Dabei können einmal die eigenen **unmittelbare Erfahrungen** die Angst vor einem Objekt oder einer Situation auslösen, ein andermal die **Beobachtung**.

Das Angstlernen durch direkte Konditionierung geschieht dadurch, dass man sich gegen Situationen wehrt, von denen man erfahren musste, dass sie mit unerwünschten Konsequenzen wie Schmerz, Bestrafung oder auch übermäßigem Stress verbunden waren. Angst kann also z. B. durch ein Reiz-Reaktions-Schema hervorgerufen werden, bei dem ein unter Umständen zuvor neutral angesehenes Objekt mit negativen Erfahrungen verknüpft wird. Es entsteht so eine Phobie. Zwangshandlungen werden in diesem Kontext so erklärt, dass durch sie Möglichkeiten entstehen, Angst abzuleiten und Angst zu reduzieren. Ein einfaches Beispiel aus dem Schulsport verdeutlicht das Angstlernen: Ein neuer Übungsteil wird am Barren eingeübt. Ein Schüler nach dem anderen versucht die Übung, ein Schüler nach dem anderen steigt mit schmerzverzerrtem Gesicht vom Gerät. Was denkt wohl der letzte in der Reihe?

• **Kognitiv-psychologischer Ansatz:** Die kognitive Psychologie erweitert das Lernmodell der Angst insofern, dass sie feststellt, dass Anlässe zur Angst nicht unmittelbar per Reiz-Reaktion auch in Angst umgesetzt werden, sondern dass nach Auftreten des Angst auslösenden Reizes eine Phase der Interpretation zwischengeschaltet wird, die schließlich Angst auslösen

kann. Zimbardo und Gerrig (2004, S. 674) schildern anschaulich die Angst-
situation eines Menschen mit Sozialphobie, also einer ausgeprägten Angst,
sich vor Mitmenschen zu präsentieren, genau in dem Moment, bevor er eine
Rede vor einer großen Gruppe halten soll: „Was, wenn ich vergesse, was ich
eigentlich sagen wollte? Ich werde dann aussehen wie ein Narr vor all diesen Leuten. Dann werde ich noch nervöser, fange an zu schwitzen, meine
Stimme wird zittern und ich werde noch dümmer aussehen. Wann immer
mich diese Leute von heute an sehen werden, werden sie sich an mich als
diese alberne Person erinnern, die versuchte, eine Rede zu halten."
Diese Zeilen zeigen auch, dass Menschen mit Angststörung ihr eigenes Leiden an einer Situation als Anzeichen einer Katastrophe werten. Diese Wertung verstärkt ihrerseits im Sinne eines Teufelskreises sowohl die Angst als
auch damit die Möglichkeit, dass die Angst auslösenden Befürchtungen tatsächlich eintreten. Die Bedrohlichkeit der Situation wird in dem Zustand
der sich aufschaukelnden Ängste kognitiv überbewertet.

Auslöser von Angst in konkreten Situationen

Ängste können durch **interne Faktoren** ausgelöst werden, die keinen von außen erkennbaren Zusammenhang zur aktuellen Situation haben. So können
wieder auftretende Schmerzen im Bereich einer alten Sportverletzung kurz vor
einem wichtigen Wettkampf unangenehme Erinnerungen und Ängste hervorrufen. Ebenso können **externe Faktoren** wie ungünstige Mitteilungen oder
beobachtete bedrohliche Situationen Ängste entstehen lassen. Angst durch
Beobachtung kann z. B. entstehen, wenn beim Wasserspringen der Sprung des
Sportlers zuvor völlig misslingt und dieser gegen das Sprungbrett prallt.

15.3 Auswirkungen von Angst

Angst kann sich, ganz besonders bei Lebensgefahr, kräftesteigernd, aber auch
kräftelähmend auswirken. Lähmung und Kräftesteigerung durch Angst sind
Folgen von **Reaktionen des vegetativen Nervensystems**. Wirkungen hoher
Aktivität des Sympathikus sind in Angstsituationen etwa starkes Schwitzen,
erhöhter Puls, erhöhte Atemfrequenz, Erweiterung der Pupillen oder Mund-
trockenheit. Der Parasympathikus meldet sich, wenn er übermäßig aktiviert
ist, über Durchfall, Übelkeit, Erbrechen, erhöhter Häufigkeit des Harnlassens.
Psychische Symptome von Angst sind etwa erkennbar an einer übermäßig
leichten Ermüdbarkeit, Nervosität, Unsicherheit, Ungeduld, Reizbarkeit oder
Konzentrationsstörungen. Angst hat auch Wirkungen auf die **Kognition**, da

sie die Wahrnehmung der Umwelt verändern kann. Welches Angstmuster auftritt, ist interpersonell verschieden, intrapersonell weitgehend gleichbleibend. Das heißt: Verschiedene Personen haben verschiedene Angstmuster. Angst äußert sich bei der selben Person situationsunabhängig immer gleich.

Ein typisches Beispiel aus dem Bereich des Sports, das zeigt, wie einerseits die Situation und die Handlungen eines Sportlers durch mehr oder weniger vorhandene Angst beeinflusst wird, andererseits die Angst durch die Situation bestimmt wird, ist der Zustand eines Sportlers unmittelbar vor einem Wettkampf (der **Vorstartzustand**). Dabei werden drei Typen möglicher Reaktionen unterschieden:

- Ungünstige Emotionen sind das **Startfieber** (übermäßige Erregung) und die **Startapathie** (übermäßige Gehemmtheit).
- Den günstigen und erwünschten Zustand nennt man **optimale Wettkampfbereitschaft**.

	optimale Wettkampf-bereitschaft	Startfieber	Startapathie
Physiologische Prozesse	Alle physiologischen Prozesse verlaufen normal.	Umstellung des vegetativen Systems: Puls erhöht, Schweiß, Harndrang, Zittern	Umstellung des vegetativen Systems: Trägheit, gehemmte Bewegungen, Gähnen
Erleben	leichte Erregung, freudig, etwas ungeduldig, gute Konzentration, beherrscht	Nervosität, unkontrolliert, vergesslich, zerstreut, unsicher, hastig, unbegründet geschäftig	schlaff, müde, apathisch, ängstlich, schlecht gelaunt, bereit aufzugeben, keine Lust zum Aufwärmen
Handeln im Wettkampf	taktisch diszipliniert, Beherrschung der Wettkampfsituation, Kräfte zur richtigen Zeit eingesetzt, Ziel des Wettkampfes wird erreicht	Desorganisation, Verlassen der Taktik, kopfloses Kämpfen, verkrampft, Fehler in der Bewegungskoordination	kein energischer Wettkampf, wenig Willenskraft, Kräfte nicht mobilisiert, nach dem Wettkampf nicht verausgabt

Abb. 99: Typen des Vorstartzustandes (nach Puni)

Allgemein können die Wirkungen von Angst so umrissen werden:
- Trait-Angst und Leistungsfähigkeit sind prinzipiell nicht voneinander abhängig. Herausragende Sportler können also von der Anlage her sowohl ängstlich als auch nicht ängstlich sein.
- Sportliche Wettkämpfe erhöhen die State-Angst (siehe Vorstartzustand).
- State-Angst in einem mittleren Grad (optimale Kampfbereitschaft) wirkt leistungsfördernd. State-Angst in einem niedrigen Grad ist zu wenig aktivierend. State-Angst in einem sehr hohen Grad wirkt zerstörerisch auf das

Bewegungsverhalten, weshalb etwa übergroße Nervosität Spitzenleistungen verhindert.

- Hohe Trait-Angst ist einer der Faktoren, die hohe State-Angst bewirken können. Daher bewirkt hohe Trait-Angst zusammen mit einer Wettkampfsituation in der Regel eine hohe State-Angst.

15.4 Bekämpfung von Angst

Zu den wichtigsten Aspekten der Angstforschung gehört die Frage, wie man mit Angst fertig werden kann, welche Therapie- und Selbsthilfemöglichkeiten es gibt.

Basis der meisten Methoden ist die Beherrschung einer **Entspannungstechnik** etwa durch Atemkontrolle oder andere Methoden. Häufig wird in einem ersten Schritt eine Hierarchie der Angstreize erstellt, die mit den Reizen beginnt, die nur geringe Angst auslösen und mit denen endet, die heftige Angst erregen. Eine mentale Übung kann dann z. B. so verlaufen, dass Phasen der Entspannung mit Phasen abwechseln, in denen sich eine Angst erregende Situation vorgestellt wird (von Phase zu Phase wird eine höhere Stufe der Hierarchie erklommen). An eine solche Mentalübung können sich dann praktische Übungen anschließen, wo versucht wird, die erlernte Entspannung auch in der konkreten Situation wirksam werden zu lassen.

Beispiel

Ein Schüler hat sich beim Turnen an den schwingenden Ringen schwer an der Schulter verletzt, weil das Halteseil eines Rings gerade im Moment der Einleitung der Schleuderfelge gerissen ist. Eine Hierarchie der in diesem Falle Angst erregenden Situationen könnte etwa sein:

1 Der Schüler weiß, dass er morgen, wenn auch nicht zum Training, zum ersten Mal nach der Verletzung wieder die Halle betreten wird.
2 Er betritt die Halle wieder.
3 Er zieht sich zum ersten Training in dieser Halle nach seiner Verletzung um.
4 Er turnt das erste Mal wieder in der Halle an anderen Geräten.
5 Er sieht andere an der mittlerweile reparierten Ringeanlage turnen.
6 Er hört, dass sich in der letzten Stunde noch jemand, wenn auch geringfügig, an der Schulter verletzt hat.
7 Er turnt zum ersten Mal wieder an den Ringen, schwingt aber nur im Langhang.
8 Er übt das Schwingen und Schwungverstärken im Sturzhang.

9   Er soll zum ersten Mal wieder eine Schleuderfelge turnen.

10 Er verturnt die Schleuderfelge, weil er viel zu hoch (oder auch zu flach) die Felgbewegung auslöst.

Dem Schüler werden gegebenenfalls Hilfen angeboten und er wird aufgefordert, bei auftretenden Schwierigkeiten eine erlernte Selbstkontrollmaßnahme wie eine Entspannung oder eine Selbstinstruktion anzuwenden. Günstig ist auch, wenn der Sportler gelernt hat, erste Anzeichen einer aufkommenden Angst schon frühzeitig zu erkennen und im Keim zu ersticken. Im Aufbau der Übungsfolge müssen gegebenenfalls von Stufe zu Stufe auch Alternativübungen einflochten werden und der Aufbau sehr allmählich durchgeführt werden.

Das genannte psychologische Trainingsverfahren wird besonders im Turnen angewendet. Zuerst werden Übungen mit geringer Angstreizung durchgeführt, danach werden mehr und mehr Hilfen weggelassen bzw. die Übungen erschwert, bis die vormals Angst erregende Zielübung beherrscht wird. Dem Lehrer oder Trainer stehen dabei folgende Register zur Verfügung:

- **Nonverbale Maßnahmen** zur Angstreduktion: lückenloser methodischer Aufbau, Verstärkung der Sicherheitsmaßnahmen (z. B. Matten), Verlangsamung der Bewegung, vermehrte Hilfestellung, Einsatz von Medien wie Video, mentales Training, optimale körperliche Vorbereitung (Erwärmung, Lockerung), Anbieten von Orientierungshilfen (optisch, taktil, akustisch)
- **Verbale Maßnahmen** zur Angstreduktion: Erklären des methodischen Aufbaus, Erklären der Hilfestellung bei Gefahrensituationen, Erklären des Bewegungsablaufs (Biomechanik), positive Verstärkung (Lob), Diskussion von Angstreaktionen in der Lerngruppe, kooperative Arbeit in Kleingruppen, Zusammenarbeit nicht ängstlicher mit ängstlichen Schülern

Besonders gut lassen sich solche Entspannungs- und Konzentrationsvorgänge im Training von Standardsituationen einüben. Ein typisches Beispiel findet man im Basketball: Für einen trainierten Basketballer ist der Freiwurf im Prinzip eine leichte Übung. Doch selbst in hochklassigen Mannschaften gibt es Spieler, die im Spiel bei dieser leichten Variante des Korbwurfes – es ist ja kein Verteidiger anwesend – gerade einmal 40 % treffen. Besonders kritisch sind in diesem Zusammenhang Situationen, wo der Freiwurf das Spiel entscheiden kann. Für den Freiwerfer beginnen die Schwierigkeiten dann, wenn er sich Gedanken darum macht, was passieren könnte, wenn der Wurf nicht gelingt. Angst vor Blamage und vor Misserfolg lassen ihn nicht zur Ruhe kommen. Zur Bewältigung der Angst kann z. B. folgendes Verfahren gewählt werden: Der

Spieler atmet aus. – Er stellt sich vor, wie der Ball optimal gesteuert durch die Körper-Arm-Hand-Koordination durch das Netz geht. – Er atmet aus und konzentriert sich ganz auf sich. – Er wirft.

Im Training kann die Konzentrationsfähigkeit vertieft trainiert werden, wenn störende Bedingungen wie etwa Lärm in den Übungsablauf einbracht werden. Der Spieler lernt dadurch, seine Übung trotz Störung erfolgreich zu beenden.

Zusammenfassung

- Angst kann nach der befürchteten Gefahr oder nach der Ausprägung der Angst (**Generalisierte Angststörung, Panikstörung, Phobie, Zwangsstörung**) kategorisiert werden.

• Entstehung	Theorien zur Entstehung von Angst: **psychoanalytischer Ansatz** (Angst entsteht aus einem ungelösten Konflikt zwischen den drei Instanzen „Ich", „Es" und „Über-Ich"), **lerntheoretischer Ansatz** (Angst ist eine erlernte Eigenschaft), **kognitiv-psychologischer Ansatz** (Erweiterung des behavioristischen Ansatzes, indem eine Phase der Interpretation hinzugefügt wird) **Auslöser** von Angst können **interne** und **externe Faktoren** sein.
Symptome	Reaktionen des vegetativen Nervensystems, psychische Symptome, veränderte Kognition. Im Sport wird vor dem Wettkampf zwischen optimaler Wettkampfbereitschaft, Startfieber und Startapathie unterschieden.
Bekämpfung	Angst kann durch **Entspannungstechniken** und durch bestimmte **psychologische Trainingsverfahren** reduziert werden.

Aufgaben 48. Diskutieren Sie unterrichtliche Maßnahmen bei der Vermittlung turnerischer Fertigkeiten in Hinblick auf möglicherweise auftretende Ängste. Gehen Sie im Einzelnen auf Gruppengrößen, Hilfestellung, Aufgabenstellung und Bewegungstempo ein.

16 Aggressionen und Aggressivität

Aggressionen können sowohl emotional gesteuert sein, verbunden mit Wut oder Hass, als auch kognitiv, als klar berechnetes Mittel zur Erreichung von Zielen. Sie äußern sich in physischer Form (Gewalt) ebenso wie in psychischer (etwa Worte oder Gesten).

> Ein Verhalten, das Schaden verursachen soll, wird als **Aggression** bezeichnet. Dieser Schaden kann dem Verursacher der Aggression selbst, einer anderen Person oder einer Sache zugefügt werden. Von **Aggressivität** hingegen wird gesprochen, wenn die einer Aggression zugrunde liegende, längerfristig stabile Persönlichkeitsanlage gemeint ist, also ein Trait. Doch kann Aggressivität auch als momentane Gefühlsaufwallung im Sinne eines States zustande kommen.

Für den Bereich des Sports muss diese allgemeine Definition von Aggression noch genauer gefasst werden, da es bei der Frage ums Gewinnen und Verlieren im Prinzip immer darum geht, dem Gegner einen Schaden zuzufügen. Wie also sollen dann nicht regelgerechte Tätlichkeiten von regelgerechten Handlungen abgegrenzt werden?

> **Aggression im Sport** ist die Absicht, jemand anderen oder eine Sache mit Vorsatz unter Überschreitung der Normen zu schädigen. Unter Normen versteht man dabei sowohl die in der jeweiligen Sportart geltenden formellen Spiel- oder Wettkampfregeln, als auch informelle Regeln, die klären, wann aggressives Verhalten den Rahmen des im sportlichen Alltag Üblichen verlässt.

Bei der Einschätzung sportlicher Handlungen hinsichtlich aggressiven Verhaltens muss der Kontext berücksichtigt werden. Kriterium der Entscheidung über die Schwere der Aggression ist oft, ob mit der entsprechenden Handlung eine Person geschädigt oder nur eine Wettkampfhandlung vereitelt werden soll.

Beispiele

– Das Umreißen des Gegenspielers durch Hechten nach den Füßen ist im American Football eine Art, den Gegner zu stoppen. Dieses Stoppen des Gegners entspricht den formellen Spielregeln, weshalb es nicht als Aggression zu werten ist. Würde ein Fußball-, Handball- oder Basketballspieler in gleicher Weise von seinem Gegenspieler gestoppt werden, läge ein eindeutig aggressives Verhalten vor, denn es wären sowohl die formellen Spielregeln verletzt als auch die in diesen Sportarten informellen Regeln im Umgang miteinander.

– In einer Grauzone befindet sich ein Fußballspieler, der in vollem Lauf in den Gegenspieler hineingrätscht, um ihn vom Ball zu trennen, dabei aber das Risiko, nicht den Ball, sondern den Gegner zu treffen, in Kauf nimmt. Solange der Spieler nur den Ball trifft, entspricht seine Spielhandlung sowohl den formellen als auch den informellen Regeln.

Trifft der Spieler den Gegner und nicht den Ball, wird ihn der Schiedsrichter zwar für das Übertreten der formellen Regeln bestrafen, aber sein Verhalten entspricht immer noch den informellen Regeln beim Fußball, da er den Gegenspieler nicht vorsetzlich verletzen, sondern ihm nur regelgerecht den Ball wegnehmen wollte. Doch kann seine Handlung von den Zuschauern oder dem geschädigten Gegner durchaus als Aggression gewertet werden, d. h. als Überschreitung der informell vereinbarten Zulässigkeit von Härte im Zweikampf, obwohl der Spieler eigentlich vorhatte, diese informellen Regeln zu wahren.

Tritt der Verteidigungsspieler in für einen legalen Ballgewinn aussichtsloser Situation dem Angreifer von hinten in die Beine, sind sowohl die formellen als auch die informellen Regeln verletzt, sein Verhalten ist eindeutig aggressiv.

Das Auftreten aggressiver Handlungen im Sport kann durch bestimmte Umstände gefördert werden: So erhöht ein starker Leistungsanreiz, z. B. ein entscheidendes Spiel um eine Meisterschaft, die Gefahr von Aggressionen. Je höher das persönliche Engagement, desto höher ist auch die Gefahr aggressiven Verhaltens. Außerdem gibt es in manchen Sportarten Rollen, die Aggressionen fördern. Ein Handballspieler etwa, der nur zu Abwehraufgaben auf das Spielfeld darf, hat die Aufgabe zu zerstören und ist von vielen freudvollen Ereignissen seines Sports (Tor erzielen, Traumpass spielen) ausgeschlossen. Aggressionsdämpfend wirkt hingegen die Erwartung des sicheren Erfolgs oder auch Misserfolgs. Wenn ein Wettkampf schon vorzeitig entschieden ist, passieren in der Regel weniger Fouls.

16.1 Ursachen von Aggressionen

Die Antworten auf die Frage, wie Aggression zustande kommt, fallen sehr unterschiedlich aus. Die beiden wichtigsten Theorien dazu sind die Triebtheorie und die Lerntheorie. Daneben ist die Frustrations-Aggressions-Theorie bekannt geworden, die in einer Linie mit der Triebtheorie zu sehen ist.

- **Triebtheorie:** Diese Theorie geht davon aus, dass Aggression ein im Menschen verwurzelter Trieb ist, gleichrangig etwa dem Sexualtrieb. Sie wird von der psychoanalytischen Schule vertreten, die sich in ihren Wurzeln auf Sigmund Freud bezieht. Man findet sie aber auch in der Psychologie der Verhaltensforschung (Ethologie), deren herausragender Vertreter Konrad Lorenz ist. Nach der Triebtheorie verhält sich Aggression wie ein Akku, der sich immer wieder auflädt, und sich nach Auslösung, aber auch spontan entlädt.
- **Frustrations-Aggressions-Theorie:** Diese Theorie baut auf der Triebtheorie auf, erklärt aber Aggression rein als eine notwendige Folge von Frustrationen. Der Aggressionsakku wird demnach immer dann neu aufgeladen, wenn die betreffende Person eine Frustration erlebt. Frustrationen treten ihrerseits auf, wenn das Ziel einer Aktivität vereitelt oder verschoben wird.
- **Lerntheorie:** Während die Triebtheorie davon ausgeht, dass bereits bei der Geburt eine persönliche Disposition zur Aggression vorliegt, wird bei der Lerntheorie die Auffassung vertreten, dass Aggressivität durch positive Erfahrungen mit aggressivem Verhalten aufgebaut wird. Dieses Verhalten wird erlernt, indem entweder eigenes aggressives Verhalten positiv verstärkt wird oder fremde aggressive Handlungen, auf die keine Bestrafung erfolgt oder die gar belohnt werden, beobachtet werden. Für die Lerntheorie sprechen Erfahrungen bei Kindern und Jugendlichen, die besonders dann aggressiv sind oder werden, wenn sie zuhause oder in ihrer Umgebung ständig mit aggressivem Verhalten konfrontiert werden. Sie lernen anhand von (schlechten) Vorbildern, dass aggressives Verhalten in verschiedenen Situationen durchaus zum erwünschten Ziel führen kann.

16.2 Die Bedeutung von Aggression im Sport

Doch wie sind Aggressionen im Sport zu werten? Fördern oder dämpfen sie Aggressionen beim Sportler und beim Zuschauer?

Nach der Triebtheorie bietet Sport die Möglichkeit, Aggressionen kontrolliert, sozial gebilligt und ungefährlich abzubauen. Der Aggressions-Akku wird durch Sport in kleinen Anteilen entladen, der Aggressionstrieb damit befriedigt. Wenn dieses System so funktionierte, spräche man dem Sport eine Katharsisfunktion (Katharsis = Reinigung) zu. Sport könnte demnach als gefahrloser Aggressionsableiter eingesetzt werden. Die Aggressivität kann aber nach dieser Theorie durch Sport nur abreagiert, aber nicht endgültig beseitigt werden.

Anders bei der Lerntheorie: Denn wenn Aggressivität gelernt werden kann, kann man sie auch prinzipiell wieder verlernen – indem Erfolg versprechende nicht-aggressive Verhaltensweisen beobachtet oder selbst gezeigtes nicht-aggressives Verhalten bestärkt werden. Das Verlernen aggressiver Handlungsweisen geschieht auf zwei Ebenen: Situativ muss innerhalb weniger Sekunden nach einer aggressiven Handlung eine Sanktion folgen. Die damit fällige Strafe muss angemessen und begründbar sein. Bezogen auf den Wettkampfsport ist diese Bedingung dann sicher erfüllt, wenn ein (fairer) Schiedsrichter die Aufsicht hat. Längerfristig muss daran gearbeitet werden, dass der aggressiven Person attraktive, also mindestens ebenso erfolgreiche Alternativen zum aggressiven Verhalten plausibel gemacht werden.

Aber selbst wenn unter Annahme der Richtigkeit der Triebtheorie, der Frustrations-Aggressions-Theorie und der Katharsisfunktion des Sports die Bewältigung der eigenen Aggressionen und Frustrationen durch Sport gelänge, bleiben die aggressionsfördernden Ursachen der Frustrationen im privaten oder gesellschaftlichen Umfeld bestehen. Sportkritiker wenden folglich ein, dass durch Sport bestehende mangelhafte Verhältnisse konsolidiert werden, weil durch den Sport aggressive Energien, die auch zu einer positiven Veränderung führen könnten, anderweitig abgeleitet werden. Dem könnte man entsprechend wieder die Frage entgegenhalten, ob durch aggressives Verhalten überhaupt Probleme aus der Welt geschafft werden können, wenn man davon ausgeht, dass durch Aggressionen wieder Aggressionen ausgelöst werden. Letztlich aber versteht die sportkritische Seite die Ableitung von aggressiver Energie durch Sport wohl aber auch als Ableitung jeglicher, auch positiv verändernd einsetzbarer Energie im Sinne einer zunehmenden Gleichgültigkeit.

Die Möglichkeiten der Aggressionsdämpfung durch eigenes Sporttreiben sind in ihrer Wirksamkeit wissenschaftlich nicht eindeutig bestätigt. Andererseits liegen viele Einzelfallbeschreibungen vor, in denen eine Aggressionsdämpfung durch Sport gelingt, sei es durch Ablenkung von Energie in eher nicht aggressiven Sportarten wie Jogging, sei es durch Ausleben aggressiver Potentiale etwa beim Boxen am Sandsack. Es kommt also darauf an, bei Bedarf im Einzelfall zu prüfen, ob mithilfe sportlicher Tätigkeiten eine Senkung des aggressiven Potentials und damit verbunden ein gesteigertes Gefühl von Wohlbefinden und Zufriedenheit erreicht werden kann.

Im Rahmen der Diskussion über die Auswirkungen des Sports auf aggressives Verhalten hat man auch gestritten, ob das Ansehen aggressiver sportlicher Handlungen schon zu einer Katharsis führen kann oder ob nicht der umgekehrte Effekt eintritt, dass Aggressionen aufgebaut werden (vgl. z. B. randalierende Fans). Die Antworten auf diese spezielle Streitfrage sind nicht eindeutig, doch scheinen Aggressionen durch das Ansehen aggressiver sportlicher Handlungen eher gefördert zu werden.

Zusammenfassung

- Allgemein kann **Aggression** ein Verhalten bezeichnen, das Schaden anrichten soll. **Aggressivität** ist die der Aggression zugrundeliegende Eigenschaft.
  Im Sport wird Aggression als ein Verhalten angesehen, das einen anderen unter **Überschreitung der formellen und informellen Regeln** schädigen möchte.
- Mit den Ursachen von Agressionen befassen sich verschiedene Theorien.

Triebtheorie	Aggression ist ein natürlicher Trieb, der von Zeit zu Zeit entladen ausgelebt werden muss.
Frustrations-Aggressions-Theorie	Diese Theorie, die auf der Triebtheorie aufbaut, sieht Frustrationen als Auslöser für das Entladen von Aggressionen.
Lerntheorie	Aggressionen können durch Verstärkung bzw. Beobachtung erlernt werden.

- Die Frage, ob durch Sport Aggressionen abgebaut werden können (Katharsisfunktion des Sports) oder ob durch Sport Aggressionen aufgebaut werden, ist nicht eindeutig zu klären.

fgaben

49. Beurteilen Sie, inwieweit das Verhalten eines Kreisspielers im Handball, der auf das Gesicht des Torwarts zielt, als aggressiv eingeschätzt werden muss.

50. Diskutieren Sie die Eignung von Langzeitausdauer-Sportarten, Boxen und Mannschaftssportarten zur Bewältigung aggressiver Störungen.

17 Gruppen

Im Sport ist nicht nur die Psychologie der Einzelperson wichtig, sondern es geht auch um Verhaltensweisen einer Person in ihrem unmittelbaren, durch persönliche oder sachliche Verknüpfungen angebundenen Umfeld.

Kategorien von Gesellungsformen

Mehrere Menschen können in verschiedenen Gesellungsformen auftreten:

- Eine **Menge** ist eine Gemeinschaft von Personen, die zur gleichen Zeit am gleichen Ort zu finden ist, z. B. die Besucher einer Sportveranstaltung.
- Als **Masse** bezeichnet man eine Menge von Personen dann, wenn sie sich so stark emotionalisiert, dass die darin befindlichen Personen ihre Individualität aufgeben. Beispiele sind etwa außer Kontrolle geratene Fanblocks oder Menschenmengen in Panik.
- Eine **Klasse** ist eine Gemeinschaft von Personen, die mindestens ein gemeinsames Merkmal aufweisen, z. B. Schüler, Lehrer, Fußballspieler. Personen einer Klasse brauchen sich nicht bekannt zu sein. Schließen sich Personen einer Klasse zusammen, weil das sie verbindende Merkmal für Handlungen an Wichtigkeit zunimmt, bilden sie einen **Verband** wie z. B. die Landes-Sportverbände, den Deutschen-Volleyballverband (DVV).
- Eine **Gruppe** ist eine Menge von Personen, die eine Strukturierung erkennen lässt, z. B. eine Mannschaft. In jeder Klasse oder Menge von Leuten können sich Gruppen herausbilden, z. B. bilden die Mitglieder eines Verbandes auch eine Gruppe, weil die Verbände eine Aufgabenstruktur vorweisen.
- Die **Familie** ist eine besondere Gesellungsform der Menschen, zum einen, weil sie die kleinste naturgegebene Sozialstruktur bildet, zum anderen, weil man die Mitgliedschaft in einer Familie nicht selbst bestimmen kann.

17.1 Bildung von Gruppen

Für den Sport wichtig ist die Untersuchung zahlenmäßig kleiner Gruppen. Eine Kleingruppe zeichnet sich aus durch:

- gemeinsame Ziele, die durch gemeinsame Probleme oder auch durch gemeinsame Verhaltensmotive beeinflusst werden;
- ein Wir-Gefühl, also ein Gefühl der Verbundenheit untereinander;
- Abgrenzung nach außen;
- gemeinsame Normen und Verhaltensmaßregeln;
- Ausprägung von Rollen (Star, Mitläufer, Verteidiger, Angreifer, …).

Augenfällig werden die genannten Merkmale einer Kleingruppe besonders in den Mannschaften der großen Sportspiele:

- Mannschaften legen sich oft eine eigene Sprache oder Zeichensprache zu, besonders um taktische Kurzanweisungen zu geben. So werden über Code-wörter oder Nummern Spielzüge im Angriff oder der Verteidigung ange-sagt. Mannschaften mit solchen Signalen grenzen sich nach außen ab, for-mulieren so gemeinsame Normen und steigern damit unter Umständen auch ihr Wir-Gefühl.
- Sehr viele Mannschaften verfügen über gemeinsame Rituale zur Einstim-mung vor dem Spiel, wodurch die gemeinsamen Ziele beschworen und das Wir-Gefühl bewusst gemacht wird.
- Oft gibt es spezielle Arten sich zu begrüßen, eine vergleichbare Art, sich beim Auftreten in einer fremden Halle zu geben, ein typisches Kabinen-gespräch und so weiter. Auch hier geht es um das Wir-Gefühl und die Ab-grenzung nach außen.

Gruppenbildender Faktor

Für die Bildung und Existenz einer Kleingruppe, im Sport also häufig einer Mannschaft, spielen die **gemeinsamen Ziele** die wichtigste Rolle. Entspre-chend müssen die Mannschaft, der Trainer und das Team als Ganzes ständig nachprüfen, ob die gemeinsamen Ziele noch mit den persönlichen Zielen der Sportler übereinstimmen.

In der Praxis werden kurzfristige Ziele von längerfristigen unterschieden. Letz-tere werden eher allgemein als motivierende Zukunftsvisionen formuliert, während kurzfristige Ziele in der Regel konkret handlungsorientiert angege-ben werden. Gruppen können nach der Herkunft bzw. nach der Art der Um-setzung der Ziele unterschieden werden.

- Je nachdem, von wem die Ziele gesetzt werden, spricht man von **formellen** oder **informellen Gruppen**. Formelle Gruppen sind von außen zielorien-tiert und eingesetzt sowie sachdienlichen Zwecken untergeordnet. So bildet z. B. der Vorstand eines Vereins oder eine Mannschaft eine formelle Gruppe. Informelle Gruppen finden sich aufgrund persönlicher Beziehungen und gemeinsamer Handlungen der Gruppenmitglieder zusammen. Oft bilden sich informelle Strukturen innerhalb formeller heraus, etwa in Form von Cliquen. Bei der Durchdringung formeller und informeller Strukturen kommt es nicht selten vor, dass informell führende Personen eher das all-gemeine Meinungsbild bestimmen als die formell eingesetzten.
- Je nachdem, wie die Ziele innerhalb der Mannschaft erreicht werden, spricht man von **interagierenden** oder **koagierenden Mannschaften**. Typisch

interagierend arbeiten Ballsportmannschaften, bei denen es darauf ankommt, dass an sich selbstbestimmte Spieler ihre eigenen Handlungen mit denen der anderen ständig und eng optimal vereinbaren und abstimmen. Dabei kommt es zu starken Rollenausprägungen. Formell zeigt sich das etwa durch die Spielpositionen, informell etwa dadurch, wem in kritischen ungeplanten Situationen der Ball zugespielt wird, wer zu besonders schwierigen Aufgaben in der Verteidigung gedrängt wird. Koagierend sind Mannschaften, bei denen die Einzelspieler im Wesentlichen auf sich gestellt sind, um einen Beitrag zum Mannschaftsergebnis zu sichern, etwa in Tennis-Einzelspielen oder in Leichtathletik-Einzelwettbewerben innerhalb von Vereins- oder Länderwettkämpfen. Wenngleich hier Rollen weit weniger ausgeprägt sind, können trotzdem gute Einzelleistungen die gesamte Mannschaft motivieren und schlechte das Mannschaftsergebnis auch über das Einzelergebnis hinaus schädigen. Beim Rudern, außer im Einer, findet man eine Mischform aus koagierenden und interagierenden Arbeitsformen, weil die Mannschaftsmitglieder einen gleichen Rhythmus halten müssen, dabei aber weit weniger flexibel Beziehungen aufnehmen, als es in Mannschaftssportsarten nötig ist.

Phasen der Gruppenbildung

Neu zusammengestellte Gruppen durchleben einen Entwicklungsprozess über vier ineinander übergehende Stufen (Tuckmann 1965):

- **Kennenlernphase (Forming):** Die Gruppenmitglieder knüpfen, testen, bewahren oder verwerfen individuelle Kontakte. Jede Person versucht eine Rolle, ein angemessenes Verhalten zu finden. Die Gruppenaufgaben werden erkannt, individuelle Aufgaben stellen sich heraus. In dieser Phase kommt es darauf an, dass sich die Gruppe auf vielfältige Art kennen lernt, nicht nur in Orientierung an den Gruppenaufgaben, sondern auch auf persönlicher Ebene.
- **Konfliktphase (Storming):** In dieser Phase regen sich Widersprüche zu den gestellten Aufgaben, zur Führung. Dabei geht es um die Besetzung von Machtpositionen, in Mannschaften also z. B. auch um die Beantwortung der Fragen, wer spielt, wer sitzt auf der Bank, wer hat die spielerische Freiheit auf dem Feld, wer ist Rollenspieler. Wesentlich ist in der Konfliktphase eine genaue und offene Darstellung der Aufgabenverteilung unter besonderer Beachtung der Stärken und Schwächen der einzelnen Mitglieder.
- **Festigungsphase (Norming):** In dieser Phase akzeptieren die Gruppenmitglieder ihre Rollen. Sie lenken ihre Energie weg von der eigenen Rollen- und Rangfindung hin zu einer möglichst effektiven Erfüllung der Ziele. Um

die Kooperation zu stärken, ist es hier vordringliche Gruppenaufgabe, Ansichten und Gefühle offen zu äußern. Die Kohäsion (der innere Zusammenhalt) der Gruppe wächst in dieser Phase besonders an dieser Gruppenaufgabe und in dem Maße, wie individuelle Bedürfnisse durch die Aktivitäten der Gruppe befriedigt werden.

- **Arbeits- und Leistungsphase (Performing):** In dieser Phase ist das vorrangige Ziel der Gruppe der Erfolg. Die Gruppenmitglieder handhaben ihre Rollen flexibel. Es kommt darauf an, dass keine Person der Gruppe sich vernachlässigt fühlt und alle wissen, welchen Anteil am Gesamterfolg ihnen zukommt.

17.2 Strukturierung von Gruppen

Mannschaften können unter dem Kriterium des Gruppenzusammenhalts, der Kohäsion, betrachtet werden:

- Der **Aufgabenzusammenhalt** einer Gruppe bezieht sich auf das Ausmaß, in dem eine Gruppe zusammenarbeitet, um eine gemeinsame Aufgabe zu erfüllen und gemeinsame Ziele zu erreichen. Ganz deutlich wird dies bei Mannschaften im Leistungssport, etwa Nationalmannschaften vor oder während einer Weltmeisterschaft.
- Der **soziale Zusammenhalt** einer Gruppe ist gekennzeichnet durch die Sympathie der Mitglieder zueinander sowie die Zufriedenheit des einzelnen mit seiner Gruppe. Sozial-emotional motiviert in reiner Form ist z. B. ein Freundeskreis, der sich an Sonntagen regelmäßig zum Rad Fahren trifft.

Formelle Gruppen richten sich bei ihrer Gründung meistens nach aufgabenorientierten und informelle Gruppen nach sozial-emotionalen Zielen. Trotzdem stimmen die Aussagen „formelle Gruppe gleich aufgabenorientierte Gruppe" und „informelle Gruppe gleich sozial-emotional motivierte Gruppe" nicht. Denn es kann durchaus sein, dass sich eine informelle Gruppe eine Aufgabe vorgibt und sich daran stabilisiert oder dass Mitglieder einer formellen Gruppe nach einiger Zeit der Zusammengehörigkeit Emotionen investieren.

Status

Strukturen bilden sich in Gruppen also in zweierlei Bereichen. Alle Gruppenmitglieder erhalten einerseits einen sozialen Rangplatz, der sich besonders in ihrer Beliebtheit äußert **(sozialer Status)**, andererseits einen Rangplatz hinsichtlich ihrer Fähigkeiten, Gruppenaufgaben zu erfüllen **(Tüchtigkeitsstatus)**. Mit zunehmender Leistungsstärke einer Sportmannschaft wird die Aufgabenerfüllung der Mitglieder über die sozialen Belange gestellt. Ist in einer Gruppe die Beliebtheits- und die Tüchtigkeitsrangfolge scharf getrennt, so bezeichnet man dies als **Gruppen-Divergenz.**

Ein Führungsanspruch wird auf jedem Leistungsniveau durch Tüchtigkeit begründet, während die Beliebtheit auf den niedrigen Leistungsniveaus eine höhere Rolle spielt als auf den höheren.

Horizontale und vertikale Strukturierung

Hat sich eine Gruppe strukturiert und eine Rangverteilung gefunden, unterscheidet man die Aufgabenstruktur von der Machtstruktur.

- Als **horizontale Strukturierung** wird die Aufgabenverteilung und Rollenausbildung bezeichnet. In einer Basketball-Mannschaft z. B. ist diese horizontale Strukturierung durch die Verteilung der Angriffspositionen Center, Flügelspieler, Aufbauspieler oder bestimmter Aufgaben in der Verteidigung vorgegeben.

- Als **vertikale Strukturierung** wird das durch den Status und die Macht der einzelnen Gruppenmitglieder bestimmte Beziehungsgeflecht bezeichnet. Vertikal ist eine Basketball-Mannschaft z. B. so aufgebaut, dass in der Regel Führungsrollen durch Spieler besetzt sind, die entweder bei guter Wurfquote die meisten Punkte pro Spiel erzielen oder ihre Mitspieler auf dem Feld führen oder eine hervorragende Arbeit in der Abwehr leisten. Außerdem können sich Spieler mit besonderen sozialen Eigenschaften, die gut Einzelmitglieder der Mannschaft integrieren oder die Mannschaft durch besonderen Einsatz antreiben können, in der Vertikalstruktur weit oben wiederfinden. Einen Sonderstatus hat der Trainer, der in der Regel zunächst von seiner Rolle her einen Platz ganz oben in der Vertikalstruktur der Mannschaft einnimmt, aber völlig andere Aufgaben zu übernehmen hat. Dadurch wird er anders, aber auch besonders kritisch angesehen, weil er seine Rolle meist formell erhalten, informell aber zu bestätigen hat.

Findet sich eine Gruppe neu zusammen, ist die horizontale Strukturierung noch sehr labil, von Aufgabe zu Aufgabe kann sie wechseln. Stabilere Strukturen ergeben sich erst, nachdem die Gruppe bereits einige Aufgaben gemeistert hat und sich die Gruppenmitglieder besser gegenseitig einschätzen können. Kommt den einzelnen Positionen mit der Zeit eine Bewertung, der Status, zu, entwickeln sich Machtstrukturen. Dabei können in einer Mannschaft der Spielerfolg, aber auch positionsspezifische Merkmale die hohe Bewertung ausmachen.

Für die einzelnen Mitglieder der Gruppe wirft die Strukturierung der Gruppe einige Fragen auf, deren Beantwortung ihre Rolle in der Gruppe definiert (Baumann, 2002):

- Was muss ich tun? (Übernahme von Normen und Pflichten)
- Was darf ich tun? (Ausprägung des möglichen Individualitätsgrades)
- Was soll ich tun? (Grad der persönlichen Anforderung)
- Was kann ich tun? (Aspekt der Selbsteinschätzung)

Es geht hierbei um die Lösung des Dilemmas, sich einerseits dem Gruppendruck auszusetzen, der ein Ausbrechen aus den Gruppenzielen verhindern und zur Unterdrückung eigener Interessen sowie zur Unterordnung unter dominante Einzelpersonen führen kann, andererseits aber die Möglichkeit zu bekommen, Ziele anzusteuern, die allein nicht möglich gewesen wären sowie eine Stabilisierung der eigenen Person zu erleben, was besonders in Phasen der persönlichen Belastung positiv erlebt wird.

17.3 Macht und Führung

Die Macht, die einzelne Personen innerhalb einer Mannschaft haben, kann in unterschiedlicher Weise ausgeübt werden.

Arten der Macht

Die Macht von Gruppenmitgliedern in Führungsrollen kann auf verschiedenen Grundlagen fußen (French/Raven):

- **Macht durch Fügsamkeit der anderen**
  - Eine Führungsperson kann Gruppenhandlungen auch gegen den Widerstand anderer Gruppenmitglieder erzwingen.
  - Führungspersonen können andere wirkungsvoll belohnen. So wirkt etwa das Lob eines Gruppenführers deutlich stärker als dasjenige einer untergeordneten Person.
- **Macht durch Akzeptanz**
  - Macht durch Legitimation: Die anderen Gruppenmitglieder akzeptieren den Führer, weil sie seinen Führungsanspruch für gerechtfertigt halten.
  - Macht durch Identifikation: Der Führer ist Vorbild, andere Gruppenmitglieder wollen ihm nacheifern, sich mit ihm identifizieren oder von ihm beachtet werden.
  - Macht durch Sachkenntnis: Hier ist entscheidend, welche Kompetenz dem Gruppenführer zugetraut wird, weniger, welche er wirklich aufweist.

- **Macht durch Positionierung**
Gruppenführer sitzen an Schaltstellen, wo ihnen viele Informationen zur Verfügung stehen. Gezieltes Ausgeben bzw. Verheimlichen von Informationen beeinflusst das Handeln anderer Personen. Umgekehrt ist aber auch zu beachten, dass, wenn auch in überschaubarerem Rahmen, auch untergeordnete Gruppenmitglieder das Machtinstrument Informationshandhabung zur Verfügung haben.

Führungsstile

Wie bringt eine Führungsperson in der Gruppe ihre Macht zur Geltung? Im Bereich des Sports betrachtet man zur Unterscheidung verschiedener Führungsstile am besten Arten, wie Trainer sich ihrer Trainingsgruppe gegenüber verhalten. Die folgende Unterscheidung hält sich an die von Kurt Lewin (1890–1947) getroffene Einteilung der Führungsstile:

- **Autokratischer Führungsstil:** Der Trainer entscheidet alle wesentlichen Fragen allein, weist den Sportlern ihren Anteil an der Gruppenarbeit zu und kontrolliert die Umsetzung der Aufgaben. Solche Trainer haben in der Regel eine große persönliche Distanz zu den geführten Sportlern und sind informell nicht in die Sportgruppe eingeordnet. Streng autokratische Führung ist dem Leistungsbereich zugeordnet. Der Erfolg wird über alle anderen Aspekte des Sporttreibens gestellt.
- **Demokratischer Führungsstil:** Wesentliche Fragen werden zwischen Trainer und Sportlern besprochen, verhandelt und schließlich auch entschieden. Die Verteilung der in der Konsequenz anfallenden Arbeiten übernimmt die Gruppe selbst. Der Führer versucht sich selbst, so weit es geht, als Gruppenmitglied zu verstehen und einzubringen. Baumann (2002) unterscheidet im Bereich der demokratischen Führung noch feiner: Er nennt den kooperativen Trainer, der den demokratischen Stil aufgabenbezogen und leistungssportlich erfolgsorientiert einsetzt, sowie den beziehungsorientierten Trainer, der, wie häufig in freizeitorientierten Gruppen einen Schwerpunkt seiner Aufgaben darin sieht, die Gemeinsamkeit der Gruppe zu fördern.
- **Laisser-faire-Führungsstil:** Solche Gruppen entscheiden selbst, der Trainer hält sich aus den Entscheidungen der Gruppe heraus. Die Verteilung der anfallenden Arbeiten übernimmt die Gruppe selbst. Der Laisser-faire-Führer ist persönlich neutral den Gruppenmitgliedern gegenüber.

Hinsichtlich der Effizienz bei der Erledigung der Gruppenaufgaben ist die Laisser-faire-Führung den anderen Führungsstilen unterlegen. Es wird verhältnismäßig wenig erreicht und die Qualität der geleisteten Arbeit ist gering. In autokratisch geführten Gruppen ist die Arbeitseffektivität hoch, doch kann die starke Kontrolle zu einer Demotivation des Einzelnen führen. Außerdem steigt die Gefahr von Fehlentscheidungen. Demokratisch geführte Sportgruppen haben die höchste Arbeitseffektivität, wenn die Gruppenmitglieder hinter den gemeinsamen Entscheidungen stehen. Allerdings besteht die Gefahr, dass es gerade in schwierigen Fragen zu keiner Entscheidung kommt. Im Bereich des Sports bietet sich eine situationsbezogen gut dosierte Mischung aus demokratischem und autokratischem Trainerstil an.

17.4 Soziomatrix und Soziogramm

Was macht ein Trainer, dessen Mannschaft sich nicht versteht, der mit Frontenbildung innerhalb der Mannschaft zu kämpfen hat, dessen Mannschaft unzufrieden ist? Vielleicht möchte er sie aber auch insgesamt einfach nur besser kennen lernen? Gleichgültig, wie das Problem des Trainers und der Mannschaft gelagert ist, zunächst müssen die Verhältnisse in der Mannschaft offen gelegt werden. Dazu wird oft ein Verfahren gewählt, das in die Darstellung der Mannschaftsstruktur anhand eines Diagramms, dem sogenannten Soziogramm, mündet.

Um die Mannschaft als sportliche Funktionsstruktur zu erfassen, könnte eine anonyme Umfrage gestartet werden, z. B. mit der Aufforderung „Nenne höchstens drei Mannschaftskollegen, mit denen du besonders gut spielerisch harmonierst!" und „Nenne höchstens drei Mannschaftskollegen, mit denen du nicht erfolgreich zusammen spielen kannst!". Auch persönliche Relationen könnten unter Fragestellungen wie „Mit welchen (höchstens) drei Mannschaftskollegen würdest du am liebsten in Urlaub fahren?" oder „Mit welchen (höchstens) drei Mannschaftskollegen würdest du keinesfalls in Urlaub fahren wollen?" in Betracht kommen.

Bei der Beantwortung dieser Fragen kann also jeder Spieler seine Mitspieler wählen, abwählen oder auch nicht erwähnen. Das folgende Beispiel zeigt Ergebnisse einer entsprechend durchgeführten Untersuchung. Befragt wurde eine Klasse unter der Fragestellung „Mit welchen (höchstens) drei Mitschülern würdest Du eine Arbeitsgruppe bilden wollen?". Die Ergebnisse wurden zunächst in einer **Soziomatrix** dargestellt. Jedem in dieser Matrix erfassten Schüler ist eine Nummer zugeordnet (1, …, 23). Zeilenweise sind die Wahlen erfasst. Nr. 1 wählt z. B. die Mitschüler 2, 14 und 18, lehnt aber die Mitschüler 3 und 17 ab. In den Spalten ergibt sich damit eine Art Beliebtheitsindex. Nr. 1 hat also 5 Zustimmungen und keine Ablehnung erfahren.

	1	2	3	4	12	13	14	16	17	18	19	23	Summen +	Summen −
1		+	−				+		−	+			3	2
2	+		−				+		−	+			3	2
3									+		+		2	0
4	+		−		+			+	−		−		3	3
12		+	−	+				+	−		−		3	3
13			−	+	+			+	−				3	2
14		+	−		+				−	+			3	2
16	+		−	+	+				−		−		3	3
17			+							+			2	0
18	+	+	−				+						3	1
19		−	+				−		+				2	2
23	+		−				+			+			3	1
Summen +	5	4	2	3	4	0	4	3	2	4	2	0		
Summen −	0	1	9	0	0	0	1	9	7	0	3	0		

Abb. 100: Soziomatrix (Ausschnitt)

Man erhält aus der Soziomatrix ein Soziogramm, indem man die gefundenen Wahlen mit Pfeilen darstellt. So bedeutet 12 → 2, dass Nr. 12 die Nr. 2 gewählt hat; aus 1 ↔ 2 liest man, dass sich Nr. 1 und Nr. 2 gegenseitig gewählt haben. Die folgende Abbildung stellt nur die Anwahlen dar, nicht die Abwahlen.

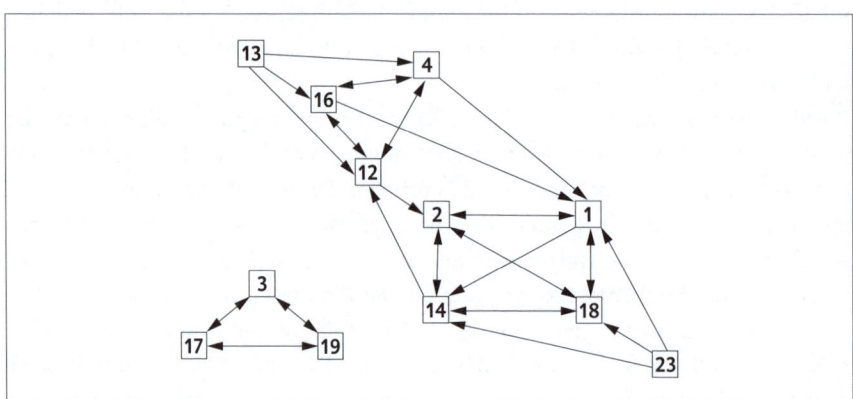

Abb. 101: Soziogramm (Ausschnitt)

Aus der Soziomatrix, speziell aus der Summierung der Meldungen über die Spalten, können, ebenso wie aus der grafischen Anordnung in einem Soziogramm, typische Personen identifiziert werden:

- Schüler wie Nr. 1 sind die Stars. Sie erhalten viele und nur positive Nennungen.
- Nr. 1 ist auch Mitglied einer Führungsclique, die sich gegenseitig sehr stark stabilisiert und auch von außen angewählt wird. Weitere stabile Gruppierungen bilden die Schüler 4, 12 und 16 sowie 3, 17 und 19.
- Die Schüler 3, 17 und 19 bilden allerdings eine Gruppe von Außenseitern. Sie erhalten von außen viele, aber nur negative Rückmeldung, stabilisieren sich aber gegenseitig. Natürlich können auch Einzelpersonen die Rolle des Außenseiters erhalten.
- Schüler wie Nr. 13 oder Nr. 23 weisen Eigenschaften von Randfiguren auf. Sie werden nicht gewählt, wählen aber selbst. Sie können auch als Mitläufer gesehen werden, als Personen also, die kaum gewählt und auch kaum abgelehnt werden und sich in ihren Wahlen an die Stars halten.

Ganz unvorsichtig dürfen die Ergebnisse von Soziogrammen nicht gehandhabt werden. Sie sind oft verzeichnend, da einerseits die offene Fragestellung zu unterschiedlichen Interpretationen führen mag und andererseits nur ein kleiner Teilaspekt gefragt wird, der nicht verallgemeinert werden darf. Außerdem gelingt mithilfe eines Soziogramms allenfalls eine Momentaufnahme der Situation.

Die so fest erscheinenden Strukturen der im Beispiel gezeigten Teil-Klasse haben sich unter anderen Fragestellungen nur zum Teil bestätigt: Während die Nachfrage „Mit wem möchtest du auf Klassenfahrt das Zimmer teilen?" etwa die oben gezeigte Struktur bestätigte, findet sich unter der Fragestellung „Mit wem würdest du gerne einmal ausgehen?" eine fast völlige Umstrukturierung. Kein Wunder, wenn man den tatsächlichen Hintergrund der Klasse betrachtet, den das Soziogramm nicht zeigt: Die Personen 4, 17 und 19 bilden eine Gruppe von Mädchen, die von der ganzen Klasse abgelehnt wurden. Alle anderen dargestellten Personen sind Jungen. Nicht gezeigt ist – hier aus Gründen der Übersichtlichkeit – die Hauptgruppe der Mädchen, weil unter der Fragestellung zur Bildung einer Arbeitsgruppe tatsächlich Mädchen und Jungen sich fast ganz voneinander getrennt hatten. Dass unter der Fragestellung „Mit wem möchtest du gerne einmal ausgehen?" diese Trennung kaum haltbar scheint, liegt auf der Hand, wogegen bei der Einteilung des Zimmers auf Klassenfahrt schon immanent klar ist, dass wohl geschlechterdifferent eingeteilt werden wird, der Kontext der Fragestellung also schon Antworten vorwegnimmt.

Doch soziometrische Untersuchungen im Sport können durchaus fruchtbare Wirkungen erzielen:

- Sie können als Hintergrundinformationen und Aufhänger zu Gesprächen über die Optimierung des Mannschaftsklimas verwendet werden und das soziale Verständnis und das soziale Verhalten der Einzelspieler schulen. Damit die geäußerten Meinungen – ungünstige Diskussionsverläufe bzw. nicht ausgesprochene Konflikte vorausgesetzt – nicht zum Mannschaftssprengstoff werden, sollten sogar die gewonnenen Informationen in Einzel- und Gruppengesprächen verarbeitet werden.
- Sie können Beurteilungen für die Leistungsstärke von Teilgruppen, deren Leistungsbereitschaft und -fähigkeit in bestimmten Spielrollen sowie in der Spielkreativität liefern.
- Es kann herausgefunden werden, welche Art von Mannschaftsstruktur für Spitzenleistungen am ehesten förderlich ist. Welche Mannschaft ist die bessere bzw. erfolgreichere? Diejenige, die sich gegenseitig selbstlos hilft und die ein besonders gutes emotionales Klima aufweist oder die aggressionsgeladene, die es versteht, mannschaftsinterne Spannungen auf den Gegner umzulenken?

Von Essing und Eberspächer (1974) stammt der folgende Vorschlag eines Fragenkatalogs zur nachfolgenden Auswertung und umfassenden Einschätzung einer Sportspielmannschaft, die ausgehend von der Soziometrie Hinweise auf wesentliche sozialpsychologische Beobachtungspunkte in Mannschaften gibt. Die Kriterien und die zugehörigen Fragen sind:

- Beliebtheit: Mit welchen Spielern Ihrer Trainingsgemeinschaft wohnen Sie bei einer Sportreise am liebsten (nur ungern) in einem Zimmer?
- Tüchtigkeit: Welche Spieler aus Ihrer Trainingsgemeinschaft tragen in den Spielen Ihrer Mannschaft am meisten (am wenigsten) zum Erfolg bei?
- Spielkreativität: Welche Spieler aus Ihrer Trainingsgemeinschaft verwirklichen im Spiel die besten (die wenigsten) Spielideen?
- Spielbeliebtheit: Mit welchen Spielern Ihrer Trainingsgemeinschaft spielen Sie am liebsten (ungern) in der ersten Mannschaft?
- Führerqualitäten: Welche Spieler aus Ihrer Trainingsgemeinschaft kommen nach Ihrer Meinung am ehesten (nicht) als Mannschaftskapitän in Frage?
- Trainingsbeliebtheit: Mit welchen Spielern Ihrer Trainingsgemeinschaft möchten Sie am liebsten (lieber nicht) in einer Gruppe trainieren?

Zusammenfassung

- Arten von Gruppen: **formelle/informelle Gruppen** (Ziele werden von außen/ von innen gesetzt), **interagierende/koagierende Gruppen** (Mitglieder arbeiten zusammen/einzeln an den Zielen).
- Die Grundlage für die **Bildung von Gruppen** bilden gemeinsame Ziele. Die Gruppenbildung selbst erfolgt über mehrere **Phasen**: Kennenlernphase, Konfliktphase, Festigungsphase, Arbeits- und Leistungsphase.
- Innerhalb von Gruppen spielen hauptsächlich leistungsorientierte und soziale Kriterien bzw. Faktoren eine Rolle.

	leistungsorientiert	sozial
Beurteilung der **Kohäsion** einer Gruppe	Aufgabenzusammenhalt	sozialer Zusammenhalt
Rangplatz eines Mitglieds einer Gruppe	Tüchtigkeitsstatus	sozialer Status
Strukturierung innerhalb einer Gruppe	horizontale Strukturierung (Aufgabenverteilung)	vertikale Strukturierung (Macht)

- **Arten der Macht**: Macht durch Fügsamkeit der anderen, Macht durch Akzeptanz, Macht durch Positionierung.
  Führungsstile (nach Lewin): Autokratischer Führungsstil, Demokratischer Führungsstil, Laisser-faire-Führungsstil.
- Zur Untersuchung von Beziehungen innerhalb einer Gruppe bietet sich das Erstellen einer **Soziomatrix** (auf der Basis einer anonymen Umfrage) an. Diese kann anschließend grafisch in ein **Soziogramm** umgewandelt werden.

gaben 51. Ein Trainer hat Schwierigkeiten mit seiner Mannschaft, weil sein Training als unangemessen hart angesehen wird. Wer in der Mannschaft wird wohl den Konflikt am ehesten lösen können?

52. Bei einer Mannschaft hat sich herausgestellt, dass sie ihren Gegnern konditionell weit unterlegen ist. Differenzieren Sie nach den verschiedenen Führungsstilen, wie der Trainer mit diesem Problem umgehen wird und welchen Erfolg er wohl dabei haben wird.

53. Nehmen Sie Stellung zur praktischen Anwendbarkeit von Soziogrammen in einem Mannschafts-Umfeld. Wägen Sie möglichen Nutzen und möglichen Schaden ab.

Lösungen

1. a) Der 100-m-Sprint wird in vier Phasen unterteilt: die Startphase (bis etwa 10 m), die Beschleunigungsphase (etwa 10–60 m), die Phase der Konstanz der Höchstgeschwindigkeit (etwa 60–80 m) und die Phase der Schnelligkeitsausdauer(etwa 80–100 m).

   Vergleicht man die angegebenen Zwischenzeiten von Konieczny und Blume am Ende der Beschleunigungsphase (60 m) mit denen der Konkurrenten, wird die erste Aussage Busemanns bestätigt: Die Deutschen haben eine ebenso gute **Beschleunigungsfähigkeit** wie die internationale Konkurrenz, wobei sie in der Phase von 0–30 m sogar noch besser sind und damit zur Weltklasse gehören.

   In der Phase der Höchstgeschwindigkeit (60–80 m) sieht man, dass die beiden Deutschen allmählich ihre gute Position einbüßen und somit tatsächlich Mängel im Bereich der **maximalen Laufschnelligkeit** aufweisen. Sie verlieren hier zwischen 3 und 5/100 Sek:

	60–80 m
C. Konieczny (Deutscher, DM 1993)	1,80
M. Blume (Deutscher, WM 1993)	1,82
A. Kovacs (Vergleichsperson, WM 1987)	1,77
A. Mahorn (Vergleichsperson, WM 1993)	1,78

   Während die beiden internationalen Konkurrenten ihre hohe Geschwindigkeit in der letzten Phase des Sprints halten können, verlieren die Deutschen weiter an Zeit. Auch hier wird die Aussage Busemanns bestätigt, dass sie über eine mangelhafte **Schnelligkeitsausdauer** verfügen.

	80–100 m
C. Konieczny (Deutscher, DM 1993)	1,88
M. Blume (Deutscher, WM 1993)	1,85
A. Kovacs (Vergleichsperson, WM 1987)	1,76
A. Mahorn (Vergleichsperson, WM 1993)	1,79

b) Die Analyse der Sprintleistungen von Lewis im Vergleich zu denen von Kovacs wird erleichtert durch die Betrachtung der Zeiten der 10-m-Intervalle, wo man findet, dass Lewis in ausnahmslos jeder Phase überlegen ist:

	Teilstrecke (jeweils für sich allein genommen)									
	10 m	20 m	30 m	40 m	50 m	60 m	70 m	80 m	90 m	100 m
A. Kovacs	1,97	1,04	0,97	0,91	0,88	0,90	0,88	0,89	0,89	0,87
C. Lewis	1,94	1,02	0,95	0,87	0,86	0,84	0,86	0,86	0,85	0,86

Vergleicht man Lewis mit dem Deutschen M. Blume, dann ist Lewis auf den ersten 30 Metern nur um 2/100 Sek. überlegen. In der Phase des Erreichens der Höchstgeschwindigkeit zwischen 30 und 60 m verliert der deutsche Sprinter bei einer Differenz von 13/100 Sek. schon erheblich an Boden (durchschnittlich etwas über 4/100 Sek. auf 10 m); auf den letzten 40 m gehen noch einmal 24/100 verloren (etwa 6/100 Sek. auf 10 m). Der größte Unterschied ergibt sich demnach zum Ende des Laufs, also im Bereich der Schnelligkeitsausdauer.

2. In den beiden Grafiken sind die Ergebnisse einer Untersuchung zum Weitsprung dargestellt, wobei das eine Mal die Abfluggeschwindigkeit, das andere Mal der Abflugwinkel variiert.

Aus der oberen Grafik kann folgende Aussage hergeleitet werden: Je höher die **Abfluggeschwindigkeit**, also je schneller der Anlauf, desto größer ist die erzielte Weite.

Die untere Grafik legt zunächst folgenden Schluss nahe: Je größer der **Abflugwinkel**, desto größer die erzielte Weite. Stellt man sich aber einen Abflugwinkel von 90° vor, so ist klar, dass die Grafik nur aussagt, dass ein Abflugwinkel von 25° geeigneter ist als ein Abflugwinkel von 20° oder gar 15°. Über den absolut günstigsten Abflugwinkel lässt sich aufgrund der Grafik keine Aussage treffen.

3. In der Grafik ist ein Weitsprung vom Absprung bis zur Landung dargestellt. Δz ist die Differenz zwischen der Höhe des Körperschwerpunktes (KSP) beim Absprung unmittelbar vor Verlassen des Bodens und der Höhe des KSP im Moment des ersten Bodenkontaktes bei der Landung. Δz kann vergrößert werden, wenn es gelingt, die Füße weit vorzubringen und damit den KSP bei Bodenberührung tief zu halten. Dadurch verlängert sich die gezeichnete Flugbahn des KSP nach unten und vorne, wodurch sich die erzielte Weite verbessert.

In engem Zusammenhang mit der obigen Betrachtung der Landephase steht die Messgröße W_3, die den Weitengewinn durch weites Vorführen der Füße bei der Landung kennzeichnet. Vergleicht man in Gedanken die gezeigte Landung mit einer Landung im nahezu aufrechten Stand, erkennt man, dass die Beeinflussung der Messwerte Δz und W_3 durch die Führung der Beine und des Oberkörpers eine erhebliche und vor allen Dingen durch den Springer steuerbare Auswirkung auf die erzielte Weite hat. Konsequenz ist, dass beim Weitsprung dem Training der Landung eine hohe Aufmerksamkeit zukommen muss.

W_1 dagegen ist die Größe, der durch Training nur wenig Vorteile für die Weitsprungleistung abzugewinnen sind. Denn versuchte man, die Distanz W_1, welche anzeigt, wie weit der Körperschwerpunkt im Moment des Abhebens vom Boden bereits horizontal über das Brett hinaus vorwärts gekommen ist, dramatisch zu vergrößern, ginge dies zu Lasten der vertikalen Komponente; der Sprung bliebe so flach, dass keine ansprechende Weite zu erzielen wäre.

W_2 kennzeichnet die Weitsprungleistung dadurch, dass sie angibt, wie weit der Körperschwerpunkt ab Verlassen des Bodens bis zum ersten Bodenkontakt fliegt; W_2 ist damit – man erkennt es schon an den Größenverhältnissen – die entscheidende Detailweite im Weitsprung und verdient also auch im Training erste Präferenz durch die Verbesserung der Sprintgeschwindigkeit und des Absprungverhaltens.

4. In den vier Spalten werden für vier Arten der Beschleunigung a (gleichförmig, gleichmäßig beschleunigt, gleichmäßig verzögert, variabel) jeweils die Größen Strecke, Geschwindigkeit und Beschleunigung in einem Zeitintervall $t_2 - t_1$ dargestellt. Mathematisch gesehen ist dabei die Geschwindigkeit die zeitliche Ableitung der Strecke und die Beschleunigung die zeitliche Ableitung der Geschwindigkeit.

    Bei **Typ 1** handelt es sich um eine gleichförmige Bewegung. Da die Beschleunigung 0 ist (es wird weder beschleunigt noch gebremst), ist auch die Geschwindigkeit gleichmäßig hoch. Daraus ergibt sich, dass sich Zeit und Strecke proportional verhalten, d. h. dass in gleichen Zeitabschnitten immer die gleiche Strecke zurückgelegt wird. Eine gleichförmige Bewegung wird von Langstreckenläufern angestrebt, die, um Kraft zu sparen, mit gleichmäßiger Geschwindigkeit laufen. Davon ausgenommen sind natürlich die Beschleunigungsphase beim Start, der Endspurt und eventuelle Unregelmäßigkeiten wegen Erschöpfung.

Bei **Typ 2** ist die Beschleunigung konstant positiv. Dies führt dazu, dass die Geschwindigkeit gleichmäßig ansteigt und die zurückgelegte Strecke anfangs langsam, dann schneller ansteigt. Eine annähernd gleichmäßige Beschleunigung findet man bei einem Skispringer im Angleiten die Schanze hinunter bei geringer Reibung. Absolut gleichmäßig beschleunigte Bewegungen erlebt man im freien Fall, also z. B. beim Wasserspringen.

Typ 3 ist analog zu Typ 2, nur dass hier die Beschleunigung konstant negativ ist, wodurch die Geschwindigkeit anfangs schnell, dann immer langsamer abnimmt. Die zurückgelegte Zeit nimmt linear zu. Annähernd gleichmäßig verzögerte Bewegungen ergeben sich in Situationen, wo Reibung eine Bewegung bremst oder entgegen der Schwerkraft bewegt wird. Ein praktisches Beispiel bietet der Radfahrer, der nach einer schnellen Abfahrt eine Senke durchquert und am gegenüberliegenden Hang ohne zu treten ausrollen lässt, wo sich dann seine Geschwindigkeit proportional zur Zeit verringert.

Für den **Typ 4** gibt die Skizze nur ein mögliches Beispiel. Variable Beschleunigungen sind im Sport die Regel, besonders deutlich in den Sportspielen oder den Kampfsportarten, wo ständig Bewegungen nach Richtung und Geschwindigkeit differenziert werden.

5.

Strukturgruppe	Charakteristik
Rollbewegungen	Rotationsbewegungen um momentane Drehachsen mit Translationsanteil; momentane Drehachse ist die Berührlinie des Körpers mit der Unterlage
Kippbewegungen	Aufwärtsverlagerung des Körperschwerpunktes durch Kombination einer Rotation um eine (annähernd) feste Drehachse parallel zur Körper-Breitenachse mit einer Hüftstreckung
Auf- und Umschwungbewegungen	Rotationen um (annähernd) feste Drehachsen; beim Umschwung entsprechen sich Ausgangs- und Endposition, der Aufschwung erreicht einen Höhengewinn
Sprungbewegungen	Als Ganzes betrachtet in der Anlaufphase Translationen auf geraden Bahnen, nach dem Absprung unter dem Einfluss der Schwerkraft Translationen auf gekrümmten Bahnen. Im Detail gibt es zahlreiche Rotationen um verschiedene Körper-Gelenkachsen
Überschlagbewegungen	360°-Rotation des gesamten Körpers um die Breiten- oder Tiefenachse mit oder ohne Stütz der Hände
Felgbewegungen	Rückwärts-Rotation des Körpers um die Breitenachse, in deren Verlauf nach Beugung eine explosive Hüftstreckung erfolgt

| Stemmbewegungen | Rotationsbewegungen um (annähernd) feste Drehachsen parallel zur Breitenachse des Körpers gekoppelt mit einer abgestoppten Beinschwung-Bewegung und einem Druck der Hände auf die Unterlage bzw. den Griff |
| Beinschwungbewegungen | keine Zuordnung zu Translationen oder Rotationen, Hilfsbewegungen durch schwunghaften Beineinsatz, um Positionswechsel zu erreichen |

6. a) Im Ganzen betrachtet stellt Laufen eine **Translationsbewegung** dar. Jedoch sind zum Erreichen der normalen Laufkoordination zahlreiche **Rotationen** von Körperteilen nötig: Rotationen um zur Körperbreitenachse parallelen Achsen findet man, wenn der Oberarm um die Schulterachse, der Unterarm um die Querachse des Ellenbogens rotiert, wobei beide Rotationen je nach Laufstil unterschiedlich stark sind. Der Oberschenkel rotiert um die Breitenachse durch die Hüftgelenke, der Unterschenkel um die Breitenachse des Kniegelenks, der Fuß um die Breitenachse des Sprunggelenks. Auch Rotationen um Achsen, die parallel zur Körperlängsachse sind, kommen vor, wenn etwa die Schultern oder die Hüften abwechselnd vorwärts und rückwärts schwingen.

b) Insgesamt betrachtet ist Rückenkraulschwimmen eine **Translationsbewegung**. Der Antrieb durch Bewegungen der Arme und Beine ist jedoch durch zahlreiche **Rotationen** gekennzeichnet. In der Überwasserphase des Armzuges dreht sich der gestreckte Arm um die Schulter-Breitenachse. Die Phase des Wasserfassens beinhaltet eine kleine Rotation des Handgelenks nach außen um die Breitenachse des Handgelenks. Die Zugphase ist besonders gekennzeichnet durch ein Anbeugen des Ellenbogens verbunden mit einer Rotation im Schultergelenk. In der Druckphase ergeben sich bei Fortführung der Rotation im Schultergelenk durch die Streckung des Ellenbogens und gegen Ende das Klappen des Handgelenks nach vorne weitere Beispiele für Rotationen im Detail. Die Beinbewegungen erfolgen besonders durch Rotationen im Knie- und Hüftgelenk. Optimiert werden die Antriebsbewegungen durch Rotationen um die Körperlängsachse im Rhythmus der Armzüge.

c) Wie alle Schwimmarten dient auch das Delphinschwimmen dem Vortrieb im Wasser, hat also eine **Translation** des Körpers zum Ziel. Neben zahlreichen Detail-**Rotationen** besonders im Bereich des Schultergelenks um die Schulter-Breitenachse, im Hüft- und Kniegelenk um Achsen parallel zur Körperbreitenachse fallen starke Drehbewegungen um die Körperbreitenachse im Bereich der Körpermitte auf.

d) Der Felgaufschwung am Reck ist im Ganzen betrachtet eine volle **Rotationsbewegung** um die Körperbreitenachse; durch die Aufwärtsbewegung wird aber auch ein translatorischer Zweck verfolgt.

e) Der Überschlag über den Längskasten beschreibt eine 360°-**Rotation** um die Körperbreitenachse. Der Raumgewinn ist allerdings erheblich, so dass auch ein deutlicher Translationsanteil in der Bewegung enthalten ist.

f) Skispringen ist im Anlauf und in der Flugphase – ruhige Körperhaltung vorausgesetzt – eine fast reine **Translationsbewegung** auf gekrümmten Bahnen. Beim Start, dem Absprung und der Landung kommen durch Beugen und Strecken besonders der Beine Rotationen im Detail hinzu.

7. Ein **Sprinter**, der im Vergleich zu einem Langstreckler eine kürzere Strecke in einer schnelleren Zeit läuft, erreicht in seinem Lauf eine **größere Geschwindigkeit**. Da ein **Langstreckler** möglichst Kraft sparen muss, versucht er **gleichmäßig** zu laufen, vermeidet also Beschleunigungen während seines Laufs.

Der Aspekt des Kraftaufwandes betrifft alle Bewegungsdetails: der Sprinter wendet überall mehr Kraft auf, indem er wesentliche Rotationen weiter treibt. Der Abdruck von den Zehen wird durch intensivere Rotation im Sprunggelenk erreicht. Das stärkere Strecken der Knie und der Hüfte in der hinteren Stützphase, der stärkere Kniehub verbunden mit einer Hüftbeugung bis etwa zur Waagerechten wird durch die Hüftbeuger ausgelöst und sorgt für vermehrte Rotation parallel zur Körper-Breitenachse in Hüft- und Kniegelenk. Vergleichbar argumentiert man bei den Bewegungen des Armes.

8. a) Ein Skateboarder fährt mit hoher Geschwindigkeit gegen eine Bordsteinkante. Während das Skateboard gestoppt wird, da vom Bordstein eine Kraft darauf wirkt, behält der mit dem Board nicht verbundene Fahrer nach dem **1. Newton'schen Gesetz** seinen Bewegungszustand bei. Wenn er diese Vorwärtsbewegung nicht in einer Laufbewegung kompensieren kann, fällt er auf den Bürgersteig.

b) Sprinter beschleunigen nach dem **2. Newton'schen Gesetz** aufgrund größerer Kraftwerte viel besser als Langstreckenläufer vergleichbaren Körpergewichts. Das **3. Newton'sche Gesetz** spielt dabei ebenso eine wichtige Rolle, da die Kraft, die der Läufer mit seiner Beinstreckung auf den Boden wirken lässt *(actio)*, in einer Kraft resultiert, die den Körper nach vorne-oben beschleunigt *(reactio)*.

c) Bei der Armbewegung des Brustschwimmens werden bei jedem Zug die Arme im Wasser zunächst nach hinten, anschließend wieder nach vorne bewegt. Bei der Bewegung der Arme nach hinten wird nach dem **3. Newton'schen Gesetz** eine Kraft *(actio)* auf das Wasser ausgeübt, deren Gegenkraft *(reactio)* einen Vortrieb des Schwimmers bewirkt. Es soll beim Zug nach hinten also möglichst viel Kraft auf das Wasser wirken. Damit umgekehrt bei der Bewegung der Arme nach vorn *(actio)* keine oder nur eine geringe Kraft an ihm angreift, die gegen die gewünschte Schwimmrichtung wirkt *(reactio)*, muss der Schwimmer dafür sorgen, in dieser Phase nur möglichst wenig Armkraft auf das Wasser anzuwenden. Gestaltbar wird die Kraftwirkung durch die Größe der Fläche, die dem Wasser entgegengestellt wird. Beim Zug nach hinten werden die Handflächen also möglichst senkrecht dem Wasser entgegengestellt, wogegen in der Phase der Vorführung der Arme die Fläche der Hände aus der Perspektive der Schwimmrichtung möglichst minimiert wird (klassische Technik) oder die Hände möglichst über Wasser nach vorne geführt werden (Undulationstechnik).

9. a) Der Weitspringer führt die Arme in einer Vorwärtskreisbewegung *(actio)*, um bei Wirkung des 3. Newton'schen Gesetzes eine Rückwärts-Kreisbewegung *(reactio)* der Beine auszulösen. Diese kommen dadurch mehr in Richtung der Waagerechten, wodurch die Landeweite vergrößert wird.

   b) Der Kugelstoßer führt seinen freien Arm dynamisch zur Brust *(actio)*, damit die Schulter des kugelführenden Armes eine zusätzliche Kraftwirkung durch Rotation nach vorne erhält *(reactio)*.

   c) Die Analyse des Stemmschrittes beim Speerwurf ist weniger eindeutig, da zwischen dem Stemmfuß und dem Speer viele Gelenke zu einer großen Vielfalt von Bewegungsfreiheiten und damit zu Variationsmöglichkeiten führen. Dennoch herrscht bei erfahrenen Praktikern Einigkeit darüber, dass der Stemmschritt mit gestrecktem Bein unabdingbares Technik-Element des Speerwurfes ist, da über den Stemmpunkt die Geschwindigkeit des Speeres von horizontal nach oben umgesetzt werden kann. Diese aus dem Absprung beim Hochsprung bekannte Überlegung zeigt sich aber hier erst mit Verzögerung, weil dem Aufsetzen des Stemmfußes die Hüftstreckung unter dem Wurfarm, nachfolgend die Bogenspannung des gesamten Körpers, dann das Vorbringen der Schulter und schließlich der Auswurf folgen. In allen Bewegungsteilen zeigt sich der gestemmte Fuß als Fixpunkt.

10. Der Trägheitssatz (1. Newton'sches Gesetz) liefert bei Berücksichtigung der bremsenden Strömungskräfte des Wassers, die verhindern, dass der Körper in gleichem Bewegungszustand nach vorne verbleibt, den eigentlichen Grund, Schwimmbewegungen auszuführen, um weiter zu kommen. Das 2. Newton'sche Gesetz ($F = m \cdot a$) bestätigt, dass der Schwimmer schneller schwimmt, wenn er mehr Kraft auf das Wasser bringen kann. Das bedeutet, dass nicht die maximal mögliche Geschwindigkeit von Rumpf-, Arm- oder Beinbewegungen im Wasser das Ziel der Schwimmtechniken ist, sondern die maximal mögliche Geschwindigkeit des Körpers im Vortrieb.

Wie für alle Schwimmbewegungen ist auch beim Delphinschwimmen das 3. Newton'sche Gesetz *(actio = reactio)* von entscheidender Bedeutung, hier allerdings besonders, da Delphin-Schwimmen als die Schwimmart mit den größten Geschwindigkeitsunterschieden in einem Bewegungszyklus besonders auf die wirkungsvolle Ausführung der mächtigen beidarmigen und beidbeinigen Maßnahmen zur Erhöhung der Schwimmgeschwindigkeit angewiesen ist. Der Delphin-Armzug im Wasser erklärt sich zu einem guten Teil aus der einfachen Anwendung des 3. Newton'schen Gesetzes, indem der Schwimmer am Widerlager Wasser greift, daran mit einer Kraft F zieht, wodurch deren Gegenkraft ihn nach vorne schiebt. Beim Abstoß der Beine ist die Basisüberlegung die gleiche, jedoch scheint es gerade beim Körperschwung-Muster der Delphinbewegungen so zu sein, dass geeignete Rotationen des Wasser im Sinne einer Vortex-Strömung entlang des Körpers ausgelöst werden, die sich im Bereich des Abstoßes der Beine und Füße vom Wasser als besonders starkes Widerlager darstellen. Nicht umsonst werden, wo die Regeln es erlauben, in anderen Stilarten die Körperschwungbewegungen des Delphin-Schwimmens häufig eingesetzt; herausragendes Beispiel dafür ist die Undulationstechnik des Brustschwimmens.

11. Oben zeigen die Bilder 6 und 7 das korrekte Aufsetzen der Hände weit vor dem Stützfuß mit der Schulter deutlich hinter dem Aufstützpunkt und dem Körper in der Verlängerung der gestreckten Stützarme. Diese Technik führt dazu, dass der horizontale Anlauf in eine Bewegung nach vorne-oben umgesetzt werden kann, weil vom Stützpunkt der Hände aus eine Kraft von unten-vorne auf den gesamten Körper wirkt, die sich mit der waagrecht in Bewegungsrichtung wirkenden Kraft aus dem horizontalen Anlauf wie gewünscht zu einer Kraft addiert, die nach vorne-oben gerichtet ist. Stützt man dagegen wie in den Detail-Bildern unten so, dass

die Schulter über dem Stützpunkt liegt, wird, wenn man den Stütz überhaupt halten kann, die Kraft aus dem Vortrieb des Anlaufs nur gering gebremst, wodurch die Flugkurve des Körperschwerpunktes nur eine allenfalls geringe Richtungsänderung nach oben erhält. Wahrscheinlich wird die gezeigte Bewegungsausführung mit einer Landung auf dem Po enden.

12. • Der Schwimmer muss **Bewegungen im Wasser gegen die Schwimmrichtung vermeiden** oder, wenn unumgänglich, mit minimaler Fläche und niedrigem Tempo ausführen, um keine (oder wenn nur eine minimale) nach vorne gerichtete Kraft auf das Wasser aufzuwenden, deren Gegenkraft ihn entsprechend den Voraussagen des 3. Newton'schen Gesetzes nach hinten beschleunigen würde. Nötige nach vorne gerichtete Bewegungen sollen langsam sein, damit in Zusammenhang mit großen Beschleunigungen nicht große Kräfte aufgewendet werden (2. Newton'sches Gesetz).

   • Der Schwimmer muss sich **mit** möglichst **großer Fläche vom Wasser abstoßen** und dabei unbewegtes Wasser suchen, da dieses ein besseres Widerlager bietet als verwirbeltes. Um darauf eine möglichst große nach hinten gerichtete Kraft aufwenden zu können, deren Gegenkraft (*actio = reactio*) den Schwimmer nach vorne bewegt, soll in der Zug- oder Druckphase die Handstellung senkrecht zum Wasser gewählt und die Fußgelenke überstreckt werden. Die Zug- und Schubbewegungen eines Schwimmers verlaufen also, wenn möglich, nicht geradlinig, sondern in Kurvenform. Hastige Bewegungen sind zu meiden, da dadurch einerseits eine exakte Handführung schwieriger wird, andererseits unerwünschte Verwirbelungen herbeigeführt werden.

   • Alle Bewegungen des Schwimmers sollen möglichst **geradlinige Ortsveränderungen** zur Folge haben; Teilbewegungen, die zur Auslenkung des Schwimmers aus der geraden Bahn führen, kosten unnötig Kraft, sind also zu unterdrücken.

13. a) Ohne Ausholbewegung aus der statischen Hockhaltung:

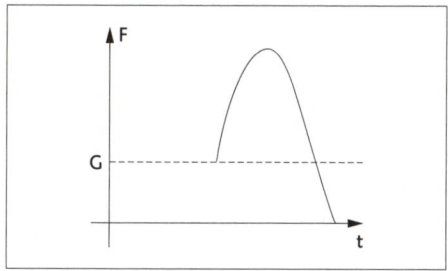

b) Nach einem Stemmschritt wie beim Volleyball:

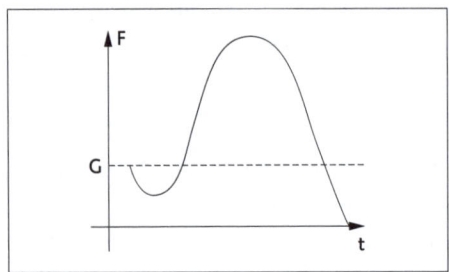

c) Nach einem Tiefsprung mit anschließendem Absprung in die Höhe:

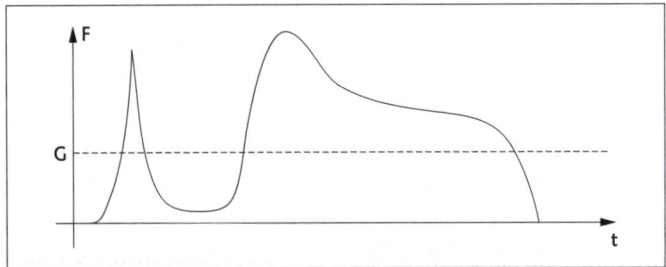

14. Der Gewichtheber bewirkt mit zunehmender Beschleunigung des Gewichts vom Boden weg eine im Ganzen gleichmäßig zunehmende **Normalkraft**. Der Abfall der Kurve auf N = 0 erfolgt dann, wenn er maximal schnell unter das Gewicht kommen muss. Diese Abwärtsbewegung muss, sobald er das Gewicht vorne auf den Schultern liegen hat, mit großem Aufwand abgebremst werden, wie man dem abschließenden Anstieg der Kurve auf annähernd die gleichen Werte von N wie in der Hebephase entnimmt.

15. Die Haltung des Skispringers zielt darauf ab, die im **Bernoulli-Prinzip** geschilderten Wirkungen zu erzielen. Bei der vorliegenden Beugung des Körpers nach vorn, hat der Luftstrom oberhalb des Körpers einen längeren Weg zurückzulegen als unterhalb. Die Strömungsgeschwindigkeit ist damit an der Oberseite des Körpers höher, der Druck somit oben niedriger als unten. Damit wird ein dynamischer Auftrieb erzielt.

16. In der fallenden Phase bewahrt der Turner eine völlig gestreckte Körperhaltung, wodurch möglichst viele Massepunkte in weiter Entfernung von der Drehachse positioniert sind. In dieser Phase ist das **Massenträgheitsmoment** also erhöht. Der Drehgeschwindigkeit schadet dies jedoch nicht, weil der Turner die erforderliche Kraft dazu nicht selbst aufbringen

muss, sondern die Schwerkraft für eine Beschleunigung sorgt. Infolgedessen erhöht sich die kinetische **Energie** des Turnerkörpers. In der aufsteigenden Phase verliert der Turner an Geschwindigkeit, die kinetische Energie wird in Lageenergie umgewandelt – Reibung und Umwandlung der Energie in Wärme sind in dieser Diskussion nicht angesprochen. Die **Schwerkraft** fördert die Bewegung nun nicht mehr, wirkt ihr vielmehr in der wesentlichen vertikalen Komponente entgegen. Zur Kompensation des Geschwindigkeitsverlustes verringert der Turner durch eine Beugung vor allem in der Hüfte, aber auch im Bereich der Schulterachse sein Massenträgheitsmoment, setzt damit der Rotation weniger Widerstand entgegen.

Im Großen und Ganzen kann man den Riesenfelgaufschwung als **Rotationsbewegung** bezeichnen. Da durch die Körperbeugung im Aufschwung aber nicht alle Körperpunkte auf einer exakten Kreisbahn um die Drehachse verbleiben, ist streng genommen auch hier keine reine Rotationsbewegung gegeben.

17. Der **Kippaufschwung** am Reck wird eingeleitet durch einen Vorschwung im Langhang; am vorderen oberen Umkehrpunkt des **Pendelschwungs** werden die Füße durch eine Hüftbeugung bei gestreckten Beinen zur Stange gebracht. Der Sportler erreicht dadurch den Kipphang spätestens dann, wenn der Körperschwerpunkt im Rückschwung des Pendels unter der Reckstange hindurch geht. Die Einnahme der Kipphang-Position bewirkt eine **Pendelverkürzung**, die sich noch verstärkt, wenn der Kippstoß erfolgt, die Hüfte also zur Stange hin gestreckt wird. Durch die Pendelverkürzung wird der Rückwärts-Pendelschwung stark erleichtert, weil das Massenträgheitsmoment des Turners erheblich sinkt. Neben der Pendelverkürzung wird der Kippaufschwung wesentlich durch das Abstoppen der dynamischen Hüftstreckung etwa in dem Moment, wo sich die Körperlängsachse parallel zum Boden befindet, getragen; das damit verbundene abrupte Fixieren der gestreckten Beine führt nämlich zu einer Impulsübertragung der Beine auf den Restkörper. Unterstützend wirkt im Abschluss der Bewegung der Druck der Arme auf die Reckstange. Insgesamt stellt sich der Kippaufschwung am Reck als die typische Kippbewegung dar; dazu kommt der Gesichtspunkt der Erhöhung des Körperschwerpunktes als Merkmal der Strukturgruppe der **Aufschwungbewegungen**.

Der **Stemmaufschwung** am Reck, auch Schwungstemme genannt, ist seinem Namen entsprechend einerseits eine **Stemmbewegung**, deren wesentliches Kennzeichen hier der Druck der Arme auf die Reckstange ist, andererseits eine **Aufschwungbewegung**, weil der Körperschwerpunkt eine deutliche Erhöhung erfährt. Eingeleitet wird der Stemmaufschwung aus dem Rückwärtsschwung im Langhang, wobei in der fallenden Phase dieses Rückwärtsschwungs die Hüfte ein wenig gebeugt ist; diese Beugung wird jedoch durch aktive Streckung des Körpers bis zum unteren Punkt des Rückschwungs in eine völlige Hüftstreckung überführt. Bis zum Tiefpunkt des Schwungs tritt also eine **Pendelverlängerung** ein, wodurch dort das Massenträgheitsmoment des Sportlerkörpers am größten ist, was der Rotationsgeschwindigkeit wegen der Einwirkung der Schwerkraft in der Abwärtsphase jedoch nicht schadet. Nach Passieren des Tiefpunktes erfolgt mehr und mehr eine **Pendelverkürzung** durch aktives Überstrecken, umgangssprachlich gesagt führt dann die Einnahme einer Hohlkreuzhaltung zur Pendelverkürzung und Erniedrigung des Massenträgheitsmomentes. Auch bei dieser Bewegung folgt eine Impulsübertragung von den Beinen auf den Gesamtkörper, weil der Schwung in die Überstreckung abrupt abgebrochen wird. In Verbindung mit dieser Impulsübertragung erfolgt auch der Druck der Hände auf die Reckstange, also die Stemmphase der Bewegung.

18. Das Problem der Einschätzung der Schleuderfelgbewegung an den schwingenden Ringen ist, dass sich mehrere die Bewegung bestimmende Rotationen überlagern. Erstens schwingt das Gesamtsystem Seile-Ringe-Sportler um die Befestigung der Ringanlage an der Decke, zweitens treten Rotationen um die Achse zwischen den beiden Ringen auf, drittens ist – besonders bei der Schleuderfelge – die Rotation um die Schulterachse wesentlich und viertens bestimmen Rotationen um die Hüft-Breitenachse das Gesamtbild. Bei passendem Timing wird die Schleuderfelge durch sukzessive Abfolge einer Hüftstreckung, einer Rotation um die Schulterachse, dann einer Rotation um die Ringe so ausgeführt, dass der Sportler etwa im oberen Umkehrpunkt nach dem Rückschwung des Gesamtsystems die Schleuderfelgbewegung vollständig abgeschlossen hat, das heißt, in einer Position wieder im Langhang eintrifft, die durch wenig äußere Krafteinwirkung charakterisiert ist. So gelingt es insbesondere auch, den Zug auf den Ringen etwa gleichmäßig zu halten.
Die sich überlagernden Mehrfachrotationen sind auch mit den Mitteln der Physik kaum zu überschauen. Gerade für die Hilfestellung im Ringeturnen ergeben sich dadurch gelegentlich schwierig zu handhabende Bedingungen, weil man nie genau weiß, was passieren kann und wird. Häufig

jedoch wird ein **zu frühes starkes Hüftstrecken** als Auslöser der Schleuderfelgbewegung dazu führen, dass die Ringe in mittlerer Höhe eine Entlastung erfahren. Dadurch befindet sich der Körper des Sportlers für einen Moment im freien Flug, verlässt also die Kreisbahn des Pendels tangential, um auf die Bahn einer Flugparabel zu geraten. Ist deren höchster Punkt passiert, gerät der Sportler in eine fallende Phase, die abrupt stark gebremst wird, wenn die Seile auf ihrem Weg nach unten wieder Spannung erhalten, wenn der schneller als die Ringe fallende Sportlerkörper diese eingeholt hat. Dieser Zug kann so stark sein, dass der Sportler seinen Griff verliert und stürzt. Wird die frühe Hüftstreckung flach oder wenig dynamisch ausgeführt, erfahren die Ringe eine nicht so starke Entlastung; ein ungünstiger Zug auf die Ringe wird den Sportler eher im Bereich des Umkehrpunktes treffen, wenn der Weg der Ringe wieder auf dem Weg nachvorne unten ist, der Körper aber noch nach hinten beschleunigt ist. Erfolgt die **Einleitung der Felgbewegung zu spät**, trifft die Entlastung der Hände etwa mit dem Umkehrpunkt des Ringependels zusammen, in der Regel verbunden mit einem stückweise freien Fall zusammen mit einer abrupten Bremswirkung wie oben schon beschrieben.

19. Unter Bogenspannung versteht man beim Speerwerfen das weite Rückwärtsbeugen des Oberkörpers kurz vor dem Abwurf. Diese weite Rückwärtsbeuge, die besonders auf der Körperseite des Wurfarms durch ein starkes Vorbringen der Hüfte verstärkt wird, ist mit einem weiten Zurückbleiben des nachschleifenden Fußes und einer starken Vordehnung der Schulter und des Wurfarmes nach hinten verbunden. Die **Bogenspannung** wird benötigt, um den Speer nicht nur durch die Kraft des Wurfarmes, sondern durch Einsatz vieler Körperregionen zu **beschleunigen**. Besonders die Rumpf- und die Schultermuskulatur spielen hierbei eine besondere Rolle, weil sie vor dem eigentlichen Auswurf hoch vorgespannt und im Verlauf der Wurfbewegung „entladen" werden können. Die Kombination mehrerer Muskelareale in der Speerwurfbewegung ist besonders deshalb nötig, weil in einer aus anatomischen Gründen relativ kurzen Beschleunigungsphase sehr viel Kraft auf die Beschleunigung des Speers verwendet werden muss. Das **Prinzip des optimalen Beschleunigungsweges** findet hier also eine unmittelbare Anwendung. Die sukzessive Abwicklung der aufgebauten Spannungen im Verlauf des Auswurfes wird auch den Anforderungen des **Prinzips der optimalen Tendenz im Beschleunigungsverlauf** gerecht, denn Ziel der Wurfbewegung ist eine maximale Beschleunigung zum Ende, die durch immer weiter sich

steigernde Zugaben zum schon erreichten Beschleunigungsniveau am besten verwirklicht wird. Das **Prinzip der Impulserhaltung** spielt durch das abrupte Abstoppen im Stemmschritt ebenfalls eine Rolle.

20. Turm- und Klippenspringer nützen den **Drehimpulserhaltungssatz** aus. Sie können jederzeit im Sprung vorher eingeleitete Drehbewegungen beschleunigen oder verlangsamen, wenn sie Körperpunkte nah an die Drehachse heran platzieren oder weit von der Drehachse entfernen. Bei der vergleichsweise langen Zeit, die ein Klippenspringer in der Luft verbleibt, kann er es sich also leisten, erst nach einem Teil der Flugzeit eine endgültige Orientierung für die Landung im Wasser zu suchen und danach sein weiteres Handeln festzulegen.

21. Das Problem beim Kugelstoßen ist, dass es in der kleinen, durch die Regeln vorgegebenen Umgebung des Stoßkreises schwierig ist, lang genug Kraft auf die Kugel zu übertragen. Krafttrainingsmäßig optimale Vorbereitung des Sportlers vorausgesetzt, geht es bei der Optimierung des Kugelstoßens darum, die Einwirkzeit der erworbenen Kraft so zu verbessern, dass eine allmählicher Kraftanstieg in der Ausstoßbewegung möglich, also nicht – wie bei einem kurzen Schlag – alle Kraft in eine minimal kurze Zeiteinheit gesteckt werden muss. Die technischen Lösungen dieser Zeitoptimierungsaufgabe reichen von einem weiten Hinauslehnen über die Begrenzung des Kreises beim Bewegungsauftakt in der Rückenstoßtechnik nach O'Brian bis zur Verlängerung der Krafteinwirkung durch Rotation um die Körperlängsachse bei der Drehstoßtechnik. Beim Kugelstoßen geht es, wenn die Technik verbessert werden soll, also um eine **Maximierung der Zeit der Krafteinwirkung**, wobei z. B. durch die Beschränkung der sinnvollen Anzahl der Rotationen in der Drehstoßtechnik Grenzen gesetzt sind; man sucht also doch nach einem Optimum.

22. Für den Weitsprung ist es wichtig, einen Anlauf zu wählen, an dessen Ende, beim Absprung also, eine **maximale Endgeschwindigkeit** steht. Er darf demnach nicht zu lang gewählt sein, damit sich der Impuls nicht durch beginnende Ermüdung verringert. Typisch für den Weitsprung sind somit Anläufe, die eine gleichmäßige Steigerung der Geschwindigkeit bis zum individuellen Optimum zeigen.
Anders verhält es sich beim Kurzsprint über 30 Meter, wo jeder Schritt maximal beschleunigt werden muss, um **über die gesamte Strecke möglichst wenig Zeit** zu brauchen.

23. a)

Gruppe	mögliche Zielstellung	Beispiel
Absprung/Abdruck/Abwurf/ Abstoß vom starren Widerlager	maximale Endgeschwindigkeit und/oder minimale Zeitdauer	Leichtathletik: alle Sprünge, Werfen; Schwimmen: Startsprünge, Wenden; Boxen/Fechten: Schlag, Fechtstoß
Absprung/Abdruck vom elastischen Widerlager	maximale Endgeschwindigkeit	Turnen: Absprung vom Sprungbrett, Minitrampolin, Abstoß vom Barrenholm, Reck; Schwimmen: Springen vom Brett
Drehungen um freie Achsen im freien Flug	optimales Timing der Veränderung der Massenträgheitsmomente und/oder optimale Körperhaltung während bzw. am Ende der Flugphase	Turnen, Wasserspringen: Salti, Schrauben; Skispringen: Flugphase; Hochsprung: Lattenüberquerung; Wasserspringen: Eintauchen
Drehungen um feste und elastische Achsen	optimale Energiezuführung und -umwandlung	Turnen: Reck, Barren, Stufenbarren, Ringe
Abstoß vom Wasser bei zyklischen Bewegungen	maximaler Wirkungsgrad der Vortriebsleistung	Schwimmen: alle Stilarten; Rudern, Kanu, Kanadier
Vorder- und Hinterstütz mit anschließender Flug- oder Gleitphase bei zyklischen Belastungen	maximaler Wirkungsgrad der Vortriebsleistung	Leichtathletik: Laufen; Wintersport: Skilanglauf, Eisschnelllauf
Kontinuierlicher Antrieb durch Pedaltreten	maximaler Wirkungsgrad der Vortriebsleistung	Radsport: alle Disziplinen

b)

Gruppe	mögliche Zielstellung	Impuls / Kraftstoß
Absprung/Abdruck/Abwurf/ Abstoß vom starren Widerlager	maximale Endgeschwindigkeit und/oder minimale Zeitdauer	Impulsmaximierung bei gestaltbarer Zeiteinteilung Kraftstoß und damit Impuls bleiben submaximal, weil die Einwirkzeit der Kraft zu kurz ist
Absprung/Abdruck vom elastischen Widerlager	maximale Endgeschwindigkeit	Impulsmaximierung bei gestaltbarer Zeiteinteilung und maximaler Ausnutzung des elastischen Widerlagers
Drehen um freie Achsen im freien Flug	optimales Timing der Veränderung der Massenträgheitsmomente und/oder optimale Körperhaltung während bzw. am Ende der Flugphase	Drehimpulserhaltung Optimierung der Strömungsverhältnisse zur Verstärkung des Impulses optimaler Verlauf der Bahn des Schwerpunktes
Drehungen um feste und elastische Achsen	optimale Energiezuführung und -umwandlung	Drehimpulsauslösung und -erhaltung; Steuerung über Massenträgheitsmomentsänderungen
Abstoß vom Wasser bei zyklischen Bewegungen	maximaler Wirkungsgrad der Vortriebsleistung	Erzeugung eines möglichst großen Impulses in der Vorwärtsbewegung; deshalb nur mittelschnelle Körperbewegungen, um lange genug auf das Wasser per Zug oder Druck einwirken zu können
Vorder- und Hinterstütz mit anschließender Flug- oder Gleitphase bei zyklischen Belastungen	maximaler Wirkungsgrad der Vortriebsleistung	Impuls der Vorwärtsbewegung möglichst gleichmäßig erhalten
Kontinuierlicher Antrieb durch Pedaltreten	maximaler Wirkungsgrad der Vortriebsleistung	Impuls der Vorwärtsbewegung möglichst gleichmäßig erhalten

24. Ein Turner wird beim Sprung über den Längskasten ähnlich wie ein Skispringer reagieren, wenn ein Vornüberkippen droht. Da die nach außen primär wahrnehmbare „Rückwärtsrotation" des Oberkörpers nicht durch äußere Kräfte verursacht wird, ändert sich auch nicht der **Drehimpuls des Gesamtsystems**. Die wahrgenommene Aufrichtung des Oberkörpers basiert auf einem Ausgleich der Drehimpulse der Teilsysteme Arme und Rumpf/Beine, der stattfinden muss, weil der Drehimpuls des Gesamtsystems konstant bleibt. Man spricht also von Scheinrotationen, wenn wie hier der Augenschein eine aus dem Nichts entstehende Rotation des Gesamtkörpers nahelegt, welche aber in Wahrheit durch eine, wenn überhaupt, dann als nebensächlich wahrgenommene Bewegung im Rahmen des Drehimpulses des Gesamtkörpers ausgelöst wird.

25. Im Allgemeinen lassen sich **Ziele** von Sportarten in zwei Hauptkategorien trennen: Situationsspezifische Ziele verfolgt ein Sportler, wenn er die Sportart betreibt, weil er Wettkämpfe bestreiten möchte, Freude an der Bewegung in gerade dieser Sportart hat und sich in den zugehörigen Techniken vervollkommnen möchte. Situationsunspezifische Ziele verfolgt ein Sportler dann, wenn er über die Ausübung der Sportart seine physische und psychische Belastbarkeit erhöhen möchte oder gesellschaftlichen Anschluss etwa in einer Mannschaft sucht. Diesen allgemeinen Zielen lassen sich viele Teilziele zuordnen. Ergänzend zur hier geforderten Antwort versucht die Tabelle auf der folgenden Seite sehr detaillierte Zielangaben in Anlehnung an verfeinerte Zielkategorien nach Wastl anzubieten.

Beim Wasserball, Hockey und Radfahren ist das **Movendum** passiv-reaktiv (Ball bzw. Fahrrad), beim Karate aktiv-reaktiv (Körper des Gegners).

Aus Sicht der **Beweger-Attribute** sind Wasserball und Hockey als „partnerunterstützt und gegnerbehindert", Radfahren als „instrumentell unterstützt" und Karate als „gegnerbehindert" einzustufen.

Erforderliche **Umweltbedingungen** sind beim Wasserball ein Bassin, zumindest aber eine geeignete begrenzte Wasserfläche. Beim Radfahren werden befahrbare Strecken benötigt, also Asphalt, wenn ein Rennrad zum Einsatz kommt, befestigte Wege bei Hobby-Touren und Pfade beim Mountain-Biking. Karate benötigt eine ebene Fläche, idealerweise eine Halle, Hockey einen angelegten Sportplatz.

ZIEL-KATEGORIEN	WASSERBALL	RADFAHREN	KARATE	HOCKEY
situationsspezifische Ziele	Bezug ist die Situation selbst			
Vergleichsziele	Überbietung, Rangordnung, Wettkampf			
Zeitminimierung	beim Sprint	Zeitfahren	Angriff	beim Sprint
Trefferoptimierung	Torwurf	–	Genauigkeit	Torschuss
Distanzmaximierung	–	Stundenmittel	–	–
Fehlerminimierung	Spielverhalten	Trettechnik	Kata	Spielverhalten
Schwierigkeitssteigerung	indiv. Technik	Downhill	Gürtelprüfung	Taktik
Erreichungsziele	optimale Bewegungsausführung			
Erhaltung eines Bewegungszustands	–	runder Tritt	–	–
Fertigkeit	Technikkombinationen	Beherrschung des Rades	Kata	Technikkombinationen
Form	–	–	Kata	–
endzustandsorientiert	zeitlicher Gesichtspunkt			
Erhaltung eines Bewegungszustands	Schnellangriff	Bergankunft	entscheidende Gewinntechnik durchsetzen	Schnellangriff
Trefferoptimierung	Gewinn	–		Gewinn
Schwierigkeitsoptimierung	schnellster Weg zum Tor	Taktik der Mannschaft		Mannschaftstaktik
anfangs- und endzustandsorientiert	zeitlicher Gesichtspunkt			
Zeitoptimierung	Taktik	Renneinteilung	Kampftaktik	Taktik
Distanzoptimierung	–	Zeitfahren	–	–
verlaufsorientiert	zeitlicher Gesichtspunkt			
Fehlerminimierung	Bewegungsqualität unter Belastung bewahren			
situations-unspezifische Ziele	Optimierung der Belastbarkeit			
motorische Belastbarkeit	Ausdauer	Fitness	Schnelligkeit	Ausdauer
psychische Befindlichkeit	Selbstbewusstsein	Abschalten	Selbstverteidigung	Selbstbewusstsein
soziale Verhaltensweisen	Mannschaft	Mannschaft	Mannschaft	Mannschaft

26. a) Die Phasenanalyse gliedert die Bewegungsfolge in Anlauf, Absprung, Flugphase und Landung. Eine Funktionsanalyse fällt hier schwer, denn die Hauptfunktionsphase kann mit dem Argument „Der schnellste Anlauf liefert den weitesten Sprung." auf den Anlauf verlegt werden, ist sinnvoll aber auch in der Absprungphase platziert, denn ein schneller Anlauf bleibt ohne Bremskraftstoß beim Abstemmen wirkungslos, ebenso wie auch ein optimales Stemmen ohne entsprechenden Anlauf nicht das gewünschte Resultat liefert. Die Flugphase ist den beiden anderen genannten Phasen nachgeordnet, bereitet aber die Landung vor, wo der Erfolg des Sprungs auch wesentlich mitbestimmt wird.

b) Ähnlich wie beim Weitsprung ist auch beim Hochsprung die sequentielle Anordnung der Phasen evident: Anlaufphase, Absprungphase, Flugphase mit Lattenüberquerung und Landung. Die Hauptfunktionsphase wird man auf den Absprung legen, wobei aber durchaus die Steuerung der Körperhaltung in der Flugphase leistungsentscheidend sein kann, also ebenso als Hauptfunktion dargestellt werden kann. Anlauf und Landung sind Hilfsfunktionsphasen.

c) Eine Phasengliederung unterscheidet den Anlauf mit abschließendem Fünf-Schritt-Rhythmus, das Einstemmen in die Wurfauslage, den Abwurf und das Abfangen des Körpers. Eine Funktionsanalyse bestimmt den Abwurf als Hauptfunktionsphase, das Einstemmen als Hilfsfunktionsphase erster Ordnung, den Fünf-Schritt-Rhythmus als Hilfsfunktionsphase zweiter Ordnung, den Anlauf davor als Hilfsfunktionsphase dritter Ordnung. Das Abfangen des Körpers nach dem Abwurf ist eine ableitende Hilfsfunktionsphase erster Ordnung.

27. Die Bildreihe zeigt einen Handstützüberschlag seitwärts mit je einer Viertel Drehung im Einsprung in den Handstütz und einer Viertel Drehung beim Abprellen nach dem Handstütz, kurz: eine Radwende, hier mit Drehung über die rechte Seite.

Die Radwende wird eingeleitet aus einer aufrechten Körperhaltung mit nach oben, leicht nach vorne gestreckten Armen (1). Ein weiter Stemmschritt (2) liefert den ersten Dreh-Stützpunkt der Bewegungsfolge. Über diesen Stützpunkt wird durch eine starke, seitlich orientierte Hüftbeugung (3) der gestreckte Oberkörper so nach vorne gebracht, dass ein weit nach vorne orientierter Handstütz zunächst der rechten, kurz darauf auch der linken Hand möglich wird. Die Verbindungslinie der aufgestützten Hände ist zu diesem Zeitpunkt etwa 45° zur ursprünglichen Blickrichtung orientiert (4,5), ein Zeichen für eine bis dahin erfolgte Drehung des Körpers um 45° um die Körperlängsachse. Ein kräftiger Abdruck vom rechten Bein (4) unterstützt den wesentlich durch den Impuls aus dem Anlauf und dem bremsenden Stütz der Hände zu verdankenden Aufschwung in den Handstand, der durch ein dynamisches Nachführen des linken Beins (5, 6) vollendet wird. Die zweite Hälfte der Überschlagsbewegung wird eingeleitet durch einen dynamischen Abdruck von den Händen (7) und begleitet durch eine aus einer leichten Überstreckung eingeleitete aktive Hüftbeugung um die Körper-Breitenachse (7, 8). In dieser Phase dreht sich der Körper erneut um 45° um die Körperlängsachse. Die Bewegung endet im Stand (9) mit Blickorientierung entgegen der ursprünglichen Richtung.

28. Die Bewegungsfolge beim Überqueren der Hürden weist drei Phasen auf: Die Phase des Abstoßes vom Boden, die Flugphase und die Landephase. Die **Abstoßphase** dient dazu, aus der Laufkoordination die Hürdenüberquerung mit möglichst geringem horizontalem Tempoverlust und dementsprechend möglichst geringer Höhenabweichung der Bahn des Körperschwerpunktes einzuleiten. Gekennzeichnet ist sie durch ein Aufsetzen des Abstoßfußes im Bereich des Fußballens, wodurch eine allzu starke Bremswirkung, wie sie beim Aufsetzen über die Ferse entstehen würde, verhindert werden kann. Trotzdem ergibt sich durch den Fußaufsatz ein geringer Bremskraftstoß, der von vorne unten auf den Hürdensprinter wirkt, und zusammen mit der Kraft aus dem Vortrieb eine Umlenkung des Körperschwerpunktes nach vorne-oben bewirkt, die ausreichen muss, um den Körperschwerpunkt über die Hürde zu führen. Dieser Bremskraftstoß zeigt sich äußerlich in einer leichten Einbeugung des Hüft- und Kniegelenks gegen den Widerstand der beinstreckenden Muskulatur, wodurch eine Amortisation erreicht wird. Die aufladende Wirkung der Amortisation im stemmenden Bein wird im Abdruck vom Boden in eine dynamische Streckung des Knie- und Hüftgelenks nach vorne oben umgesetzt. Das Schwungbein wird zeitgleich gebeugt unter Führung des Knies dynamisch nach vorne geschwungen, bis sich der Oberschenkel etwa in der Waagerechten befindet. Der Oberkörper wird in dieser Phase nach dem Prinzip actio = reactio nach vorne gebeugt, wobei der Blick und damit die Kopfhaltung jedoch nach vorne orientiert bleibt. Unmittelbar nach dem Absprung wird zu Beginn der **Flugphase** das Schwungbein in einer Kickbewegung in Richtung nach vorne knapp oberhalb der Hürde schnell vollständig gestreckt. Dazu parallel und sich gegenseitig bedingend erfährt der Oberkörper eine weitere Vorwärtsbeugung, wodurch im Interesse einer möglichst geringen Schwerpunkterhöhung der Körperschwerpunkt abgesenkt wird. Im unterstützenden Zusammenhang damit steht auch eine gewisse Streckung des dem Schwungbein gegenüber liegenden Armes in Richtung der Fußspitze des Schwungbeines, das auch dazu dient, die Kontrolle über die Rotationen um die

Körperlängsachse, die aus der Lauf- und der Abstoßbewegung stammen, ausgleichend zu stabilisieren. In diesem Zeitabschnitt des Kickens des Schwungbeines beginnt das Nachführen des Sprungbeines zunächst in einer Beugung im Knie, die bis zu dem Zeitpunkt, wo sich die Körpermitte des Sportlers über der Hürde befindet, mehr und mehr durch eine Abduktion im Hüftgelenk ergänzt wird, so dass das für die Hürdenüberquerung typische seitliche Abspreizen des stark gebeugten Nachziehbeines im Moment der Hürdenüberquerung erreicht wird. Zu diesem Zeitpunkt beginnt das führende Schwungbein schon, die Landephase vorzubereiten. Es wird – immer weiter im Interesse der Schwerpunktoptimierung – aus der völligen Streckung vor der Hürdenüberquerung wieder zunehmend mehr gebeugt so über die Hürde geführt, dass der vordere Fuß aktiv, frühzeitig und schnell den Boden wieder erreichen kann. Dieses Absenken des führenden Fußes wird reaktiv ergänzt durch ein beginnendes Aufrichten des Oberkörpers, das bis zur leicht nach vorne gebeugten individuellen Laufhaltung fortgesetzt wird. Das Knie des führenden Beines bleibt bis zur Bodenberührung des zugehörigen Fußes immer noch leicht gebeugt, um in einer Amortisation den ersten Schritt nach der Hürde sofort durch eine Streckung einleiten zu können.

Mit Aufsetzen des führenden Fußes wird in der **Landephase** die seitliche Abspreizung des nachfolgenden Beines unter Führung des Knies dynamisch nach vorne so aufgelöst, dass das bis dahin nachfolgende Bein nun mit rechtwinklig angebeugtem führenden Kniegelenk und parallel zum Boden verlaufender Oberschenkellinie nun Schwungbein des ersten Laufschrittes nach der Hürde wird. Das Schwungbein wird unterstützt durch ein kraftvolles Schwingen des gebeugten gegenüberliegenden Armes unter Führung des Ellenbogens zur Unterstützung der Vorwärtsbewegung einerseits, andererseits aber auch zur Stabilisierung auftretender Rotationen um die Körperlängsachse. Das Bein mit Bodenkontakt treibt diesen ersten Laufschritt durch eine kraftvolle Streckung der gesamten Beinstreckschlinge – also einer Fuß-, Knie- und Hüftstreckung in Verbindung mit einer nun wieder nahezu aufrechten Körperhaltung – an.

29. Bewegungen darstellende Künstler haben sich vorgenommen, dem Zuschauer Bekanntes zu bieten und trotzdem einem eigenständigen gestalterischen Anspruch gerecht zu werden. Die Frage im hier gestellten Zusammenhang ist demnach, anhand welcher Merkmale man als Zuschauer eine dargestellte Bewegung zuverlässig identifiziert und wodurch der Künstler

sie eigenständig betonen oder sogar verfälschen kann, ohne sie ihrer charakteristischen Eigenart zu berauben.

Typische Aspekte für das Laufen und deshalb vom Darsteller auf jeden Fall deutlich zu machen sind der zyklische Bewegungsrhythmus und die Anordnung von Teilbewegungen der Beine, also die Bewegungskopplungen zwischen der Druckphase des hinteren Beines und gleichzeitigen Führung des Schwungbeines nach vorne.

Auch im alltäglichen und im sportlichen Leben sind die Beobachtungsgrößen Bewegungsumfang, Bewegungstempo, Bewegungsstärke innerhalb der Laufbewegung **variabel** einstellbar; man läuft eben je nach Distanz oder persönlichem Laufstil mit raumgreifenden oder kurzen Schritten, schnellem oder langsamem Tempo, kraftvoll oder Kraft sparend; der Künstler kann diese Einstellgrößen in gleicher Weise variieren.

Über den Bewegungsfluss, die Bewegungspräzision und die Bewegungskonstanz kann der Künstler Aussagen an das Laufbild knüpfen, so wie es sportliche Läufer – unfreiwillig – ebenso tun. Ein mangelhafter Bewegungsfluss gibt Auskunft über unzureichende Koordinationsfähigkeiten, der Künstler vermag damit etwa Unsicherheit darzustellen. Über die Variation der Präzision und der Konstanz gelingen **komische, tragische oder verfremdende Effekte**.

30. a) Anfängern im Bereich der handgestützten Überschläge im Bodenturnen wird häufig eine Führung des Kopfes in den Nacken empfohlen, um die benötigte Rückwärtsbeugung im Bereich der Wirbelsäule einzuleiten und zu unterstützen. Im Leistungstraining wird der Kopf aber gerade gehalten. Der Salto vorwärts wird unterstützt durch eine dynamische Beugung des Kopfes zur Brust, der Salto rückwärts durch ein dynamisches Rückführendes Kopfes in den Nacken.

   b) Übungsverbindungen wie Rolle vorwärts mit anschließendem Aufrichten und Aufschwingen in den Handstand misslingen Anfängern gelegentlich, weil sie die Beugung des Kopfes zur Brust aus der Rolle vorwärts bewahren, wenn sie in den Handstand aufschwingen. Dadurch kann reflektorisch eine Beugung der Wirbelsäule eingeleitet werden, die den angestrebten Handstand vereitelt.

31. **Phasenverschmelzung** tritt bei zyklischen Bewegungsabläufen auf, wenn die Endphase eines Zyklus mit der Vorbereitungsphase des nächsten identisch ist. Insofern ist bei einer Phasenverschmelzung der Gedanke eines Nacheinander von Ganzkörperbewegungen maßgeblich. Unter einer **Bewegungskopplung** versteht man die Auswirkung von Bewegungen ei-

nes Körperteils auf einen umfassenderen Bewegungsablauf. Der Grundgedanke hier ist also innerhalb eines Bewegungsablaufs eher der der Parallelität von Teilbewegungen, wobei eine strenge Parallelität nicht gegeben ist, da notwendigerweise von der Ursache „Bewegung eines Körperteils" bis zur Wirkung „Auswirkung auf übergeordnete Abläufe" physikalisch und physiologisch ein wenig Zeit vergeht.

Insofern kann man etwa beim Delphinschwimmen die Phase nach dem Eintauchen der Arme und des Kopfes nach erfolgtem Doppel-Armzug im Sinne einer Phasenverschmelzung ebenso als Endphase des letzten Zuges wie als Vorbereitungsphase des nächsten interpretieren. Betrachtet man einzeln die Kopfbeugung zur Brust, entdeckt man, dass dadurch im Sinne einer Bewegungskopplung eine Beugung im Bereich der Brustwirbelsäule und nachfolgend der typische Delphinschwung ausgelöst wird, der anschließend – wieder durch Kopfsteuerung, diesmal aber durch Rückführung – in der Phase der Überstreckung des Rückens vollendet wird.

32. Der Zusatz „bewusst" deutet schon darauf hin, dass das Zentrum der willkürlichen Bewegungsteuerung, der **motorische Cortex**, diese Bewegung auslösen und auch selbst weiter steuern kann. Dann unmittelbar zuständig sind die **Basalganglien**, wo besonders motorische Programme, also fertige Bewegungsschablonen wie „Beinstrecken" abgelegt sind, die nach bewusster Auslösung auch unbewusst ablaufen könnten. Das **Kleinhirn** übernimmt die Feinabstimmung der Bewegung und körperliche Grundvoraussetzungen wie die Wahrung des Gleichgewichts. Die Informationen der beteiligten Hirnregionen gelangen über die **Pyramidenbahnen** zu den **motorischen Nerven**, welche **efferent** aus dem **Rückenmark** austreten, und unmittelbar an den Fasern des betroffenen Muskels, hier besonders des Oberschenkelstreckers *(musculus quadriceps femoris)* angreifen. Dabei ist bemerkenswert, dass wegen der Kreuzung der Pyramidenbahnen im verlängerten Mark die Informationen der rechten Hirnhälfte auf das linke Bein wandern und umgekehrt oder anders gesagt, das rechte Bein in der linken Gehirnhälfte gespiegelt ist, das linke rechts. Die Bewegung wird, wenn sie im Ganzen bewusst gesteuert ist, in einem permanenten Abgleich mit dem motorischen Cortex kontrolliert; bei unbewusster Steuerung wird mindestens ein Endergebnis zum ZNS gemeldet. Rücklaufende Informationen gelangen in jedem Fall vom Muskel über **afferente Nervenstränge** zu den sensiblen Bahnen des **Rückenmarks** und von dort zur Kontrollinstanz, dem **motorischen Cortex**.

33. Verkürzte Reaktionszeiten sind ein leistungsrelevantes Merkmal beim Boxen. Dabei sind aber nicht alle auftretenden Bewegungen reine Reflexe; vielmehr ist es ein breites Spektrum schneller Steuerungen, das den Boxer schneller als sein Gegenüber machen kann.

Monosynaptische Reflexe (Eigenreflexe) wie der Kniescheibenreflex spielen für die sportliche Leistungsfähigkeit keine unmittelbare Rolle. Dagegen aber sind Beuge- und Schutzreflexe, die **Fremdreflexe** also, von großer Bedeutung. Denn beim Boxen besteht ständig die Gefahr, dass man nach einem heftigen Schlag die schmerzende Stelle wegziehen möchte, ohne dies aber zwangsweise tun zu müssen. Daran zeigt sich deutlich, dass motorische Aktionen, die auf der Innervation durch Fremdreflexe beruhen, bis zu einem gewissen Grad willentlich überwunden werden können, weil sie auf höherer Ebene verschaltet sind.

Boxen erfordert in vielen Situationen Standfestigkeit trotz starker unmittelbarer Bedrängung. Die dazu ständig nötigen unbewussten, trotzdem aber erlernten Regulationsvorgänge, welche die ständigen Korrekturen zur Sicherung der aufrechten Haltung gewährleisten, werden durch **Long-loop-Reflexe** gesteuert.

Rhythmische Bewegungsmuster kann man sich beim Boxen gut vorstellen in Serien, die am Sandsack geschlagen werden; im Kampf tauchen zumindest Fragmente solcher Serien in Kombinationen von Schlägen wieder auf, die zwar erlernt sind, in ihrer Rhythmik dann aber unbewusst ablaufen.

Ein großes Repertoire **motorischer Sofortantworten** macht wesentlich die Qualität eines erfahrenen Boxers aus. Keine Finte oder Kombination des Gegners ist ihm fremd, er hat alle schon vielfach gekontert und erkennt frühzeitig Signale, die ihn zu passenden Reaktionen führen. Im Boxen ist es aus diesem Grund auch üblich, kommende Gegner genau zu studieren und Sparringspartner auftreten zu lassen, die typische Bewegungsabläufe schon im Training imitieren und damit Gelegenheit geben, den spezifischen Vorrat an motorischen Sofortantworten auszuweiten.

Willkürbewegungen, also zunächst geplante, dann realisierte Bewegungen sind beim Boxen nur aus einer sicheren Deckung heraus möglich. Wenn Gegner sich nicht besonders gut kennen, wird deshalb häufig die Taktik eingeschlagen, zunächst einmal aus der Deckung heraus zu fintieren, um mögliche Reaktionen des Gegners langsam kennenlernen zu können.

34. **Soll-Wert** ist die Bewegungsaufgabe Sprintstart. Der **Regler**, über den diese Aufgabe gelöst werden soll, wird gebildet durch das motorische Zentrum des Großhirns, unterstützt durch darunter liegende Strukturen des Zentralen Nervensystems bis hin zu den motorischen Einheiten, besonders diejenigen der beinstreckenden Muskulatur. **Regelgröße** ist die Länge der Muskelfasern der betroffenen Muskeln, die **Regelstrecke** wird gebildet durch die Muskeln selbst. Die **Rückkopplung** zum Zentralen Nervensystem erfolgt besonders über den kinästhetischen Sinn, also die Muskelspindeln und die afferenten Nervenfasern. **Störgröße** sind alle Unregelmäßigkeiten, welche die geplante Durchführung der Bewegungsfolge behindern, z. B. ein zu locker verankerter Startblock, eine ungewohnte Einstellung dort oder ein drückender Schuh.

35. Das Schnabel-Modell erklärt Steuerungsabläufe auf zwei Ebenen, zum einen aus der Innensicht des Sportlers (innerer Regelkreis), zum anderen unter Einbeziehung äußerer Einflüsse (äußerer Regelkreis). Beide Ebenen sind allerdings bei den Überlegungen zu konkreten Bewegungen kaum zu trennen. Das anvisierte **Handlungsziel** ist hier der erfolgreiche Start. Aus der Erfahrung im Training oder in früheren Wettkämpfen sind dem Sportler die zugehörigen Bewegungsmuster bekannt. Die Programmierung der kommenden Bewegungsabläufe, die beiden Regelkreisen angehört, kann durch Übernahme fertiger Schablonen aus dem motorischen Gedächtnis geschehen.
Der Startschuss ist für die Steuerungszentrale des Sportlers ein afferentes Signal aus der Umgebung **(Umwelt)**. Es wird über den akustischen Analysator als Signal verstanden, mit den Startbewegungen zu beginnen **(Afferenzsynthese)**. Die programmierten Bewegungsabläufe können ablaufen. Der Soll-Ist-Vergleich sagt zu diesem frühen Zeitpunkt des Startvorgangs aus, dass das Soll „Start erfolgreich absolviert haben" noch in keiner Weise durch das Ist „Fertigstellung im Startblock" dargestellt ist. Also kommt von der Steuerzentrale das efferente Signal „Abdrücken vom Startblock" **(efferente Impulsgebung)**, das den Muskeln der Beinstreckschlinge zugetragen wird **(Bewegungsausführung)**. Die Muskelspindeln und andere kinästhetische Sinnesorgane erfassen, ob die Bewegungsausführung entsprechend dem geplanten Programm ablaufen. Diese Rückmeldung ist die **Reafferenz** zum Abdruck vom Block. Verrutscht z. B. der Block beim Start unter dem Druck des Fußes, dann handelt es sich um eine Störgröße, die die Bewegungsausführung ändern kann. Diese Störung wird afferent der Steuerungszentrale ebenso zugeführt wie etwa zu-

sätzliche taktile Informationen, die über die Füße aufgenommen werden, oder optische Informationen über das Gegnerverhalten (Afferenzsynthese). Der nun erreichte Zwischenzustand – das aktuelle Ist – wird mit dem geplanten Programmablauf – dem Soll – verglichen. Das Programm wird je nach Ergebnis des Soll-Ist-Vergleichs so angepasst, dass das Handlungsziel möglichst noch erreicht werden kann. In der Regel geschieht diese Anpassung durch das Zusammenspiel vieler kleiner, größtenteils unbewusster Korrekturen, die nach efferenter Signalgebung in den Bewegungsorganen ausgelöst werden. Wie für den ersten Abdruck vom Block beschrieben, befinden sich die genannten Stationen des Kreises auch in den weiteren Teilbewegungen immer weiter in einem stetigen Informationsfluss, ohne Anfang und Ende, sondern in einem stetigen Prozess der gegenseitigen Beeinflussung.

36. Der Geländelauf bietet von seiner Herkunft als leichtathletische Laufdisziplin zunächst ein geschlossenes Anforderungsprofil. Die motorische **Steuerungsfähigkeit** dominiert, wenn im Rahmen eines solchen Laufes auf einfachen Untergründen besonders die Lauftechnik gefragt ist. Andererseits aber besteht durch die mögliche Ungleichmäßigkeit des Geländes auf Pfaden oder gar querfeldein die Notwendigkeit, sich ständig an wechselnde Bedingungen anzupassen. Jetzt ist die **Adaptionsfähigkeit** besonders gefragt.

Die steuerungsorientierten Komponenten wirken sich so aus: Die Kopplungsfähigkeit sichert den Laufstil, z. B. durch die optimale Abstimmung der Arm- und Beinbewegungen. In dieser Beziehung ist die Differenzierungsfähigkeit besonders verantwortlich, wenn es auch unter Ermüdung noch gelingt, einen flüssigen Stil beizubehalten, beispielsweise den Abdruck weiter durch eine Streckung der Beine und der Hüfte zu begleiten und nicht in eine ermüdete sitzähnliche Haltung abzugleiten.

Die grundlegende Fähigkeit, den Rhythmus zu kontrollieren wirkt sich beim Geländelauf bei geradem Gelände und gleichmäßig rhythmischem Schritt ebenso aus wie in unebenem Gelände, wenn es dann darum geht, den Laufrhythmus an Steigungen oder nach geländebedingten Störungen der Gleichmäßigkeit schnell wieder zu finden. Gleichgewichts- und Orientierungsfähigkeit sind in dieser Sportdisziplin schwerpunktmäßig der Adaptionsfähigkeit zuzuschreiben. Denn in der Anpassung an das Gelände werden diese Fähigkeiten ebenso wie die Reaktionsfähigkeit und die Anpassungs- und Umstellungsfähigkeit besonders wichtig.

37. Das **Training auf Wackelbrettern** soll unbewusste Gleichgewichts-
    fähigkeiten verbessern helfen, zielt also auf eine Verbesserung der Prop-
    riozeption (Tiefensensibilität). Aus Sicht des Nervensystems sind dabei
    besonders Fähigkeiten reflektorischer Schaltungen auf Rückenmarksebe-
    ne ebenso wie die Möglichkeiten höherer Areale, besonders des Klein-
    hirns angesprochen. Der deutsche Begriff „Tiefensensibilität" zeigt, dass
    es aus koordinativem Blickwinkel um das Erlangen einer nicht unmittel-
    bar beobachtbaren, neuro-muskulären Basisfertigkeit geht, die einerseits
    eine Verletzungsprophylaxe, andererseits notwendige Voraussetzungen
    für alle weiteren Fertigkeiten bieten soll. Von den koordinativen Grund-
    fähigkeiten werden unmittelbar besonders die Gleichgewichtsfähigkeit
    und die Differenzierungsfähigkeit, mittelbar auch die Reaktionsfähigkeit
    sowie die Anpassungs- und Umstellungsfähigkeit geschult.

    Das **Training von Übungen des Lauf-ABC** wird von Ballsportlern
    durchgeführt, um nach einer Phase des Neulernens von einer verbesserten
    automatisierten Lauffertigkeit profitieren zu können. Zielrichtung ist eine
    Verbesserung der Kopplungsfähigkeit, wenn der vorher verbesserte, nun
    automatisierte Laufstil mit anderen sportartspezifischen Bewegungen ver-
    bunden wird; die Differenzierungsfähigkeit erhält einen Schub, ebenso
    die Rhythmusfähigkeit.

    Sportartspezifische Drills schließlich werden durch die vorher genann-
    ten Übungen vorbereitet und verbessert. Koordinative Schwerpunkte
    bilden hier die Verbesserung der spezifischen Kopplungsfähigkeit, Diffe-
    renzierungsfähigkeit, Reaktionsfähigkeit, Orientierungsfähigkeit, Anpas-
    sungs- und Umstellungsfähigkeit und eventuell auch Rhythmusfähigkeit
    auf der Basis der schon erworbenen Gleichgewichtsfähigkeit.

    Zusammenfassend und verallgemeinernd kann man unter dem Blickwin-
    kel einer zunehmenden Spezialisierung drei Niveaus koordinativer Übun-
    gen unterscheiden: Propriozeptive Basisübungen, unspezifische sportli-
    che Basisübungen sowie sportartspezifische Koordinationsübungen.

38. Die beiden genannten **Disziplinen** werden in ihrer leistungssportlichen
    Form **explizit erlernt**, also bewusst. Das Laufen hat man zwar als Klein-
    kind zunächst unbewusst, also implizit erlernt, in Hinblick auf eine leis-
    tungssportliche Ausprägung des Langlaufs nimmt man aber später be-
    wusst Änderungen in der Lauftechnik vor. Hochsprung in seiner sportli-
    chen Form der Flop-Technik lernt man dagegen fast ausschließlich expli-
    zit. Durch explizites Lernen erworbenes Faktenwissen über die Sportarten
    bleibt im semantischen Gedächtnis haften, das Erlebnis des Lernens im

episodischen Gedächtnis. Damit hat explizites Lernen eine starke Verbindung zum **expliziten Gedächtnis**.

Eine starke Bindung an das **implizite Gedächtnis** hat das Laufen, weil es eine auch unbewusst ausführbare motorische Tätigkeit ist, deren Bewegungsmuster im prozeduralen Gedächtnis abgelegt ist. Nach einer Trainingsphase des Umlernens der angeborenen Lauftechnik auf eine sporttechnisch versiertere wird die verbesserte Lauftechnik zunehmend automatisiert und ebenfalls unbewusst reproduzierbar. Insofern wird hier deutlich, dass die Grenzen zwischen explizitem (Neulernen) und implizitem Gedächtnis (unbewusste Reproduktion) gerade im Bereich der sportlichen Bewegungen fließend sind. Das gilt auch für weniger natürliche Bewegungen wie den Hochsprung: Nach einer langen Phase des Übens unter Beanspruchung des expliziten Gedächtnisses sind auch solche erlernten Komplexbewegungen automatisiert und können den Bewegungsmustern des prozeduralen Gedächtnisses zugeordnet werden. Man erkennt anhand dieser Überlegungen, dass eine begrifflich unmittelbare Zuordnung des impliziten Lernens zum impliziten Gedächtnis nicht zulässig ist, weil sportliche Bewegungen eben nicht nur implizit erlernt werden, sondern nach explizitem Lernen erst **infolge eines Automatisierungsprozesses** dem prozeduralen Zweig des impliziten Gedächtnisses zuzuordnen sind.

39. Ziel der Methodik eine Lehrweges unter Berücksichtigung des Lernens durch Einsicht muss es sein, den Schüler durch selbst durchgeführte Sprung-Experimente davon zu überzeugen, dass am Ende des Unterrichtsprojektes die im Detail für ihn **passgenaue Weitsprungtechnik** gefunden ist. In der Regel verfügen Schüler nicht über eine Vielfalt an **Übungen**, die sie zum Vergleich heranziehen könnten. Deshalb im Folgenden einige Vorschläge, wie man die Forschungen gestalten könnte, wobei jeweils das persönliche Körpergefühl in Hinblick auf eine weitere Verfolgung einer getesteten Bewegungsanweisung ebenso wie die objektiv erzielte Weite Maßstab sein können. Natürlich können nicht alle Phasen in einer Stunde getestet werden, weil die Vergleichbarkeit aufgrund zunehmender Ermüdung mehr und mehr nachlässt:

Anlauf

1 Variation der Anlauflänge

2 Variation der Anlaufgeschwindigkeit

3 Variation der Anlaufgestaltung (allmählich steigernd/stark beschleunigend)

4 weitere nach eigener Wahl

Absprung

1 Variation der Schrittlänge des letzten Schritts (Bodenmarkierungen)

2 Variation des Fußaufsatzes (Fersenorientierung/Ballenorientierung)

3 Druck auf das Brett (stark hineintreten/leicht berühren)

4 Variation des Schwungbeineinsatzes (nicht beachten/schwach/hoch)

5 weitere nach eigener Wahl

Flugphase

1 Schrittsprung

2 Hangsprung

3 Laufsprung

4 weitere nach eigener Wahl

Landephase

1 Landung auf den Füßen im Stehen

2 Landung auf dem Po

3 Landung auf den Füßen mit Abrollen nach vorne

4 Landung auf den Füßen mit Ausweichen seitlich

5 weitere nach eigener Wahl

Die weitere Methodik soll, wie auch die zeitliche Gestaltung, in die Hand der Übungsgruppe gelegt werden, um das Merkmal „entdeckend" zu wahren.

40. Werfen ist für den Basketballspieler eine schwierige Aufgabe, da das Ziel im Verhältnis zum Ball ziemlich klein ist. Entsprechend der **klassischen Methode** wird die Wurftechnik häufig nach kleinsten Details aufgeschlüsselt geschult. Beginnend bei der Fußstellung vor dem Wurf (Fuß unter der Wurfhand ein wenig vor, hüftbreite Entfernung der Füße, Fußspitzen zeigen zum Korb), über die Haltung des Balls (große Wurfhand), der Führung des Ellenbogens (Ellenbogen senkrecht unter den Ball bringen), und die Streckung des Armes (zuerst Ellenbogen heben, dann erst den Arm zum Korb strecken), bis hin zur Handführung beim Wurf (Abklappen zum Korb, Mittelfinger zeigt in den Korb, Hand bleibt groß sowohl in der Länge als auch in der Breite) hat man versucht, alle nötigen Details zu reglementieren, um am Ende eines Lernprozesses dem trainierenden Sportler eine perfekte, hochprozentig erfolgreiche Technik an die Hand geben zu können.

Unter den hervorragenden Distanzwerfern kommen viele der „idealen Technik" nahe, andere haben aber trotz ihrer guten Ergebnisse eine vergleichsweise „schlechte" Technik. Umgekehrt können auch weniger erfolgreiche Werfer eine „sehr gute" Technik haben. Das bedeutet gemäß des Denkansatzes des **differenziellen Lernens**, dass jeder Sportler die für ihn geeignete Technik herausfinden soll, indem er sich mit vielen Varianten und Situationen, in denen die Technik angewendet werden soll, auseinandersetzt. Dem Sportler werden nur wenige Orientierungspunkte gegeben, etwa die Führung des Ellenbogens unter den Ball und das Anpeilen des Korbes über den Ellenbogen. Er schult dann zunächst den Wurf, bis der Neuigkeitswert der Aufgabe nicht mehr gegeben ist und setzt dann zahlreiche Bewegungsaufgaben in die Umgebung der Wurfausführung an, damit der Sportler ständig gezwungen ist, seinen Wurf einer neuen Situation anzupassen. Variationen können das Werfen aus dem Passanspiel in der Bewegung mit anschließend unterschiedlicher Fußarbeit sein (Drehen nach außen, Drehen nach innen), unterschiedliche Dribblings vor dem Wurf mit und ohne Hindernissen, Berührung des Werfers im Wurf, Reaktionen auf Verteidigungsaktionen. Abgesehen von dem gedanklichen Hintergrund des differenziellen Lernens ist ein willkommener Begleiteffekt, dass das Wurftraining so abwechslungsreich und niemals langweilig ist.

41. Ganz im Sinne des differenziellen Lernens können je nach Vorkenntnissen des Lernenden unterschiedliche Methoden angewendet werden. Bei Schwimmanfängern kommt nur die **Teillernmethode** in Frage, da sich die nötige Bewegungstechnik in aller Regel nicht unmittelbar erschließt. Beim Könner kann auch zur **Ganzheitsmethode** gegriffen werden. So kann er zur Verbesserung seiner koordinativen Fähigkeiten im Bereich des Delphinschwimmens Elemente anderer Schwimmarten verknüpfen, also etwa den Kraularmzug zusammen mit der Delphin-Körperbewegung üben, den Delphinschwung unter Wasser in Seit- oder Rückenlage probieren oder Brustarmzüge mit Delphin-Beinarbeit kombinieren. Die Anwendung des **verteilten Lernens** ist sowohl für Anfänger als auch für Fortgeschrittene sinnvoll.

Beim Einsatz einer **methodischen Übungsreihe** kann das Prinzip der verminderten Lernhilfe durch den Einsatz von Flossen verwirklicht werden. In Kombination mit dem Prinzip der graduellen Annäherung kann eine solche Übungsreihe folgendermaßen aussehen:

1. Abstoßen in gestreckter Gleitlage, wechselndes Beugen und Überstrecken der Hände aus dem Handgelenk.
2. Wie vorher, dazu Ellenbogen hoch beim Beugen der Hände, Ellenbogen runter beim Überstrecken.
3. Wie vorher, jetzt aber Kopfsteuerung miteinbeziehen; Hände gebeugt; Ellenbogen hoch; Kopf beugt sich zur Brust; Hände überstreckt; Ellenbogen tief; Kopf in den Nacken.
4. Wie vorher, jedoch Dynamik intensivieren.

Bereits mit diesen wenigen Anweisungen wird ein ansprechender Vortrieb allein durch den Schwung der Bewegung erzielt, da die Flossen – unbewusst – den Abdruck durch die Füße extrem verstärken, der zwar bisher noch nicht beachtet wurde, aber schon schon durch Reaktivkräfte unbewusst mitläuft.

5. Wie vorher, dabei Auf- und Ab-Bewegungen der Beine bzw. Füße zunächst nur empfindend beobachten, dann aktiv ausführen.
6. Wie vorher, dazu einen einzelnen Armzug ausführen, wenn der Kopf in der Überstreckung ist.
7. Wie vorher, aber mehrere Armzüge in beliebigen Zeitabständen, später dann im Rhythmus, noch später im Wechsel von Zügen mit und ohne Atmung ausführen.
8. Flossen ablegen und Delphinschwimmen versuchen; kräftige Beinarbeit aus der Hüfte.

Eine Übungsreihe, dem besonders das Prinzip der Aufgliederung in funktionelle Einheiten zugrunde liegt, geht vom Kernstück des Bewegungszyklus aus, der Delphinbewegung und dem Armzug.

1. Der Lernende steht zunächst im brusttiefen Wasser und führt einen Delphinsprung aus, d. h. er springt vom Boden nach vorne oben ab, taucht mit dem Kopf gebeugt zur Brust flach ein, orientiert sich unter Wasser unter Streckung des Kopfes in den Nacken wieder nach oben.
2. Wie vorher, doch nach dem Auftauchen versucht der Schwimmer, mit erneuter Beugung des Kopfes zur Brust den Delphinschwung sofort noch einmal anzuhängen, ohne aber mit den Füßen wieder zum Boden zu kommen
3. Wie 1., jetzt aber nach dem Auftauchen den Doppel-Armzug einsetzen und wieder unter Beugung des Kopfes zur Brust eintauchen.
4. Wie vorher, nach dem Eintauchen aus dem Doppelarmzug unter Wasser wieder den Kopf in den Nacken strecken und versuchen den nächsten Schwung einzuleiten, auch mit Armzug.

5. Fortsetzen und zum Delphinschwimmen mit Wechselatmung kommen.

Delphinschwimmen ist durch die hohen Geschwindigkeitswechsel innerhalb eines einzelnen Zyklus eine sehr rhythmusbetonte Stilart. Gesichtspunkte einer **rhythmischen Reihe** finden sich in den genannten Übungsreihen wieder. Rhythmische Schulungen, etwa über den Atemrhythmus, können helfen, Varianten zu finden, die die Koordination weiter verbessern.

Eine Spielreihe kommt hier nicht in Frage, weil es sich nicht um ein Sportspiel handelt.

42. Grundsätzlich gilt, dass auch im Sport am besten auf jeder der fünf Dimensionen eine mittlere Ausprägung vorliegen sollte. Doch gibt es Sportarten, in denen eine leichte Verschiebung der Werte auf der Skala entweder wünschenswert ist oder aber keine negative Auswirkung hat. Anzumerken ist darüber hinaus, dass auf niedrigerem Leistungsniveau die Art der Persönlichkeit in der Regel eine geringere Rolle spielt als im Leistungssport.

   a) In **Mannschaftssportarten** sollte eine Person auf den beiden Dimensionen, die das interpersonelle Verhalten beschreiben („Extraversion" und „Verträglichkeit"), eher höhere Werte aufweisen. Das heißt, sie sollte sich in Gruppen wohl fühlen und ein erhöhtes Maß an Kooperativität mitbringen. In Bezug auf die „Gewissenhaftigkeit" ist wohl eine mittlere Ausprägung angebracht, da auf der einen Seite Ehrgeiz und Genauigkeit für das Erreichen der sportlichen Ziele hilfreich sind, auf der anderen Seite aber auch ein gewisses Maß an Unverkrampftheit hilfreich sein kann. Hinsichtlich der Wettkampfhärte wäre eine niedrige Ausprägung an „Neurotizismus" wünschenswert. Die Dimension „Offenheit" ist in Mannschaftssportarten zunächst weniger zentral, da hier aufgrund der verschiedenen Rollen in einer Mannschaft in der Regel Personen mit unterschiedlicher Ausprägung in dieser Dimension gebraucht werden. Spielmacher und Mannschaftsführer werden in der Regel wohl eher hohe Werte haben, „Arbeiter" eher niedrige.

   b) Für **Kampfsportarten** ist die Ausprägung auf der Dimension „Extraversion" unwichtig. Auf der Dimension „Verträglichkeit" sind wohl eher Typen mit niedrigen Werten erfolgreich, da ein kompetitives Verhalten Grundlage dieser Sportarten ist. Wie in den meisten anderen Sportarten ist eine mittlere Ausprägung in Bezug auf „Gewissenhaftigkeit" notwendig. In Einzelsportarten ist es grundsätzlich im Vergleich zu Mannschaftssportarten noch wichtiger, dass der „Neurotizismus" niedrig ausgeprägt ist, da dieser nicht durch andere abgefangen werden kann. Doch in Kampfsportarten sollte er zudem auch deshalb besonders niedrig sein, da zwei Gegner direkt gegenüber stehen und (emotionale) Schwächen sofort ausgenutzt werden können. „Offenheit" wiederum ist eine Dimension, die eine untergeordnete Rolle im Bereich des Kampfsports spielt.

c) Bei **künstlerisch-kompositorischen Sportarten** ist die Dimension „Extraversion" eher unwichtig. Auch die „Verträglichkeit" spielt nur dann eine Rolle, wenn diese Sportart mit einer oder mehreren anderen Personen ausgeführt wird (z. B. Paarlaufen, Synchronschwimmen). In diesem Fall müssen diese Werte dann allerdings recht hoch ausgebildet sein, da durch das genaue Abstimmen der Bewegungen aufeinander eine große Harmonie vorhanden sein muss. Aufgrund der in diesen Sportarten gewünschten Genauigkeit der Bewegungen sollten auch hohe Werte bei der „Gewissenhaftigkeit" vorliegen. Eine sehr niedrige Ausprägung des „Neurotizismus" sollte deshalb vorliegen, da kleinste Unsicherheiten Auswirkungen auf die Ausstrahlung haben, die ja in diesen Sportarten eine besondere Rolle spielt. Ein großes Maß an „Offenheit", d. h. an Kreativität und künstlerischem Interesse ist in diesen Sportarten natürlich ebenso gefragt.

43. Entscheidend für das Gelingen des Vorhabens der Eltern ist die Motivlage des Kindes ebenso wie deren Stabilität. Am ehesten gelingt die Integration in den Sportverein dann, wenn das Kind sich insgeheim auch schon vorgenommen hat, sich dem Sport mehr zu nähern, aber sein Verhalten nach außen noch nicht geändert hat, weil es in der alten Gewohnheit verhaftet ist. In diesem Falle könnte man auf eine **intrinsische Motivationslage** bauen.

Andere Möglichkeiten, die Absicht der Eltern umzusetzen, bieten sich, wenn es gelingt, ein Motiv, das dem Kind zugänglich ist, an das Sporttreiben anzuheften. Unter den **Reiss-Motiven** fallen etliche ins Auge, die das Sporttreiben erstrebenswert machen könnten:

- Macht: Das Streben nach Erfolg kann eine langfristige Perspektive bieten, kurzfristig wird ein bis dahin unsportlicher 8-jähriger zunächst auf Erfolg warten müssen.
- Unabhängigkeit: Für einen 8-jährigen kann der Gang in einen Verein neben der Schule den ersten Schritt in eine eigene Welt bedeuten,

wobei Schule nicht selbst gewählt ist, der Verein aber im Rahmen des Möglichen schon.

- Neugier: Etwas Neues kennenzulernen ist ein wesentlicher Grund, bisherige Gewohnheiten hinter sich zu lassen.
- Anerkennung/Beziehungen: In der Schule „zu den Jungs dazuzugehören", die schon im Verein sind, verbessert die Akzeptanz in der Klasse, bringt die Möglichkeit der Zugehörigkeit zu neuen Umfeldern und stärkt so das Selbstwertgefühl.
- Ordnung: Sportvereine bieten durch geregelte Trainingszeiten oder auch Rituale ein geordnetes Umfeld. Man weiß, was man mit seiner Zeit anfängt.
- Ehre/Idealismus: Mit Sport werden häufig positive Charaktereigenschaften wie persönliche Integrität oder Fairness verbunden.
- Körperliche Aktivität: Fitness ist in der frühen Schulzeit ein wesentlicher Grund für Beliebtheit; oft sind die besten Sportler einer Klasse dort sehr gut angesehen.
- Ruhe: Ruhe finden nach dem Sport fällt vergleichsweise leicht.

Ist allerdings die aktuelle Motivlage des Kindes völlig gegen Sport gerichtet, dann wird es schwierig sein, einen Zugang in den Verein zu finden. Dazu müsste zuerst im Rahmen einer **längerfristigen Neuorientierung** eine Grundvoraussetzung geschaffen werden. Da sich aber in der Kindheit und Jugendzeit die Motivlage noch vergleichsweise schnell ändern kann, sollten die Eltern von einem sofortigen zwanghaften Einweisen des Kindes in einen Verein absehen und lieber an anderen Beschäftigungen Motive stärken, die später doch einmal in eine sportliche Betätigung münden können.

44. Täuschungshandlungen sind Bewegungen, die die Aufmerksamkeit eines Gegenspielers so in Anspruch nehmen sollen, dass er von der eigentlichen Bewegungsabsicht abgelenkt wird.

Bei erfolgreich durchgeführten Täuschungshandlungen erwartet der Gegenspieler andere Anschlussbewegungen, als sie tatsächlich geplant sind. Seine **Antizipation** ist demnach unzutreffend. Da seine Wahrnehmung durch seine Erwartungen gesteuert wird, die durch Informationen aus der Umgebung bestätigt werden, funktioniert sie **Top-Down**. Allerdings liegen auch Bottom-Up-Prozesse vor, da ja die falsche Erwartung aufgrund von Signalen entsteht, die der täuschende Gegenspieler gibt und die, wenngleich sie in dieser Situation vom getäuschten Spieler letztlich unzutreffend interpretiert wurden, genauso gut hätten zutreffen können.

45. In **Mannschaftssportarten** spielt die Antizipationsfähigkeit eine wesentliche Rolle. Der Einzelne muss fähig sein, sowohl die individuelle Situation zu verstehen und die daraus resultierenden Handlungsmöglichkeiten zu erkennen als auch den Überblick über die Handlungen der Mitglieder der eigenen und der gegnerischen Mannschaft zu behalten. Um diese Fülle an unterschiedlichen Faktoren herabzusetzen, die die Zahl der unzutreffenden Entscheidungen sehr groß werden ließe, ist es in allen Mannschaftssportarten üblich, dass gewisse Laufwege eingehalten werden, damit die eigenen Mitspieler nach einiger Zeit wissen, wie man sich normalerweise auf dem Feld verhält. In den Mannschaftssportarten verursacht also die Masse der erforderlichen Entscheidungen die Schwierigkeit.

Im **Fechten** ist zwar die Anzahl der Handlungen, die antizipiert werden müssen, durch die Situation 1-1 herabgesetzt, aber dafür sind diese wenigen Handlungen für das Gefecht entscheidend. Insofern hat die Antizipationsfähigkeit auch hier eine besondere Bedeutung.

Die Antizipationsfähigkeit in den technischen Disziplinen der **Leichtathletik** muss nur soweit ausgebildet sein, den nächsten eigenen Versuch geistig vorwegzunehmen. Dabei sind letztlich mehr die Konzentrationsfähigkeit sowie die technischen und athletischen Möglichkeiten von Bedeutung. Zwar erfordert bisweilen auch der direkte Wettkampf etwa beim Mittel- oder Langstreckenlauf eine zutreffende Interpretation des Verhaltens des Gegners, doch sind die Handlungsmöglichkeiten tatsächlich stark von den athletischen Möglichkeiten zu einer angemessenen Reaktion beschnitten.

46. Kausalattribuierung, die Suche nach den Gründen für eine erbrachte bzw. nicht erbrachte Leistung, gehört zu den Grundpfeilern einer organisierten Trainingsarbeit. Es geht darum, herauszufinden, inwieweit das Ergebnis beeinflussbar war oder nicht, um daraus Rückschlüsse für die Zukunft ziehen zu können. Es muss also gefragt werden, ob es sich um internale oder externale Gründe handelt.

Sind die Ursachen **internal**, können daraus die **Schwächen und Stärken des Sportlers** abgelesen und das weitere Training bzw. die Taktik danach ausgerichtet werden. Individuell haftet der Bewusstmachung der Fehler der Makel an, dass dadurch Fehler zumindest „im Hinterkopf" immer präsent sind, und somit die Angst vor Misserfolg geschürt wird, die zu hemmenden Vorgängen führen mag. Andererseits bietet die mögliche erfolgreiche Überwindung dieser Angst unter dem Motto „Meine früheren Schwächen sind jetzt zusätzliche Stärken." auch Ansatzmöglichkeiten, die zu einer selbstbewussten Einstellung führen. Geht man mit der Einstellung in einen Wettkampf, dass die eigenen Stärken ausreichen werden, zu gewinnen, ist man motiviert durch die Hoffnung auf Erfolg. Diese Sichtweise entspricht dem Motto „Think positive!" oder „You can do it if you only want it.", missachtet aber, dass immer einer verlieren muss, der dann – unterstellt man auch ihm eine dermaßen positive Sichtweise – mit wehenden Fahnen untergeht. Am besten ist es, eine umfassende Sicht der Dinge zu bewahren und weder eine übermäßig fehlerorientierte, noch zu schönfärberische Einstellung herauszubilden.

Sind die Gründe **external**, so kann nicht unmittelbar mit Training darauf reagiert werden. Allerdings ist auch diese Attribuierung wichtig, da so z. B. eine schlechte Leistung und die damit verknüpften negativen Gefühle relativiert werden können. Auf der anderen Seite kann eine externale Attribuierung auch frustrierend sein, da die Möglichkeiten Einfluss zu nehmen als gering gewertet werden.

Grundsätzlich ist es notwendig, die Gründe sehr nüchtern zu analysieren und um eine möglichst zutreffende Einschätzung zu ringen, d. h. möglichst genau herauszufinden, ob internale oder externale Gründe vorlagen. Je nach Sportlertyp kann versucht werden, stärker die internalen bzw. die externalen Gründe zu betonen. Zu selbstkritische Sportler können ermutigt werden, indem gute Leistungen internal und schlechtere external gedeutet werden, während dafür zu selbstbewusste Sportler zur intensiveren Trainingsarbeit angehalten werden können, wenn schlechtere Leistungen internal und gute Leistungen eher external interpretiert werden.

47. Um ein ausgewogenes Bild von der eigenen Leistung zu erhalten, ist es wichtig, zusätzlich zur **Selbstattribuierung** auch die Ergebnisse einer **Fremdattribuierung** einzubeziehen.

    Um die Unterschiede zwischen der Selbst- und der Fremdattribuierung richtig einschätzen zu können, muss berücksichtigt werden, unter welchen Gütestandards die Einzelurteile zustande gekommen sind. So werden sportliche Leistungen in den Medien, aus denen die **öffentliche Meinung** schöpft, häufig nach dem Motto „Der Zweite eines Wettkampfs ist der erste Verlierer.", also an **sozialen Normen** orientiert, bewertet. Für den Sportler selbst ist es jedoch wichtiger, eine individuelle Norm anzulegen, also zu untersuchen, ob die erbrachten Leistungen im Vergleich zu den bisherigen eigenen Leistungen gut waren oder nicht. Dennoch kann die soziale Normorientierung und damit auch die öffentliche Meinung mit ihrer eigenen Bewertung des Ergebnisses bei leistungsorientierten

Sportlern die Motivation steigern, die individuellen Norm-Grenzen verschieben zu wollen. Dies erkennt man am Bedürfnis, Testwettkämpfe austragen zu wollen: „Ich will wissen, wo ich stehe." Dennoch sollte für einen Sportler die öffentliche Meinung eine untergeordnete Rolle spielen. Um das Ergebnis einer Fremdattribuierung einzuholen, sollte er lieber auf seinen Trainer oder seine Betreuer setzen.

48. Grundsätzlich ist es im Sinne eines Vermittlungserfolges wichtig, dass eine Schülerin oder ein Schüler sich und anderen in Lernsituationen des Geräturnens möglicherweise vorhandene Ängste frei eingestehen und den Grund dafür möglichst klar umreißen kann. Dadurch wird das Angstgefühl auf ein **kognitives Niveau** gebracht, wo Problemlösungsstrategien eher zur Verfügung stehen.

Hierbei spielt die **Gruppengröße** und -stimmung eine Rolle. Vor versammelter Klasse (unter Umständen noch in schadenfroh-spöttischer Grundstimmung) gesteht man nicht gerne Angst ein, sondern sucht eher einen Weg, die angstauslösende Situation zu vermeiden. Der Lehrer sollte sich also in jedem Fall schon vor einer Unterrichtsreihe Geräturnen Situationen verbitten, die Einzelpersonen beschämen könnten. Unterrichtsorganisatorisch kann er diesen Vorgang durch die Bildung kleinerer Arbeitsgruppen stützen.

Auch bezüglich der erforderlichen **Hilfestellungen** sind kleine, gut eingewiesene Arbeitsgruppen sinnvoll, allerdings nur dann, wenn die Gruppe anschließend sehr aufmerksam und sorgfältig miteinander übt. Ist die Hilfestellung spürbar nachlässig, wird eher Angst erzeugt als beseitigt. Im Falle eines groben Verturnens einer vorgegebenen Übung kommt es allerdings, gleich wie die Gruppe sonst gearbeitet hat, oft zu Angst auslösenden Situationen, weil dann die Hilfestellung zusätzlich und unvorbereitet hinsichtlich ihrer eigenen Verletzungsgefahr Angst auszustehen hat. Maßnahmen des Lehrers gegen solche Situationen sind die Auswahl methodisch möglichst gefahrloser Unterrichtswege und das Angebot der eigenen, weit erfahreneren Hilfestellung. Zusätzlich ist es gerade an dieser Stelle notwendig, die kognitive Ebene der Lerngruppe einzuschalten, indem die Anforderungen klar und genau formuliert werden.

Die Umsetzung kognitiver Erkenntnisse auf Bewegungsausführungen kann in der Regel nur bei **langsamen Bewegungen** gelingen. Wo es nicht möglich ist, deutlich verlangsamte Bewegungsfolgen in den Übungsprozess einzubauen, helfen ergänzend vorgeführte Zeitlupenaufnahmen oder auch schon Bildreihen zur Intensivierung einer zutreffenden Bewegungsvorstellung, die Angst reduzierend wirkt. Ebenso können taktile, optische oder akustische Hinweise den Übungsablauf so gliedern, dass für den Übenden eine Übersichtlichkeit hergestellt wird.

Insgesamt erkennt man anhand der genannten Angst reduzierenden Maßnahmen, dass die **Aufgabenstellung** so gewählt sein muss, dass eine Angsthemmung möglichst ausbleibt und Hilfestellung so lange gegeben wird, bis Sicherheit und Vertrauen in die eigenen Fähigkeiten da ist. Das Trainingsmerkmal der Individualisierung ist hier besonders wichtig, weil Angstentstehung ein persönlicher Vorgang ist. Individualisierung wird erreicht durch Differenzierung der Lerngruppe nach möglichem Lerntempo und möglicher Schwierigkeit in der Aufgabenstellung.

49. Das Verhalten des Kreisspielers ist eindeutig als **aggressiv** zu werten, da er eine Verletzung des Gegenspielers in Kauf nimmt. Allerdings kann je nach Absicht des Spielers diese Aggression in ihrer Schwere gewichtet werden. Möchte er mit dieser Handlung den Torwart für den Rest des Spiels nur verunsichern, so liegt eine aggressive Handlung ohne direkte Schädigungsabsicht vor. Möchte er ihn aber für das Spiel oder länger spielunfähig machen, so ist seine aggressive Handlung mit einer direkten Schädigungsabsicht verbunden, die nicht nur auf die Spielfunktion des Gegners abzielt, sondern auch auf seine Person.

50. Bei einer Sporttherapie im Bereich der Aggressionsbehandlung geht es meistens darum, die der Aggressionshaltung zugrunde liegenden Energien der betroffenen Person möglichst schadensfrei abzulenken.

Die Konzepte dazu sind verschieden: Im Bereich der Ausübung von **Langzeitausdauer-Sportarten** möchte man eine Beruhigung der Person durch eine vergleichsweise sanfte Beschäftigung mit sich selbst erzielen. Die Ermattung, die nach solchen langen Belastungen eintritt, soll das Aggressionspotential senken. Es wird also im Sinne einer lohnenden Alternative zu aggressiven Handlungen eine nicht-aggressive Handlungsmöglichkeit angeboten, die zu einer ruhigen Situation führt, wie sie sonst nur nach Ausleben einer Aggression erreicht werden könnte.

Wird in einer solchen Situation **Boxen** als Sportart gewählt, dann geht es darum, aggressive Handlungsenergie über andere eher aggressive Handlungen direkt abzuleiten. Es wird also keine Alternative angeboten, sondern eine direkte Form des Abreagierens, allerdings ohne Schadensrisiko. Bei Trainingsformen wie dem Sandsackboxen steht auch hier die Beschäftigung der Person mit sich selbst im Vordergrund. Beim Sparringsboxen hingegen nimmt die Komplexität der Situation ebenso zu wie ihre Unberechenbarkeit. Man kann dies als Chance zum Lernen geordneten Verhaltens in Auseinandersetzung mit einem Gegner begreifen, aber sicher wird auch das Risiko größer, dass Situationen auftreten, in denen die Auseinandersetzung mit Gegnerreaktionen zu einem Kontrollverlust führen kann.

Dieses Risiko nimmt auch bei der Ausübung von **Mannschaftssportarten** zu. Andererseits aber wirken hier der größere soziale Zusammenhang und die Anwendung der Regeln stärker. Der Lernerfolg hinsichtlich eines annehmbaren Verhaltens in einer Gruppe von Personen könnte aus diesem Grund größer sein.

Jeder Aggressionstherapie durch Sport kann entgegenhalten werden, dass letztlich die tiefer liegenden Ursachen der Aggressionshandlungen nicht angegangen werden, sondern nur versucht wird, den sich immer wieder aufladenden Aggressions-Akku zu entladen. Andererseits aber bieten sich im Sinne einer Lerntherapie vielfältige Situationen, in denen geregeltes Verhalten eingeübt werden kann. Außerdem mag es so sein, dass durch die Ermattung nach dem Sport eine ruhige Gemütslage vorliegt, die als Basis künftigen Handelns anders nicht erreicht werden könnte.

51. Wenn Konflikte auftreten, in denen die Mannschaft als Ganzes nach außen vertreten werden muss, ist zunächst von Seiten der Spieler der formell eingesetzte Kapitän der Mannschaft gefragt, Auch andere Spieler können etwa durch einen Mannschaftsrat **formell beauftragt** werden, in dem Konflikt verhandelnd tätig zu werden. Ist der Kapitän der Mannschaft – wie z.B. im Fußballsport häufig – „von oben" eingesetzt, also nicht von den Mannschaftsmitgliedern gewählt, kann es fraglich sein, ob seine Position in der Verhandlung von der Mannschaft getragen wird und ob ihm das entsprechende Geschick im Umgang im Konfliktfall zugetraut wird.

   Die Spieler werden also lieber eine Person einsetzen wollen, die in der **informellen Rangfolge** in der Mannschaft hoch angesehen ist. Eine solche Person kann durchaus der formell eingesetzte Kapitän sein, der damit in verschiedenen Rangfolgen hoch angesehen wäre. In jedem Falle – ob informell oder formell betrachtet – werden eher die Führungsspieler einer Mannschaft ein gewichtiges Wort zu sprechen haben. Mitläufer wird man kaum beauftragen, erst recht nicht schwarze Schafe oder Außenseiter.

52. Weist der Trainer einen **autokratischen Führungsstil** auf, wird er ein verstärktes und hartes Konditionstraining anordnen. Er wird dieses ohne weitere Kommentare unter Verwendung von Belohnungs- und Druck-

mitteln wie etwa der Gewährung oder dem Entzug von Spielanteilen durchsetzen.

Ein **demokratisch führender Trainer** wird mit Hinweis auf die erwiesene Wirksamkeit der angestrebten Maßnahmen argumentieren. Er wird versuchen, eine für die beteiligten Personen sachlich und persönlich angemessene Einigung mit den Mannschaftsmitgliedern zu erzielen.

Bei einer **Laisser-Faire-Einstellung** wird der Trainer sich nicht um eine Durchsetzung der Maßnahmen bemühen, sondern der Mannschaft das Konditionstraining selbst überlassen.

Den **größten Erfolg** dürfte wohl der Trainer mit dem **demokratischen Führungsstil** haben, da er mit seinen guten Argumenten die Spieler am besten motivieren dürfte und dadurch auch ein effektives Konditionstraining durchführen kann. Als Komplikation könnte höchstens Uneinigkeit in der Mannschaft hinsichtlich der konkreten Umsetzung des Trainings auftreten, sodass das Training erst mit einer gewissen zeitlichen Verzögerung einsetzt (was sich etwa bis zum Saisonende sehr negativ auswirken könnte).

Den **geringsten Erfolg** hat der Trainer, der durch seinen **Laisser-faire-Stil** den Sportlern das Konditionstraining überlässt. Denn sollte sich nicht aus den Reihen der Spieler eine Person als Anführer herausbilden, dürften keine konkreten Maßnahmen zur Verbesserung der Kondition der gesamten Mannschaft getroffen werden.

Ein Trainer mit autokratischem Führungsstil dürfte zwar in der Lage sein, die Kondition seiner Spieler durch ein hartes Training zu verbessern, doch werden die meisten Sportler dies ohne große Motivation und nur mit unmittelbarem Druck durchführen. Die negativen Folgen für die Mannschaft sind bei Mannschaften auf niedrigem Leistungsniveau wohl größer als bei Mannschaften auf sehr hohem Leistungsniveau, weil bei letzteren das Erreichen der Ziele (hier durch ein hartes Konditionstraining) wichtiger ist als der soziale Zusammenhalt.

53. Soziogramme legen ziemlich klar dar, welche **Strukturen** (aktuell) in einer Mannschaft herrschen. Da aber möglicherweise die einzelnen Mannschaftsmitglieder aufgrund von Wunschdenken oder anders platzierter selektiver Wahrnehmungen die tatsächlich bestehenden Beziehungen nicht wahrnehmen, ist die Anwendung (und vor allem Publizierung) von Soziogrammen, solange die Mannschaft gut arbeitet, mit Hinblick auf die Leistung nicht sinnvoll, da die funktionierende Einheit destabilisiert werden könnte.

Umgekehrt betrachtet ist die Anwendung erwägenswert, wenn offensichtlich nicht ausgesprochene Probleme das Mannschaftsgefüge so belasten, dass eine erfolgreiche Zusammenarbeit nicht mehr gegeben ist. In einem solchen Fall muss einige Zeit für Einzel- und Gruppengespräche aufgewendet werden, um die sich im Soziogramm offenbarenden möglicherweise unerwünschten Strukturierungen der Mannschaft aufzulösen und neue zu bilden. Damit kann auch eine Mannschaft, die schon einige Zeit beisammen ist, wieder in frühere Phasen der Gruppenbildung *(Storming, Forming)* zurückgeworfen werden, mit allen Chancen und Risiken. In jedem Fall braucht ein solcher Umbauprozess Zeit, die unter Umständen knapp ist.

Literaturverzeichnis

Adams, J. A., „Issues for a closed-loop theory of motor learning", in: Stelmach, G. E. (Hg.), *Motor Control Issues and Trends*. New York 1976.

Ballreich, R./Baumann, W. (Hg.), *Grundlagen der Biomechanik des Sports.* Stuttgart [2]1996.

Bäumler, G./Schneider, K., *Sportmechanik.* München 1981.

Bandura, A., *Lernen am Modell.* Stuttgart 1976.

Baumann, W., *Grundlagen der Biomechanik – Studienbrief 14 der Trainerakademie Köln des Deutschen Sportbundes.* Schorndorf 1989.

Baumann, S., *Psychologie im Sport.* Aachen [3]2000.

Baumann, S., *Mannschaftspsychologie: Methoden und Techniken.* Aachen 2002.

Birbaumer, N./Schmidt R., *Biologische Psychologie.* Berlin/Heidelberg [3]1996.

Birklbauer, J., *Modelle der Motorik.* Aachen 2006.

Brodtmann, D./Landau, G., „An Problemen lernen" in: *Sportpädagogik 3 (1982).*

Daugs, R./Olivier, N./Wiemeyer, J./Panzer, S., „Wissenschaftstheoretische und methodische Probleme bei der sportwissenschaftlichen Erforschung von Bewegung, Motorik und Training" in: Wiemeyer, J. (Hg.), *Forschungsmethodologische Aspekte von Bewegung, Motorik und Training im Sport. Schriftenreihe des Bundesinstituts für Sportwissenschaft*, Band 105, Hamburg 1999.

Dollard, J./Miller, N., *Personality and Psychotherapy.* New York 1950.

Eberspächer, H., *Sportpsychologie.* Reinbek bei Hamburg 1993.

Eberspächer, H./Essing, W., „Untersuchungen über Rollendifferenzierungen in Sportgruppen", in: Decker, W./Lämmer, M. (Hg.), *Jahrbuch der Deutschen Sporthochschule Köln.* Schorndorf 1973.

Frankel, V./Nordin, M., *Basic biomechanics of the sceletal system.* Philadelphia 1980.

French, J./Raven B., „The bases of power" in: Cartwright, D. (Hg.), *Studies in Social Power.* Ann Arbor 1959.

Gabler, H., *Zur Entwicklung von Persönlichkeitsmerkmalen bei Hochleistungssportlern.* Tübingen 1976.

Getrost, V./Wichmann, K., „Überzahl-Spielreihe", in: Hagedorn, G./Niedlich, D./Schmidt, G. (Hg.), *Das Basketball-Handbuch.* Reinbek bei Hamburg 1996.

Göhner, U., „Wie sich sportliche Bewegungen analysieren und strukturieren lassen", in: Digel, H. (Hg.), *Lehren im Sport*. Reinbek bei Hamburg 1983.

Hacker, W., *Allgemeine Arbeits- und Ingenieurpsychologie*. Bern [2]1978.

Hay, J., „Die Haytechnik: Das Nonplusultra im Hochsprung?", in: *Leistungssport 3 (1973)*.

Heckhausen H./Gollwitzer P./Weinert, F. (Hg.), *Jenseits des Rubikon: Der Wille in den Humanwissenschaften*. Berlin 1987.

Hirtz, P., „Koordination", in: Schnabel, G./Harre, D./Krug, J./Borde, A. (Hg.), *Trainingswissenschaft*. Berlin [3]2003.

Hochmuth, G., *Biomechanik sportlicher Bewegungen*. Berlin 1982.

Jonath, U./Krempel, R./Haag, E./Müller, H., *Leichtathletik 2*. Reinbek bei Hamburg 1995.

Kandel, E./Schwartz, J./Jessel, T., *Neurowissenschaften*. Heidelberg/Berlin/Oxford 1996.

Kassat, G., *Biomechanik für Nicht-Biomechaniker*. Bünde 1993.

Loosch, E., *Allgemeine Bewegungslehre*. Wiebelsheim 1999.

Lemme, B./Weddig, R., *Unterrichtseinheiten zur Bewegungslehre*. Schorndorf 1981.

Maslov, A., „A theory of human motivation", in: *Psychological Review 50 (1943)*.

Meinel, K./Schnabel, G., *Bewegungslehre Sportmotorik*. Berlin [9]1998.

Müller, E., „Zur Bewegungsübertragung bei Wurfbewegungen", in: *Leistungssport 12 (1982)*.

Müller, E., „Biomechanik des Hochsprungs", in: Ballreich, R./Kuhlow A. (Hg.), *Biomechanik der Leichtathletik*, Stuttgart 1986.

Niedeffer, R., *The ethics and practice of applied sport psychology*. Ann Arbor 1981.

Olivier, N./Rockmann, U., *Grundlagen der Bewegungswissenschaft und -lehre*. Schorndorf 2003.

Pollmann, D., *Einführung in die Bewegungswissenschaft. Skript der Universität*. Bielefeld 2002.

Preiß, R., „Biomechanische Merkmale", in: Ballreich, R./Baumann, W. (Hg.), *Grundlagen der Biomechanik des Sports*. Stuttgart [2]1996.

Puni, A., *Abriß der Sportpsychologie*. Berlin 1961.

Reischle, K., *Biomechanik des Schwimmens*. Bockenem 1988.

Reiss, S., *Who am I? – The 16 basic desires that motivate our actions and determine our personality*. New York.

Rockmann-Rüger, U., *Zur Gestaltung von Übungsprozessen beim Erlernen von Bewegungstechniken*. Frankfurt 1991.

Roth, K./Willimczik, K., *Bewegungswissenschaft.* Reinbek bei Hamburg 1999.

Scheid, V./Prohl, R., *Bewegungslehre Kursbuch Sport.* Wiebelsheim [6]2001.

Schmidt, R., „A schema theory of discrete motor skill learning", in: *Psychological Review 82 (1975).*

Schnabel, G./Harre, D./Krug, J./Borde, A., *Trainingswissenschaft.* Berlin [3]2003.

Schnabel, G., „Allgemeine Bewegungsmerkmale als Ausdruck der Bewegungskoordination", in: Meinel, K./Schnabel, G. (Hg.), *Bewegungslehre. Sportmotorik.* Berlin [9]1998.

Schöllhorn, W., *Eine Sprint- und Laufschule für alle Sportarten (Differenzielles Lernen).* Aachen 2003.

Semmler, R., „Wiederspiegelung von Bewegungsstabilität und -variabilität in der Theorie Bernsteins", in: Hirtz, P./Nüske, F. (Hg.), *Bewegungskoordination und sportliche Leistung integrativ betrachtet. Schriften der Deutschen Vereinigung für Sportwissenschaften 87.* Hamburg 1997.

Tholey, P., „Gestaltpsychologie", in: Asanger, R./Wenninger, G. (Hg.), *Handwörterbuch der Psychologie.* Weinheim/Basel 1999.

Tuckmann, B., „Developmental sequence in small groups", in: *Psychological Bulletin 63 (1965).*

Ungerechts, B./Volck, G./Freitag, W., *Lehrplan Schwimmsport 1. Technik.* Schorndorf 2002.

Ungerer, D., *Zur Theorie des sensomotorischen Lernens.* Schorndorf 1971.

Valdano, J., „Frankensteins Mannschaft. Interview", in: *Der Spiegel 9 (2000).*

Wastl, P., *Sportliche Bewegungen betrachten, analysieren und korrigieren (Abstract 3),* Bergische Universität Wuppertal – Sportwissenschaft o. J.

Weineck, J., *Optimales Training.* Balingen [11]2000.

Weiner, B./Frieze, I./Kukla, A./Reed, L./Rest, S./Rosenbaum, R., *Perceiving the causes of success and failure.* New York 1971.

Wiemann, K., „Das Phänomen der Scheinrotation", in: *Sportunterricht 1987.*

Wirhed, R., *Sport-Anatomie und Bewegungslehre.* Stuttgart/New York [2]1988.

Wolf, M./Risley, T./Mees, H., „Application of operant conditioning procedures to the behavior problems of an autistic child", in: *Behavior Research and Therapy 1 (1964).*

Zimbardo, P./Gerrig, J., *Psychologie.* München [16]2004.

Stichwortverzeichnis

STOPP DIE
PANIK

Mit der Fußsohlen-Methode

Prüfungen können Angst- und Fluchtsituationen sein. Dein Körper schüttet Adrenalin aus und dämpft das Gefühl in den Füßen. Z. B. beim Weglaufen ist es gut, wenn man die Füße nicht spürt. Eine Prüfung ist aber **keine Gefahrensituation**. Signalisiere deinem Körper, dass du nicht weglaufen musst, und bring das Gefühl in deine Füße zurück:

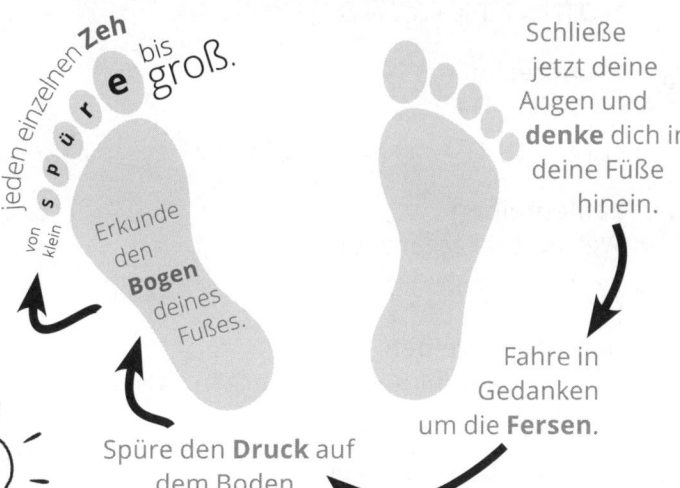

Setze oder stelle dich hin.
Die Füße müssen den **Boden** berühren.

jeden einzelnen **Zeh**
von klein **spüre** bis **groß**.

Erkunde den **Bogen** deines Fußes.

Schließe jetzt deine Augen und **denke** dich in deine Füße hinein.

Fahre in Gedanken um die **Fersen**.

Spüre den **Druck** auf dem Boden.

Dein Körper **fühlt** die Füße wieder und denkt, er sei in keiner Panik-Situation, sondern in **Sicherheit**.

www.stark-verlag.de   **STARK**

Bist du bereit für deinen Einstellungstest?

Hier kannst du testen, wie gut du in einem Einstellungstest zurechtkommen würdest.

1. Allgemeinwissen

Der Baustil des Kölner Doms ist dem/der … zuzuordnen.

a) Klassizismus   b) Romantizismus
c) Gotik   d) Barock

2. Wortschatz

Welches Wort ist das?

N O R I N E T K T A Z N O

3. Grundrechnen

-11 + 23 - (-1) =

a) 10   b) 11   c) 12   d) 13

4. Zahlenreihen

Welche Zahl ergänzt die Reihe logisch?

17 14 7 21 18 9 ?

5. Buchstabenreihen

Welche Auswahlmöglichkeit ergänzt die Reihe logisch?

e d f f e g g f h ? ? ?

a) h i j   b) h g i   c) f g h   d) g h i

Alles zum Thema Einstellungstests findest du hier:

www.stark-verlag.de/einstellungstest **STARK**

Eure Lerntipps

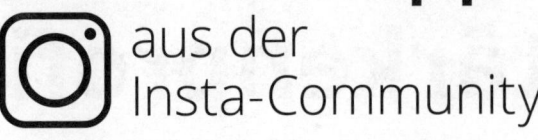 aus der
Insta-Community

Chiara, 16

Verwendet Farben zum Lernen! Es wird viel übersichtlicher. Und wenn man den Lernzettel anschaut, ist man viel motivierter beim Lernen, weil er schön bunt ist.

Özgür, 20

Vergiss nicht, wie weit du bisher gekommen bist, und wie viel Potenzial in dir steckt.

Miriam, 18

Bewusst eine Auszeit zu nehmen ist effektiver, als alles nur aufzuschieben.

Mehr Lerntipps findet ihr in unserer Instagram-Community: @stark_verlag

STARK

www.stark-verlag.de